摹廬叢著

關中秦漢陶録

上册

陳直　撰輯

中華書局

圖書在版編目(CIP)數據

關中秦漢陶録/陳直撰輯. —北京:中華書局,2006
(摹廬叢著)
ISBN 7-101-04793-9

Ⅰ. 關… Ⅱ. 陳… Ⅲ. ①古代陶瓷-陝西省-秦漢時代-圖録②陶文-彙編-陝西省-秦漢時代
Ⅳ. ①K876.32②K877.9

中國版本圖書館 CIP 數據核字(2005)第 090750 號

責任編輯:王 勖

摹廬叢著
關中秦漢陶録
(全二册)
陳直 撰輯

*

中 華 書 局 出 版 發 行
(北京市豐臺區太平橋西里38號 100073)
http://www.zhbc.com.cn
E-mail:zhbc@zhbc.com.cn
北京市白帆印務有限公司印刷

*

787×1092毫米 1/16・65印張・13插頁
2006年2月第1版 2006年2月北京第1次印刷
印數:1-1500册 定價:390.00元

ISBN 7-101-04793-9/K・2060

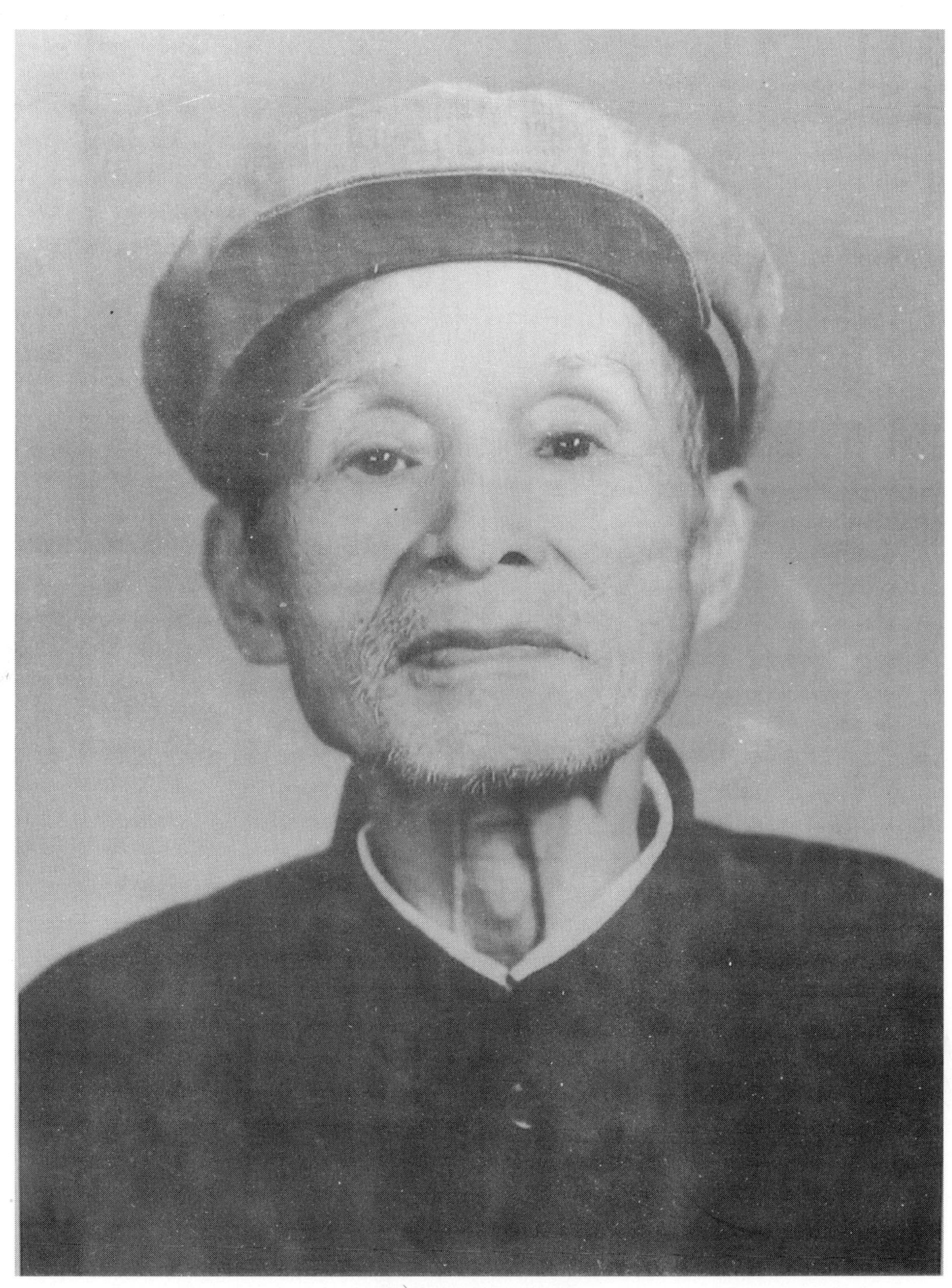

陳直(1901—1980)

進宧先生著席：昨誦
手教，并惠佳拓，祗領之下，感謝莫宣。藉諗
履綦集祜，著述日富，誠欽誠佩。陝省瓦
當文字異品時有出土，趧（越）川蜀古塼往
有圖畫，洵可寶貴。聞多秦漢古官印中
作十字白闌者，尤奇。拓本易索否？前幽
閩履初來見大宙形印中兼文字，頗少見，敝篋
得二代古文兼圖畫者數枚，兩面印亦有見，已
擬集周秦大篆逾寸計者約百餘紐，以文字未經

黃賓虹致陳直書

《摹廬叢著》整理説明

陳直先生(一九〇一——一九八〇),字進宧,又作進宜,江蘇鎮江人,是中國當代著名的歷史學家和考古學家。生前曾任西北大學歷史系教授、中國考古學會第一届理事會理事、中國秦漢史研究會籌備組組長、陜西省社會科學學會聯合會顧問、陜西省歷史學會顧問。

陳直先生出生於一個貧苦的書香人家,幾代精研經史訓詁之學,所以自小打下深厚的舊學功底。他一直以王國維先生的私淑弟子自居,自學成名。他把「二重證據法」引入秦漢史研究中,以文物資料證史,開闢出一條治學新途徑,成爲二十世紀中國秦漢史研究的一面旗幟。

先生著述等身,經他本人多次修訂補充,統編爲《摹廬叢著》,以紀念其早逝的母親。所收之書從二十世紀五十年代起至九十年代前半期止,大體都已出版問世,對秦漢史研究起到巨大的推動作用。

今年正值陳直先生逝世二十五周年,鑒於原書出版比較散亂,且絶大多數作品今天已難以獲見,爲了紀念陈直先生,也爲了滿足學術研究需要,特以先生手定稿本爲準,局部作了一些調整和補充,現整套《叢著》包括以下十一種作品:

一、《史記新證》
二、《漢書新證》
三、《關中秦漢陶録》
四、《居延漢簡研究》
五、《兩漢經濟史料論叢》
六、《文史考古論叢》
七、《讀子日札》

八、《讀金日札》

九、《三輔黄圖校證》

十、《弄瓦翁古籍箋證》

十一、《摹廬詩稿》

其調整部分是，將《文史考古論叢》中凡已見於他書的論文，一律删去；而涉及古籍整理校訂的五篇論文抽出，另擬名爲《弄瓦翁古籍箋證》，與《三輔黄圖校證》合併出版。補入的則是陳直先生的詩作，今以國家圖書館所藏的《摹廬詩稿》取代已出版的節本《摹廬詩約》，使讀者能較全面的了解陳先生的文學藝術才能，以及詩中所反映的治學特色和史學觀點。

本叢書的整理，除《讀子日札》、《讀金日札》和《摹廬詩稿》三種特請周曉陸先生整理外，其餘均由本人負責完成。

此番受陳直先生遺屬陳治成夫婦的委託，整理《摹廬叢著》，作爲摹廬弟子責無旁貸。特别值得説明的是，該集的出版得到了中華書局總編輯李岩先生、副總編輯徐俊先生的大力支持，也得到了古代文獻編輯室主任李解民先生和責任編輯王勖女士的熱忱幫助，我謹代表陳先生的遺屬、朋友和弟子致以最深切的謝意和敬意。

周天游　二〇〇五年八月二十六日於西安

前言

先師陳直先生字進宧，又作進宜，號摹廬。清康熙初年，其先祖陳宏澤愛好京口山水之勝，於是定居於江蘇鎮江，所以陳先生一直把鎮江作爲祖籍。然而在咸豐十年（一八六〇），太平軍與清軍激戰於丹徒（今江蘇鎮江）時，其祖父陳桂琛倉惶攜全家避難於江蘇東臺縣。初居富安場，再遷梁垛場，最後定居於縣城。因此，陳先生實際出生於東臺，直至抗戰爆發年届不惑之前，他大多生活在那裏，他的學術事業的基礎也奠定在那裏。

陳氏初居鎮江時，家業尚屬小康，但經播遷，家産蕩然無存。桂琛先生擅長詞賦，兼通醫術，故而初以醫術餬口，繼以課徒養家。陳先生之父陳培壽雖於光緒二十八年（一九〇二）中過舉人，但並不熱衷於功名，仍與長兄陳祺壽一起設館授徒，過着十分清貧的生活。正因爲家境困頓，陳先生十七歲時便出外謀生，做過學徒、家庭教師、縣志編輯、義學教員等。其間曾考取清華研究院，却因經費無着，不得不忍痛放棄這次求學良機。但是，一則由於陳先生繼承並發揚了王國維先生治學方法的精粹——「二重證據法」，二則由於此次考學際遇，所以儘管未得王國維先生的親授，陳先生却一直以其私淑弟子自居。

本來陳氏幾代入縣學，均囿於制藝帖括之學。自從陳桂琛從學於溧陽強汝珣之後，始以精研經史訓詁之學，得窺學術之門徑。其家學以古文字學爲專精，兼及文史。陳培壽即著有《説文今義》、《六朝墓誌題跋》、《武梁祠畫像題字補考》、《楚辭大義述》等。其有關經史的考證之説，經陳直先生整理加工，編成《古籍述聞》一文，刊登於《文史》第三輯上，其深湛之功力，可見一斑。陳祺壽也著有《且樸齋書跋》、《且樸齋文鈔》、《且樸齋詩鈔》和《鹽鐵論校補》等書，時有真知灼見。陳先生自幼便與嫡兄陳邦福、從兄陳邦懷一起接受兩位老人的教誨，耳提面命之際，打下了古文字學的深厚功底。不過邦福、邦懷兩先生一生均致力於古文字學研究，陳先生則從十三歲起轉攻秦漢史，先點讀《史記》，繼而通讀《漢書》，以後每二年讀一遍《漢書》，謹守不輟。二十四歲時，便寫成《史漢問答》二卷。

陳氏三兄弟不僅留意於文獻，而且醉心於金石博物。「我年十四五，喜摹金石字。我家三兄弟，探摭有同嗜。各各出所藏，一一相較次。」[一]「乾嘉諸老輩，攻金石刻辭。吾家數昆季，亦頗斟酌之。言笑有所獲，傳觀樂不支。」[二]正是當時情景的真實寫照。不僅如此，由於陳先生對金石、瓦當、璽印、貨泉之學有較深的造詣，便結識了鄒適廬、黃賓虹、徐積餘、周夢坡等時賢，深受器重，並結爲忘年交，書信往還，過從甚密。上述經歷使陳先生在四十歲前便已陸續出版《漢晉木簡考略》、《漢封泥考略》、《列國印制》、《摹廬金石録》等著作，並協助丁福保編輯了大型工具書《古錢大辭典》。當陳先生將有關考古資料及心得運用於秦漢史研究時，便大放異彩，別開一番天地。

陳先生的一生可謂歷盡坎坷。無論是在東臺自立謀生時期，還是抗戰初流落到關隴，後於西安任職銀行時期，都主要爲生存奔忙，只能利用有限的業餘時間從事研究，其艱辛可想而知。二十世紀五十年代初，在教育部長馬叙倫的推薦下，西北大學校長侯外廬先生慧眼識英，將陳先生延請到歷史系任教，於是他的卓而不群的才識方得以充分發揮。

陳直先生一生的成就，主要表現在四個方面：第一，《漢書》研究。其「以本文爲經，以出土古物材料證明爲緯。使考古爲歷史服務，即非爲考古而考古，亦非單獨停滯於文獻方面」。[三]從而在別人耕耘過千百遍的「熟地」上開拓出新領域。第二，秦漢經濟史（主要是産業史）及相關人民史研究。其《兩漢經濟史料論叢》一書，粉碎了所謂秦漢的手工業幾乎無話可説，東漢尤其是一個空白點的斷言，以文物證史填補了該領域的空白。第三，居延漢簡研究。其成果大器晚成，自成體系。第四，即瓦當及陶文研究。以上成就確立了陳先生在我國秦漢史界的標範地位。

還是在少年時代，陳先生便對瓦當及陶文懷有極濃厚的興趣。二十二歲時，他曾寫下一首題爲《題黃龍元年上虞王元方兩磚拓本》的詩：

黃龍紀年古有二，不道孫吴磚益奇。乃知儒者工傅會，考證末技真堪悲。鄒子鄭重復鄭重，傳自山陰沈霞西。中更藏弆難悉數，曰何曰魏差吾知。浙中埏埴夥精品，浙中老輩尤可師。延津雙劍析復合，變化迥非人力爲。王氏上虞本甲族，當從元城徙會稽。縱横結體勢拏攫，矧乃兩磚同範治。仇亭老氏耽耽視，幾致一篇絶交詞。歲闌剪燭伸繭紙，可能作雨驚墨池。[四]

從中不難看出，陳先生誠心誠意向浙中前輩如鄒適廬等學習鑒別考證陶文的方法，並樹立擯除清儒研究中的陋習，努力争取做出一番成績的雄心壯志。不過限於客觀條件，這一志向遲遲未能在東臺實現。

一九四〇年九月，當陳先生爲了躲避日寇，不任僞職，從江蘇，歷經香港、昆明、貴陽、成都，輾轉來到西安後，陝西豐富的秦漢瓦當、磚陶資源令他驚喜交加，如痴如醉。「長安樂訪古，瓦文日搜剔。」[五]他除了踏勘名勝古迹，親自尋訪之外，主要結交了劉漢基、白祚、李寶山、楊實齋、蘇億年、孫桂山、李道生、趙築禄等古董商，或節衣縮食向他們購取實物，或多方設法索要拓本。同時他又與流落在陝的學者或收藏家如沈兼士、沈次量、柯莘農、謝文清、劉軍山、賈芸孫等人互相觀摩藏品，交換或轉讓實物或拓本，並與遠在異鄉的陳邦福、陳邦懷、黄賓虹、王獻唐、丁希農等摯友互寄拓本，交流心得，切磋學術。日積月累，竟收集實物有二百餘件，拓本約五六百紙。其中著名的孤品和精品有漢「粱宫」瓦、漢「孝大」半瓦、漢「后寢」半瓦、漢「則寺初宫」瓦、漢「惠治靈保」残瓦、漢「蕭將軍府」板瓦、漢「羽陽千歲」瓦、居攝二年陶瓶、漢「楊」字瓦、漢「車府」「鳩法」「犬前後足」「野鷄」「牝彘」「羊後肢」六瓦範、漢咸里高昌陶鼎、漢「巧二」五銖錢陶範等，爲陳先生全面系統研究秦漢瓦當及陶文創造了良好的條件。難怪陳先生要「敢傲乾嘉老，眼福意氣揚」了。[六]他也因此自號「弄瓦翁」。

陳先生的瓦當陶文研究主要可以分兩個階段。

第一階段爲搜集整理瓦當磚陶資料階段。時間起於一九四〇年秋，止於一九五四年。其間陳先生完成了三部作品。

第一部作品《秦居瓦談》大約完成於一九四二年，並發表在《西北論衡》上。該文既初步評述了陳先生早期搜集到的瓦當陶文資料，作了精彩的考證，也簡述了瓦當研究的歷史淵源與時狀。一九四三年底王獻唐在致陳先生的信中，曾做出了「博贍精審，佩紉曷已」[七]的評價。惜刊物已難得一睹，所幸陳家尚存稿本。

《摹廬藏瓦》則撰成於一九四七年。當時陳先生鑒於「秦中人士尚目驗，不講著録；江浙人士重考證，不作遠游，以至西京文字淹没不彰」，[八]於是取秦中及江浙人士之長，以補各自之短，從自己機緣巧合所得之物中，選取精拓八十四紙，涉及實物九十七件，各作題識，加以著録和考辨。此後又分别於一九四八年、一九四九年、一九五〇年、一九五三年、一九六九年、一九七三年共六次加以訂補。凡當年之誤説，必加是正；凡日後之新解，必加補録。如「關」字瓦，陳先生得自洛陽估人尤達綸，爲河南靈寶古函谷關遺址出土之物。起初以其瓦背下端微隆起，與漢瓦製作有異之故，斷定爲秦瓦。但到了一九七三年，在經過大量的比較分析之後，最終確定爲漢瓦。於是集瓦之經過，年代之考訂，價值之辨析，觀點之更新，一一明晰，通覽全書，於治學大有裨益。此書一直被陳先生珍藏於家中。一九九一年由筆者於《文博》第五期上作了介紹之後，才被學術界所知。然而此書是《關中秦漢陶録》的重要鋪墊，而一九六九年、一九七三年的訂補又是《關中秦漢陶録》的重要補充，其承上啓下的作用不容忽視。這就是本書之所以將其收入的主要原因。

一九五三年，中國科學院向全國徵集學術著作。這時已轉入西北大學並開始過上穩定的教學科研生活的陳先生，以極大的熱情寫作了《關中秦漢陶録》和《關中秦漢陶録補編》，原稿連同拓片及《雲紋瓦圖録》一併裝册送交中國科學院考古研究所（現爲中國社會科學院考古研究所），大獲好評，並被該所完好珍藏至今。

本書分四大部分，其中陶器部分收録器物一百二十六件，瓦當和瓦片部分收録一百八十二件，磚文部分收録六十四件，而陶錢範部分則收録一百二十九件，共計五百零一件。近代以來，瓦當收録最多的著作必推羅振玉的《秦漢瓦當文字》，計三百一十九品，是羅氏從他所藏的三千餘件拓片中精選出來的，但只有圖録，幾乎没有考證。就秦漢瓦當陶文收集範圍的廣度和考證的深度而言，仍是《關中秦漢陶録》占優。《關中秦漢陶録》是陳先生所藏瓦當和陶文資料精華的薈萃，也是研究秦漢瓦當陶文必不可少的基本資料。四十年來，本書一直受到國内外學者的重視和引用。

第二階段爲專題研究階段。從一九五四年起，至一九六六年文化大革命爲止。此間陳先生先後發表論文近二十篇。現將有明確寫作年代的作品記録於下：

一、《陶文系統举例》（附圖片三十二張），一九五六年四月寫定，未刊，已佚。

二、《西漢陶範紀年著録表》，初稿收入《關中秦漢陶録》第四集。一九五六年十二月寫定，正式發表於《西北大學學報》一九五七年創刊號上。後經修改分見於《摹廬叢著七種》、《文史考古論叢》兩書中。

三、《韓城漢扶荔宫遺址新出磚瓦考釋》，一九六〇年十二月寫定，載於《考古》一九六一年第三期。又見《文史考古論叢》。

四、《洛陽漢墓群陶器文字通釋》，一九六一年二月寫定，載於《考古》當年第十一期。亦見《文史考古論叢》。

五、《江蘇高郵邵家溝漢墓出土封泥、符牌、陶壺考略》，一九六一年三月寫定，未刊，已佚。

六、《吕不韋戈的「寺工」、洛陽刑徒墓磚「無任」兩名詞的釋義》，寫定於一九六一年五月，後易名《「寺工」、「無任」兩詞釋義》，載於《考古》一九六三年第二期。後收入《文史考古論叢》。

七、《秦漢咸里陶器通考》，一九六二年一月寫定，先節載於《西北大學二十五周年校慶學術論文集》中，後經改定全文收入《文史考古論叢》。

八、《東漢「吾陽成」墓磚釋義》，寫定於一九六二年八月，先載於《西北大學二十五周年校慶學術論文集》，後易名爲《北京懷柔城北東漢墓葬發現「吾陽成」磚文釋義》，收入《文史考古論叢》中。

九、《秦漢瓦當概述》，一九六二年寫定，載於《文物》一九六三年第十一期。亦見《摹廬叢著七種》一書。

十、《廣州漢墓群西漢前期陶器文字匯考》，一九六三年七月寫定，載於《學術研究》（廣州）一九六四年第二期。後收入《文史考古論叢》，有所訂補。

十一、《記西安傳世兩漢名人遺物及海城于氏藏印》，寫定於一九六四年六月，見《文史考古論叢》。

十二、《漢初平四年王氏朱書陶瓶考釋》，一九六四年七月寫定，載於《考古與文物》一九八一年第四期。亦見《文史考古論叢》。

此外，如《漢張叔敬朱書陶瓶與張角黄巾教的關係》、《陶缸朱書題字》、《石刻磚文中發現的漢代經學問題》、《漢代羌族文化的發現》（以上均見《文史考古論叢》）等篇，寫定年代已無考。以上諸作大凡言簡意賅，信而有徵，觸類旁通，發神啓智，多有不易之論。

其中《西漢陶錢範紀年著録表》是目前唯一一篇系統考證西漢陶錢範紀年的文章。此作源起於一九四三年十二月王獻唐自四川南溪李莊的來信，詢問陳先生「近年（陶錢範）出土者有之年號在宣帝以前者否」。當時陳先生限於資料不足，無法作答，但從此存記於心。經過十餘年的苦心搜羅研究，陳先生終於完成此作，並得出三點結論：一、西漢五銖錢範有紀年題字的皆在陶範，而銅範絶無一見。二、未曾發現武帝年號，最早的紀年是昭帝元鳳四年，最遲的爲成帝永始三年。哀、平二帝年號則未見。三、宣帝時鑄幣量最大，是當時農業、手工業、商業發達的反映，應引起研究漢代經濟史者注意。其鍥而不捨、嚴謹求實的學風至今仍被同行所稱道。

而《秦漢瓦當概述》一文，是陳先生一生秦漢瓦當研究工作的高度總結。該文既論及了秦漢瓦當研究的起源和發展歷程，也指明了秦漢瓦當的特點和分類；既按宮殿、官署、祠墓、吉語、雜類等五個方面選取典型瓦當加以著録和考釋，又辨析了不同類型的秦漢板瓦文字；既敲定了瓦當的定義、造瓦手法、斷代的五點要素、漢瓦的分期和出土地點，又說明了秦漢瓦當的書體和規格、瓦文的字數和語言特徵；既簡述了瓦範的規格和品種，以及瓦窑和造瓦官吏之情狀，又論列了有關秦漢瓦當著述、藏家、瓦價、拓墨及僞刻之概貌。其内容之廣泛，材料之豐富，辨析之細微，論述之精要，舉凡晚清以來之論著，難有其匹。故而一經問世，即爲士林所推重，成爲瓦當研究的圭臬之作。

從以上所述不難看出，陳直先生被推爲中國現代系統整理與研究秦漢瓦當和陶文物第一人，當之無愧。

從表面上看，秦漢瓦當與陶文資料既簡略，又零散，似無大用。從史料地位而言，也難望文獻、簡牘、碑刻之項背。但其獨特之價值，不容低估。

首先通過秦漢瓦當、陶文資料可以進一步了解秦漢宮苑陵寢的情況，以訂正史籍之誤傳，補充文獻之不足。比如《漢書·郊祀志》記載漢武帝時於甘泉建有益壽延壽觀，顔師古注以爲是益壽、延壽兩觀之名。然而《史記》則作「益延壽觀」。孰是孰非，歷來都有争論。宋黄伯思《東觀餘論》從當時陜西曾出土「益延壽」瓦當出發，以爲觀名當作「益延壽」。但日人瀧川資言在《史記會注考證》中則以爲瓦之真贋不可知，而漢之觀或一字名，或二字名，此獨二字名，益延同義，不應復出，則「益」字係衍文無疑，當從《藝文類聚》引《史記》作「延壽觀」。陳先生却根據翁方綱《兩漢金石記》、吴大澂《愙齋磚瓦録》、羅振玉《秦漢瓦當文字》均著録有「益延壽」瓦，他本人於一九四八年春獲見一同類殘瓦，又見過一面「益延壽宮」瓦和一塊「益延壽」大方磚，因此斷定《史記》原文最正確，《漢書》則衍「壽」字，其誤衍自唐時已然，了結了這段懸案。又比如漢代宮殿本甚壯麗，經過了近二百年，至西漢晚期已漸呈頽敗。陳先生從漢代著有紀年的瓦片土考訂分析，認爲西漢末曾大加修理過六次：一在成帝元延元年，二在哀帝建平三年，三在平帝元始五年，四在漢孺子嬰居攝二年，五在王莽始建國四年，六在王莽天鳳四年。這一研究成果，爲漢代建築史增添了一份珍貴的資料。

其次秦漢瓦當陶文資料可以運用於典制研究。比如西漢官營製陶業由何種官署來掌管，表志均無明文。陳先生根據出土的瓦文資料論定西漢主要是由宗正的屬官都司空令來主持，另外少府屬官左、右司空令協辦，王莽時改都司空令爲保城都司空。現存漢代宮殿或官署遺址中所出的磚瓦，均係官造。又比如陳先生搜集到大量的漢咸里私人作坊陶器，這批陶文中可分咸陽縣名類（包括咸陽亭）、咸里里名類和咸亭兼里名類等三大類。漢承秦制，縣下有鄉，鄉下有亭，亭下有里，這在《漢書》以及《漢舊儀》、《漢官儀》裏本有明確記載。然而《漢書》本傳在記述户籍時，常常只寫縣名與里名，如高祖爲沛豐邑中陽里人，路温舒爲鉅鹿東里人；又六朝墓誌也常常寫縣鄉里名，不寫亭名。於是有人就提出亭在西漢縣制組織中，不屬於鄉，是爲另一行政系統。但是咸亭兼稱里名的衆多陶器證明，它們本屬同一行政系統無疑，文獻記載不記亭名，實爲删繁就簡之意。

再次研究漢代經濟史特别是産業史，更離不開瓦當陶文資料。如前所述，西漢陶錢範對於研究西漢鑄幣史和昭宣中興史具有重要意義。而都司空瓦和咸陽咸里諸陶器對於探索漢代官私製陶業也擁有無可替代的價值。

此外，如漢元和年間《公羊傳》草隸磚經的出土，證明漢代時經傳早已相聯。清儒所謂《春秋》三傳，漢以前皆經與傳離，漢以後始經與傳合。《左氏》經傳相聯始於晉杜預，《公羊》則始於東漢以後，《谷梁》則始於晉范寧的説法，不攻自破。又如漢咸里諸器中刻有安、巨、屈、犳、蒲、高、郱、沙、周、相、旨、白、商、暗、桓、于、中、牛、平等十九個陶工的姓氏，對於研究姓名學以及漢初宗族遷徙的情況不無裨益。再如「延年」、「益壽」、「長樂」、「未央」等吉語對於了解漢前期的時尚，「吾陽成」磚文對於了解東漢賄選的弊端，「常安鹿氏」瓦和「常生無極」瓦對於了解王莽改「長」爲「常」等避諱問題，「日利」、「日入千萬」等撲滿對於了解漢代民間儲蓄情況都會有特殊的收獲。所以無論是建築史還是藝術史，無論是經濟史還是文化史，無論是社會史還是風俗史，研究者均可從陶文中吸取有益的營養，揭示塵封的歷史本貌。

總而言之，僅據局部而論，瓦當磚陶確無大用，但只要將其與文獻資料及其他考古資料交相印證，綜合分析，却每每能起到畫龍點睛，一錘定音的作用。古人言道在瓦甓，豈虚語哉！陳先生在這方面爲我們樹立了一個良好的榜樣。

當然《關中秦漢陶録》及《補編》也存在一些弱點和不足。第一，成書較早，許多解放以後出土的瓦當及陶文資料未能補入，還有待於像陝西歷史博物館所編《秦漢瓦當》那樣的著作來彌補。第二，所録瓦當和磚陶缺乏科學的發掘記録爲依據，以經驗推斷或聽信估人妄言，總不免有贋品混入或出現誤斷。第三，著録以漢品居多，秦品則甚微，而如袁仲一《秦代陶文》那樣的論著方可緩解本書的缺憾。

本次影印内容包括以下三部分：

《關中秦漢陶録》及《補編》，共收録器物五百零一品。

《雲紋瓦圖録》，共收器物五十五品。

以上兩者拓片均藏於中國社會科學院考古研究所。

《摹廬藏瓦》（附陳直先生其他藏瓦），其中《摹廬藏瓦》收録器物九十七品，陳直先生其他藏瓦共選十四件，這一部分内容係陳直先生家藏。

本書一九九四年曾由天津古籍出版社依原大原色精印綫裝出版，反響極佳，惜印數甚罕，已成珍藏品。當年李學勤先生曾建議出簡裝縮印本，以應學人之需，惜因故未果。今中華書局受陳先生遺屬陳治成夫婦委託，出版本書，實爲功德之舉。此次出版採用十六開，凡縮放了的圖版下均加標比例尺以便讀者使用。

最後還應感謝夏鼐先生和中國社會科學院考古所的朋友們，没有他們當初的慨然應允、精心保護和無私幫助，本書的出版也是不可能的。我相信所有從本書中獲益的人們都會將他們銘記於心的。

摹廬弟子周天游

二〇〇五年八月二十八日寫定於西安南郊

注釋：

〔一〕《摹廬詩約·題叕勘公金石拓本小册》，三秦出版社二〇〇二年版第三十六頁。

〔二〕《摹廬詩約·保之從兄四十初度賦此致賀》，三秦出版社二〇〇二年版第十五頁。

〔三〕《漢書新證·自序》，天津人民出版社一九七九年增訂版第四頁。

〔四〕《摹廬詩約》，三秦出版社二〇〇二年版第三—四頁。

〔五〕《摹廬詩約·題淮南半瓦拓本》，三秦出版社二〇〇二年版第二十九頁。

〔六〕《摹廬詩約·雜賦七首》，三秦出版社二〇〇二年版第三十三頁。

〔七〕《黄賓虹、王獻唐、郭沫若諸家致陳直論學書札九通》，載《文獻》一九九一年第三期。

〔八〕該書之《藏瓦小引》，載《關中秦漢陶録》附録，天津古籍出版社一九九四年版下函。

目録

關中秦漢陶録

第一集 陶器類

陳直撰輯

關中秦漢陶錄第一集目錄

鎮江陳直撰

漢建元四年陶尊

陶質青黑色，長安西北鄉漢城舊址内出土，西北大學文物研究室所藏，文七字在腹外「建元四年長安高」刻款，疑高廟之物，字未刻全者。建元為漢武帝第一紀年，亦歷代正式年號之開始，趙翼廿二史劄記，謂武帝建元元光兩年號皆出於武帝中葉之追記，然藝術叢編「專門名家」中，已有建元元年磚，海寧鄒適廬先生藏有建元四年磚，今又得此器，趙説不攻自破，字底平坦，刻款如笵款，尤非作偽者所能為，漢陶有文字少，有紀年者尤少，久居秦豫齊魯者自知之。

漢元平周子才陶豆

陶質青色，長安此鄉出土，為李道生所得，後未知售於何處，文九字在器底「元平元年咸里周子才」，元平為漢昭帝紀年，僅有一年，傳世之器極少，咸里據楊實齋之子，曾相告云，地址即今之窯店，予集陶器中有咸里某某字樣者極多，或稱為咸亭，另帶里名，或又稱為咸陽亭，三種名詞，實為一地，現有咸里文字之陶器，皆出於窯店附近，今年五月，予親至其地訪察，去長安城三十里，位居正北，面臨渭水，距今咸陽縣城十餘里，向村農遍訪陶器，得一「咸亭完里丹器」殘片以歸，予因疑秦之咸陽，漢代改為渭城縣，漢人不慣呼渭城，故變為咸里，咸亭，咸陽亭，三稱，今日之窯店，當即秦代咸陽之故縣，不然一里一亭之微，何得名稱數變更不能以縣名加於亭名之上，李道生名樹本長安人，在民國初年，以販鬻古物爲業，楊實齋名守信亦長安人，清咸同、光緒間，設肆於南院門，吳愙齋所藏，大半皆實齋爲之代購。

漢元平周子才陶蓋

陶質青灰。現存長安劉漢基處。文在器底

漢元平周子才陶蓋

陶質純青。吳興沈次量藏。文在蓋内。

漢元平周子才陶蓋

陶質純青。藏家未詳。與前器文字同色。

漢竟寧元年陶瓶

陶質青灰，蘭州某氏藏，曾見於蘭州寄售所，瓶底黏條鐵注云：「民國二十二年出長安未央宮遺址」，以色澤文字論之，確為西安出土，文七字「竟寧元年劉吉造」，橫列外腹，篆羅猴

玉佩廬日札云：

光緒戊子二月直隸濬治河道，於盧台河中得竟寧磚無數，文曰「竟寧元年太歲在戊子盧鄉劉吉造」，文在磚側，瘦勁如西漢銅器，出土後多為法人所得，予僅於王捍鄭太守許見拓本而已

此磚拓本，鄭適廬先生印入藝術叢編之專門名家，與此瓶同人同年所造，特文字有繁簡之別，漢書地理志，盧鄉屬東萊郡，劉吉蓋當時之名陶師也，至西漢劉吉有數

人、一魯恭王喜子封東萊侯、二齊悼惠王之後封貿侯、三趙共王之後、封安國侯、均見漢書王子侯表、姓氏偶同、不必强為傅會也、

漢建平陶罌

陶質純青、長安漢城出土、沈次量藏、文七字、「建平二年田咸造」文帶繆篆體、先於建平瓦片一年、鄠縣石刻三年、

王莽居攝二年陶尊

陶質純青，一九四六年五月長安漢舊城出土，著者所藏。文四字「居攝二年」在外腹。居攝二年大修宮殿，現出「居攝二年都司空」瓦片極多。陶尊同年所造，竟亦必為都司空官署中所用。此等印記，大率為陶質，予曾見有「右宮」及「萬歲」兩陶印，可以推斷知之。

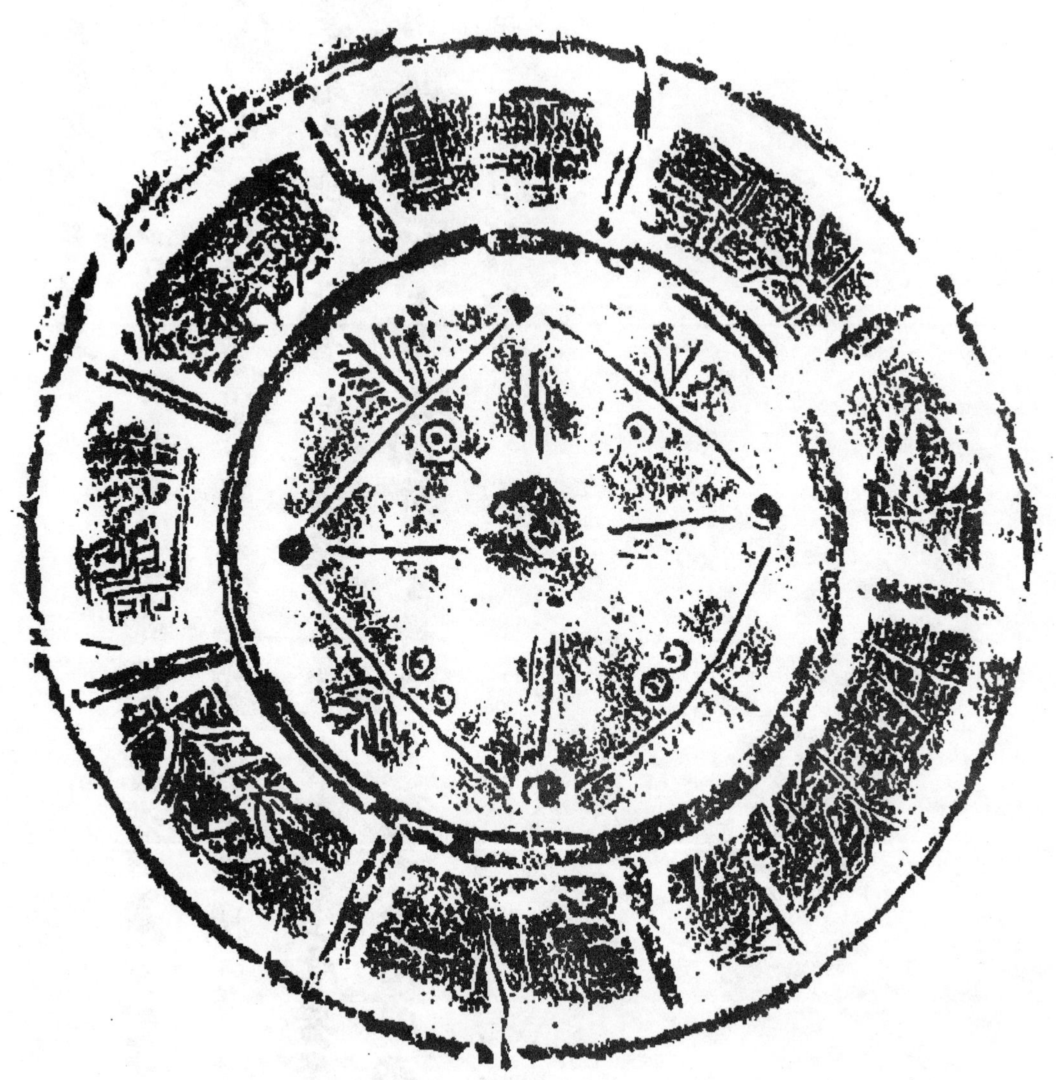

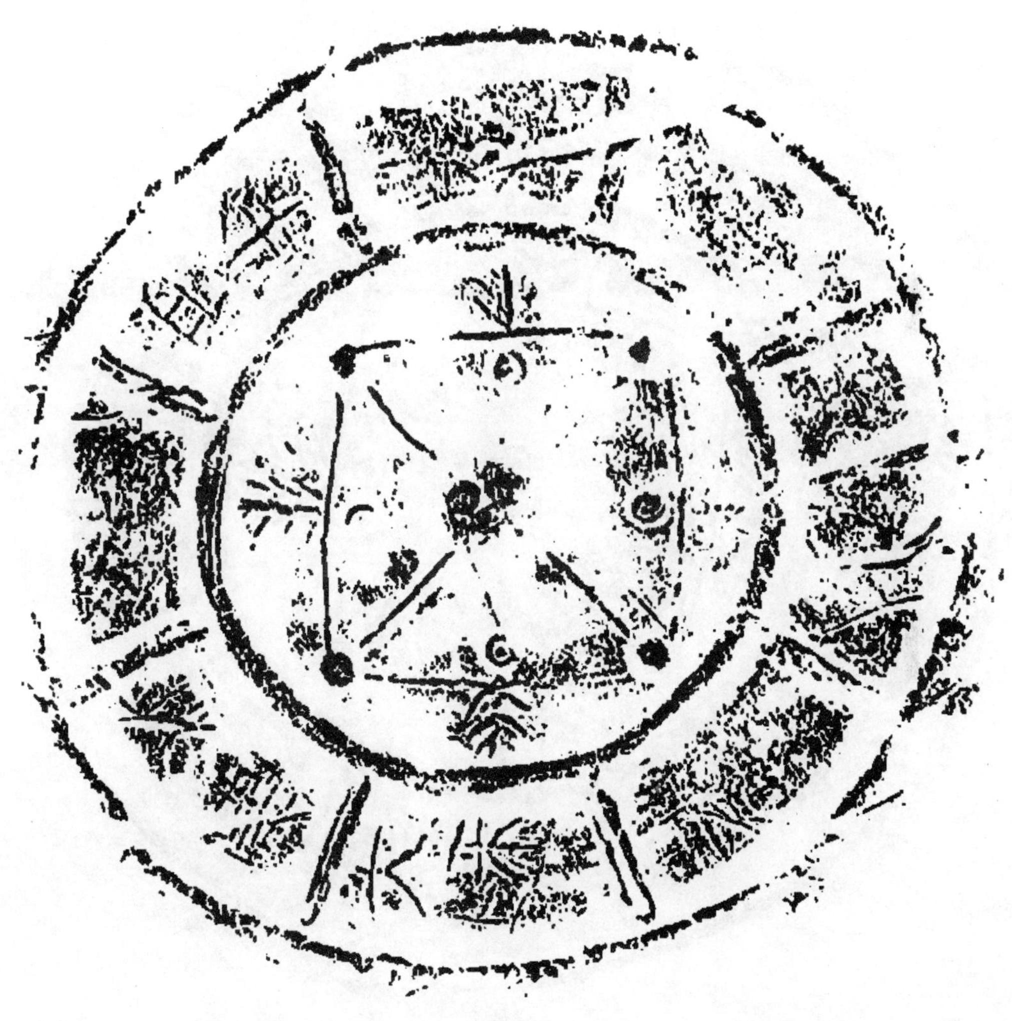

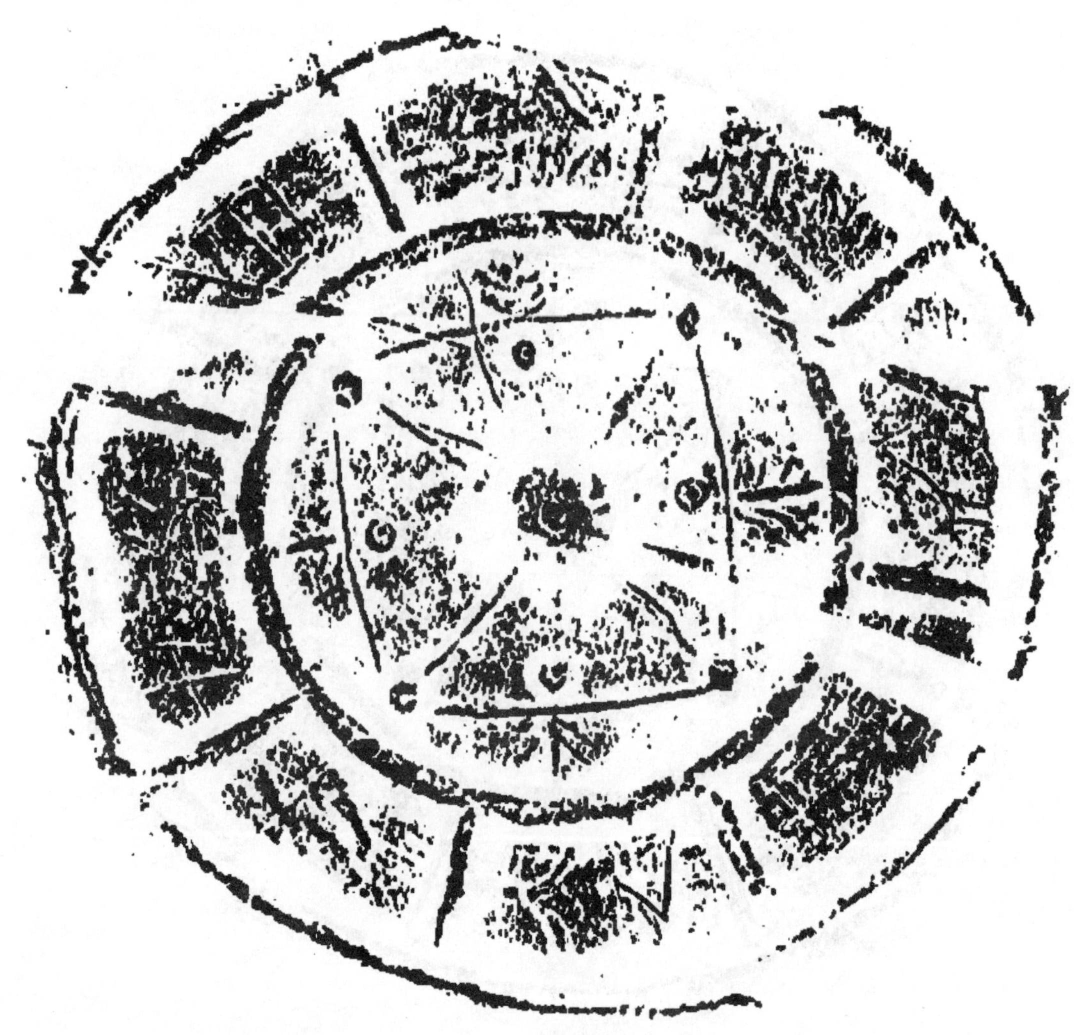

秦井器陶蓋

陶質純青，一九四六年出於鳳翔，三器同文，皆著者所藏，以花紋文字及色澤觀之，皆決為秦器。沿邊八格每格二字，每句有韻，文云「獻□、井器、大利、大□、日利、千萬、大市、中四」共十六字。井器者是造器之人名，大市者係產陶之市名，中四者是中壽陶式之第四種，千萬之萬讀如厲。

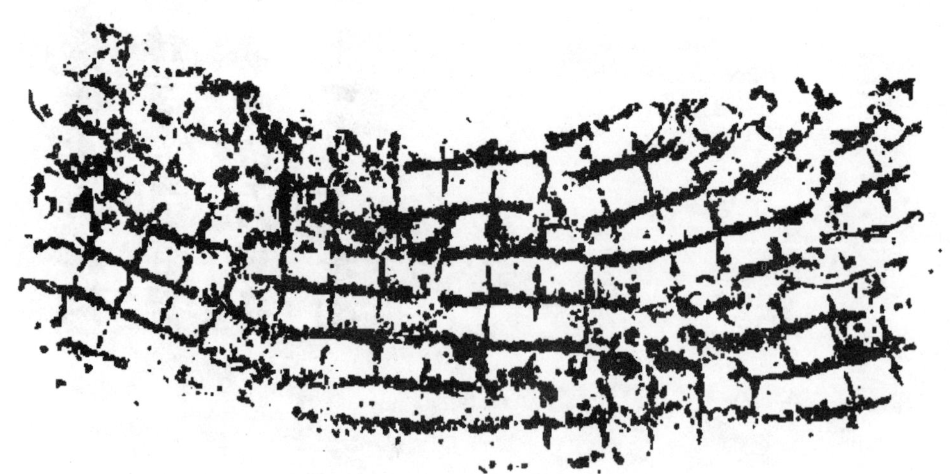

秦戲字陶洗

陶質青灰，臨潼南鄉出土，同坑尚有兩瓶，均有印文一字「戲」洗予為中國科學院購致，史記秦本紀云二世二年冬，陳涉所遣周章等將西至戲，應劭注，戲弘農湖西界，孟康注，水名今戲亭是也，蘇林注，戲邑名，在新豐東南卅里，三注以蘇說為長，此器當為戲邑所造，今在臨潼南鄉出土，其地理正合，自頸以下全部漁網紋，故審定為秦器，秦漢陶器之分析，略舉如下，

秦陶與漢陶之區別，秦代陶器，印記甚小，文字謹嚴，漢代咸里諸陶器，文字漸大，秦陶外面有細繩紋及密層排直行細牛毛紋，粗漁網紋三種（漁網紋是沿商周做法）漢代陶器，全面光滑無紋，最多有兩三條橫綫紋，

秦磚與漢磚之區別，秦磚出於鳳翔者，人物狩獵及圖案，皆用畫模打印而成，均無層排疊式，有字者絶少，專門名家所印。宝海方氏秦畫磚上有千秋萬世十館印，真屬創見，秦磚出始皇陵者，皆樸素無紋，質量最重，漢磚正面多為圖案畫，背面多有麻布紋，

秦瓦與漢瓦之區別，秦瓦具有六種特徵，一，面積較漢瓦為小，二，顏色純青，三，畫瓦中央無圓柱，四，瓦邊用手捏不甚勻圓，五，畫多字少，六，背面先做整筒然後用力切去一半，瓦上切痕宛然，漢瓦做法與秦瓦完全不同，面積漸大，畫瓦中央必有圓柱，字多於畫，背面因秦瓦切棄一半，太費材料，只做半筒式，粘附於瓦頭之上部，其下半則光滑無切痕，陳簠齋謂秦漢人遺為貴

手續分三次、先造瓦心、再造筒輪、最後造瓦筒、此論甚確、然武帝時亦有瓦心與瓦輪用泥一次造成者、至漢代瓦片、完全直繩紋、王莽瓦片、間參用斜繩紋、秦代瓦片所見不多、出於阿房宮遺址者、亦係直繩紋、但較漢瓦片為稍厚、

上述秦漢陶器之區別、為予寓秦十餘年、目驗所得、雖未敢定為信讞、循是以斷、殆十可八九、至若史前之陶器、外面多敷淡紅色、內口紅色比較濃厚、出於洮河流域者、有雲雷紋、三角紋、人形紋、水波紋、橫帶紋、樹木紋等種、出於西安魚化寨者、多為小三角紋、(安特生分為齊家仰韶等六個時期、似太機械式、不若統稱為史前陶器)商代陶器出於殷墟者外面有刀刻之小三角紋、及圖案紋、出於各地者外面則為粗繩紋、

周代陶器則有刻花紋、細直繩紋、(在陶鬲居多)細斜繩紋、粗漁網紋等種、周代陶器底呈尖銳形(精陶器陶瓮等)、秦器則完全起邊平底、他若東漢之陶、已較西漢為薄、六朝之陶粗劣、而明器獨精、唐代已漸趨重於三彩唐磁其陶器則以俑人為最佳、史前陶器、紅色佔百分之九十、秦漢陶器青色佔百分之九十五、唐俑紅色佔百分之九十五、此通論陶器之大略也、

漢咸里⿰矢彡辰陶蓋

陶質青灰，咸陽出土，著者所藏。⿰矢彡字不見字書，疑為彤字，从矢，屬彤矢之譌，是以字从義。⿰矢彡辰當為人姓名。

漢咸里蒲奇陶尊

陶質青灰。長安北鄉出土。西大文物研究室所藏。文四字「咸里蒲奇」。蓋陶工姓名。同坑尚有一陶洗。與此同色同文。為滬客購去。此器字大而寬博。為武帝時製作。

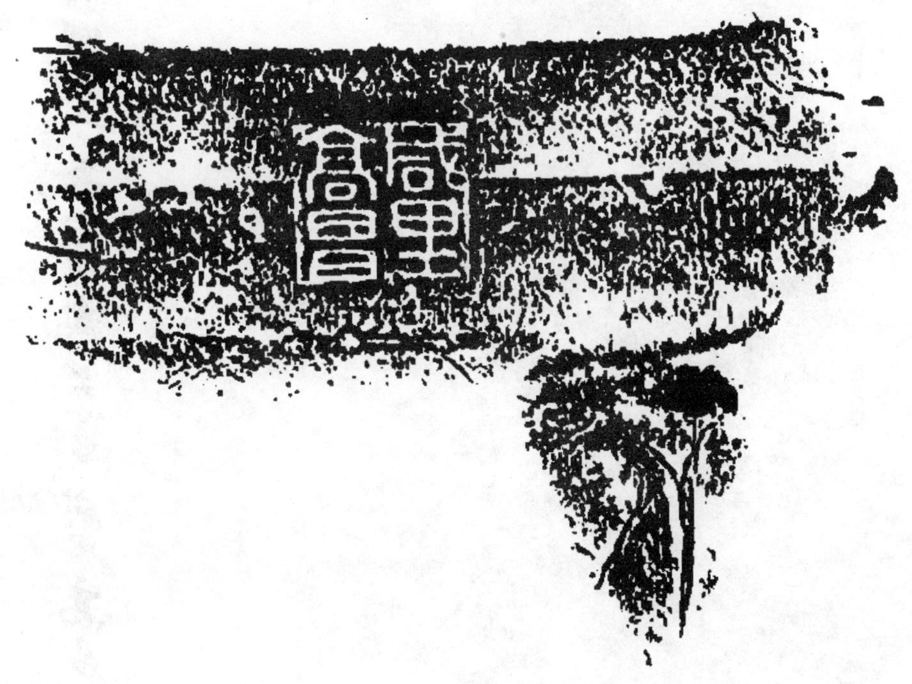

漢咸里高昌陶鼎

陶質純青。長安北鄉出土，著者所藏。文四字，「咸里高昌」，蓋陶工姓名。

漢咸里闇晐殘陶片

陶質及出土地址藏家皆未詳、文四字、「咸里闇晐」闇字不見姓書、晐字說文云、兼晐也、義與該通、

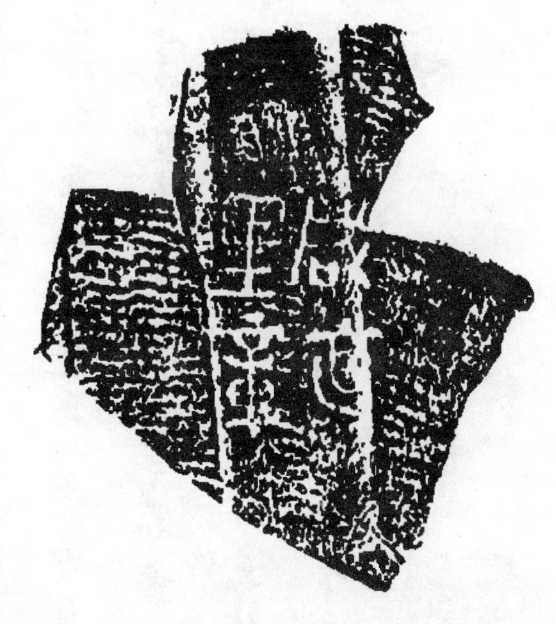

漢咸里直章殘陶片

陶質純青，長安漢舊城出土，著者自藏，文四字「咸里直章」，原為圓壺，俗名鴨蛋壺，本屬完整之器，在劉漢基所，失手墮碎，遂以廉價售於予，直章者，直為人名，即直印之義，陶器中僅書人名曰某器某章者，為自製之器，書姓名者為市鬻之器，以西漢出土之印文推斷，內官二千石以上外官將軍太守印多稱章，或連稱印章，此陶文不曰直印而曰直章，蓋造之人曾官顯秩也。

漢咸里直章陶壺

陶質青黑。現存長安白祚處。完整可憙

瓦印

漢咸里屈驕陶印模

陶色未詳，舊為建德周季木所藏，文四字，「咸里屈驕」，陽文反書，打印於陶器之上，則為陰文正書，字體與咸里蒲奇極相似，咸里二字橫列亦復相似，惟屈驕所造陶器，則尚未見有出土者，漢書地理志云「漢興立都長安，徙齊諸田，楚昭屈景及諸功臣家於長陵」，屈驕當先為楚人，在漢初徙於長安者，以今日之地形言之，咸里今當於長安北鄉之窯店，與高祖長陵極近，尤與漢志相合，又穀梁成二年傳云，今之屈向之驕也，屈驕姓名聯貫，蓋取義於此。

漢咸亭當柳陶壺蓋

陶質純青。長安北鄉出土。華縣劉軍山藏。文六字。「咸亭當柳恚器」。當柳疑為咸亭之里名。與咸亭完里同例。恚為作器之人名。

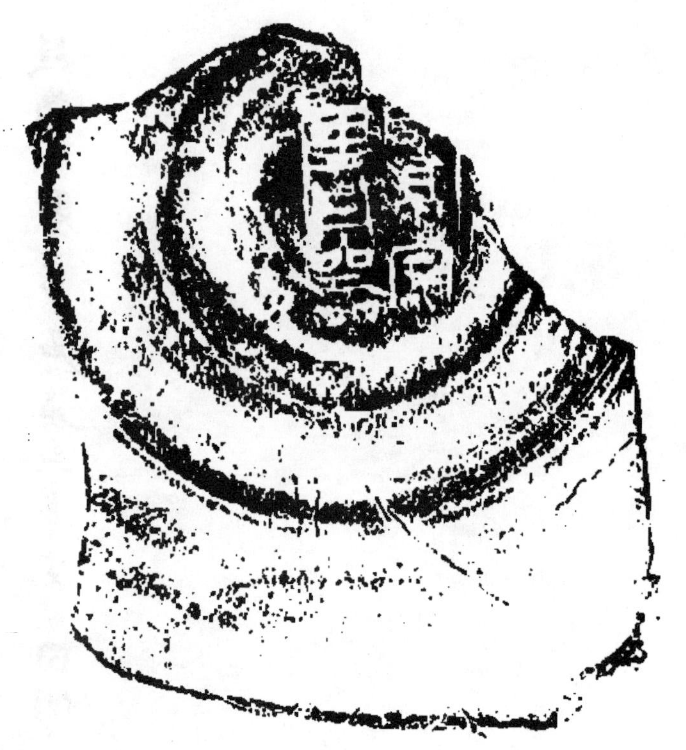

漢咸亭完里丹器殘陶片

陶質青灰、長安北鄉窯店出土、科學院所藏、文六字「咸亭完里丹器」完里屬於咸亭、丹為造器人名、咸里今在北鄉窯店、已詳前說、予今年五月親至其地訪察、因向村農購此殘片以歸、又曾至文物研究室、藏有陶鼎、與此同文、惜字畫太淺不能摹拓、

漢咸亭平棠陶鼎

陶質純青，長安北鄉出土，現存長安白祚處，文四字，「咸亭平棠」，平棠蓋人名，亭字已模泐，就原器看，筆道尚可見。

漢咸陽亭久陶甕

陶質青灰，長安北鄉出土，科學院所藏。文四字「咸陽亭久」，足證咸里咸亭咸陽亭，皆為咸陽之別稱。陶器中咸陽亭三字連文者僅此一見。文雖微渺，能參通咸里問題，至為可珍。久為酒字省文，與行司空久、槐里市久同例。漢初九酒久三字在陶器中均可通用。太宰酒之省作九久二字居多

漢槐里市久陶瓶

陶質青灰、出土地未詳、著者自藏、文四字「槐里市久」、漢書地理志、槐里屬右扶風、周名犬丘、秦名廢丘、市久者蓋酒市所用之器

漢行司空久殘陶片

陶質純青，著者所藏，旋又遺失。文四字「行司空久」。行司空不見於漢書百官公卿表，疑爲宗正屬官都司空令行署所用，故稱行司空。因居攝二年都司空瓦片，長安出土最多也。此片刻款雖不精，确爲真品。

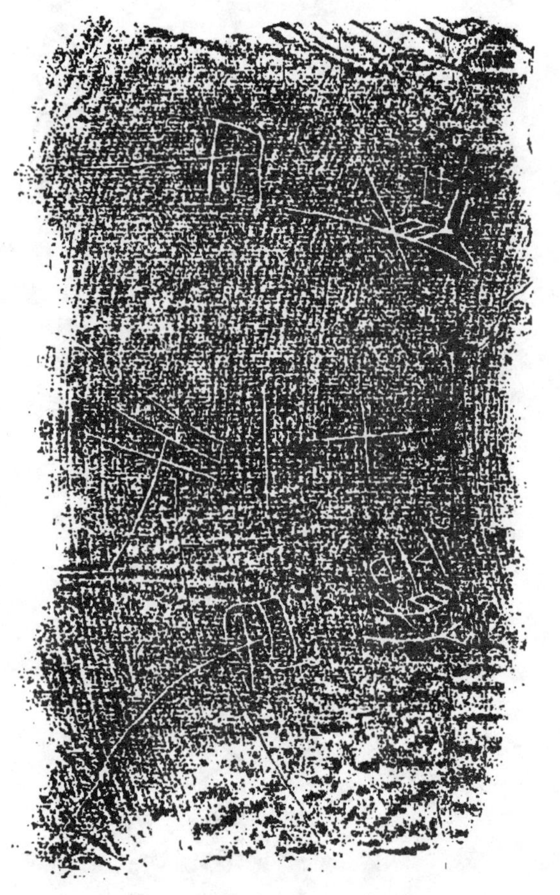

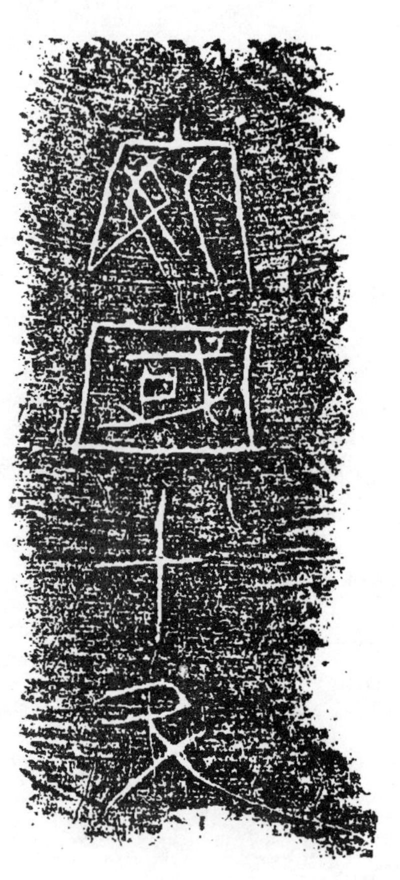

0　1　2　3 釐米

漢安國十斗陶甕

陶質純青，出土地未詳，長安段紹嘉藏，文分兩段，共十一字「文云安國十斗」「謝氏十一斗謝氏」謝氏即謝氏之平民，故一稱謝氏，一稱謝氏，大意為謝氏量十一斗，安國僅稱合十斗，安國當為安國侯王陵，史記高祖功臣表云，安國侯王陵，以高祖六年封，越六年薨，傳至曾孫定侯，元鼎五年坐酎金國除，西漢侯爵作器，有直稱為某某侯者，有處稱為某某家者，有僅簡稱封邑者，此陶之安國，決為王陵之器無疑，王家自置之量，比民間所用之量，大十分之一，統治階級之剝削量，於此可見，又陶文之十一斗，以今量考驗，只合一斗六升也。

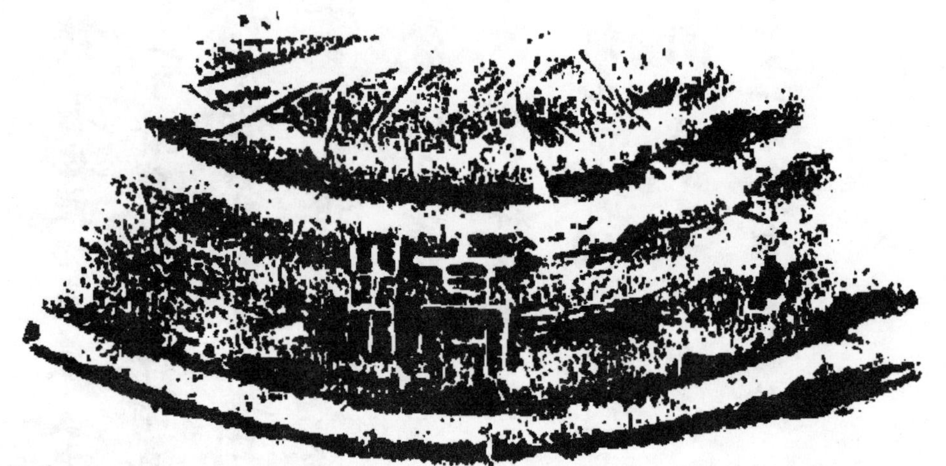

漢高市陶尊

陶質青灰、長安漢故城出土、著者所藏、後贈於蘭州人民圖書館、文二字「高市」、昔在長安市上見有陶器兩件、與此同文不同范、高市蓋西漢九市之一、宋敏求長安志、載九市之名、有四市、柳市、東市、西市、直市、交門市、孝里市、交道亭市等八市名、高市名獨不載、正可補其闕也、

漢赵字陶尊

陶質純青，出土地址未詳，西安歷史陳列館所藏，文一字，「赵」，刻款反文，疑為趙字省文，說文趙，走也，从走有聲，讀若又，施于陶器，未詳何義。

漢杜高陶洗

陶質純紅、一九五三年二月西安灞橋鎮鱉靈蓋出土、西安歷史陳列館所藏、文二字「杜高」在邊緣、下面邊網紋、花紋形式、均與戲字陶洗相近、以文字審之、為秦末漢初製作、器已殘破、僅存四分之一、

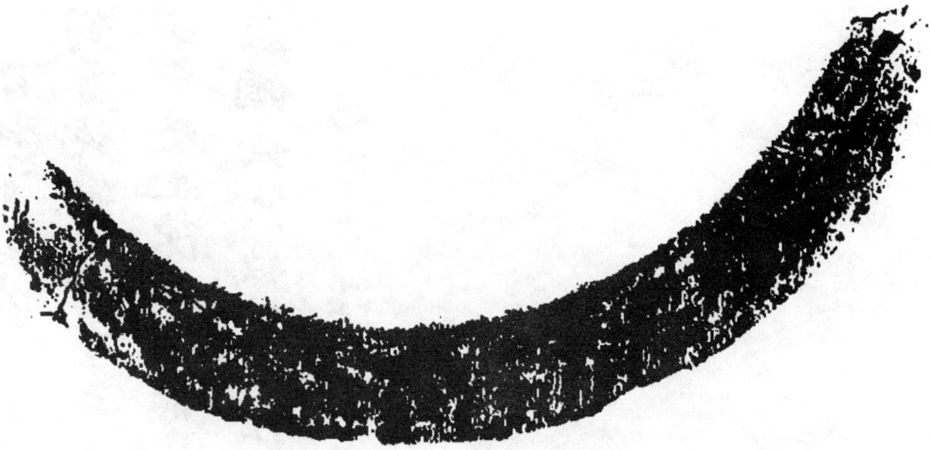

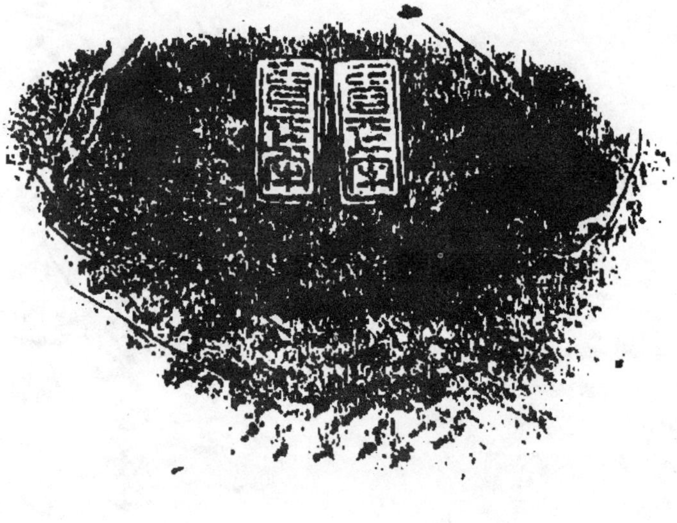

0 1 2 3 釐米

漢真上宰陶甕

陶質純青、出土地址未詳、西大文物研究室所藏、口下有印文三字、「真上宰」兩印並列、合共六字、係用陶印打成、文字似秦、陶式似漢、決為秦末漢初之物、長安某氏藏有大陶甕、白秋藏有小陶甕、均與此同文同印、真上宰之義、為真寶上等最堅牢之器、與其他「真河陽」「大宰第一」等文義相同、近人有解大宰為牛羹者、各器互證、殊未足信、

漢盩亭陶瓶

陶質純青、長安漢舊城出土、西大文物研究室所藏、文二字「盩亭」、漢書地理志盩厔屬右扶風、此器蓋為盩厔縣鄉亭所造

0 1 2 3 釐米

漢蘇解爲陶盎

陶質純青，出土地址未詳，著者自藏，文三字「蘇解爲」，蘇解人名，爲字作造字解，此等陶器，在做成後，泥尚未乾之時，用蘆莖或竹籤刻畫文字，與範造者不同，與鳥獸範題字，同一作風，筆勢雄駿，在陶器中文字之大，無逾於此。

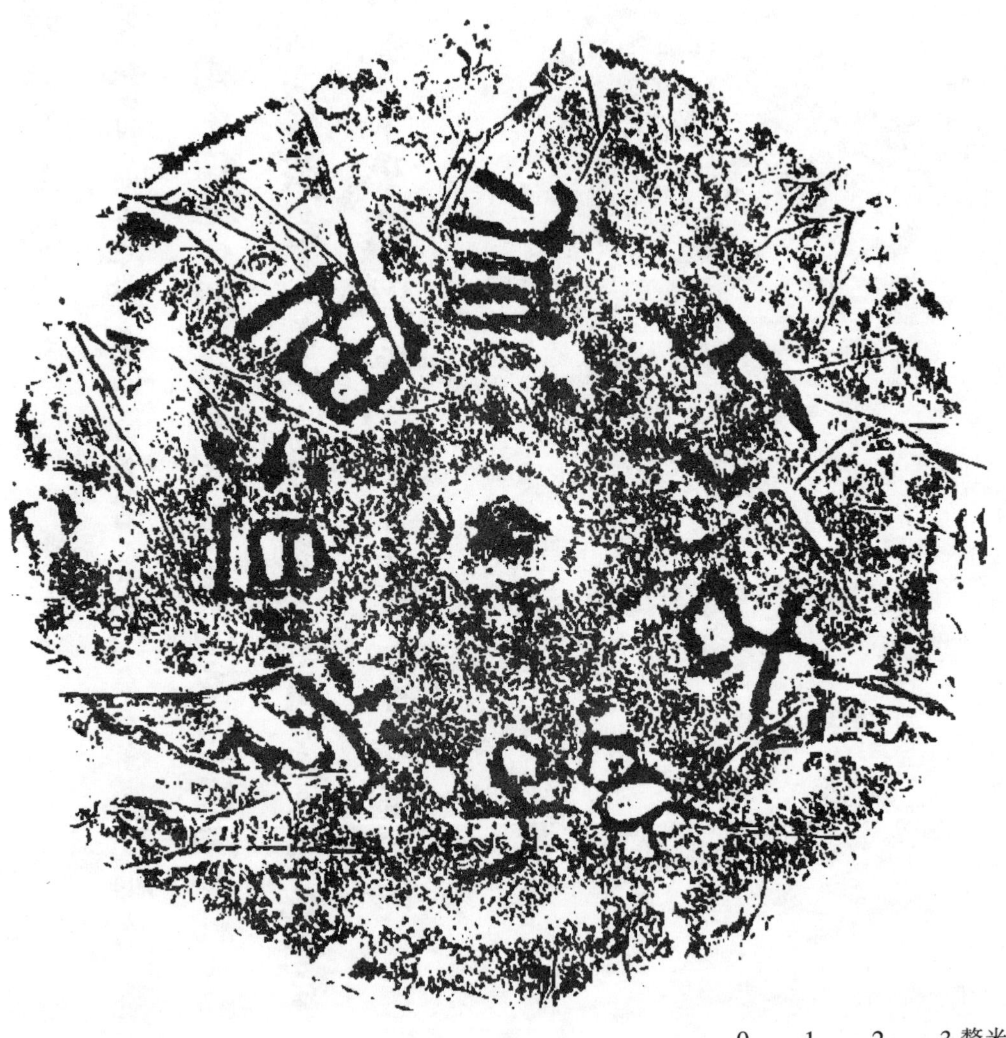
0 1 2 3釐米

漢長宜子孫常淂男陶蓋

陶質純青，出土地址未詳，科學院所藏，文七字「長宜子孫常淂男」，男字減筆。

0 1 2 3 釐米

漢長宜子孫陶蓋

陶質青灰，出土地址未詳，沈次量所藏，文四字「長宜子孫」，吉語頌禱之詞。

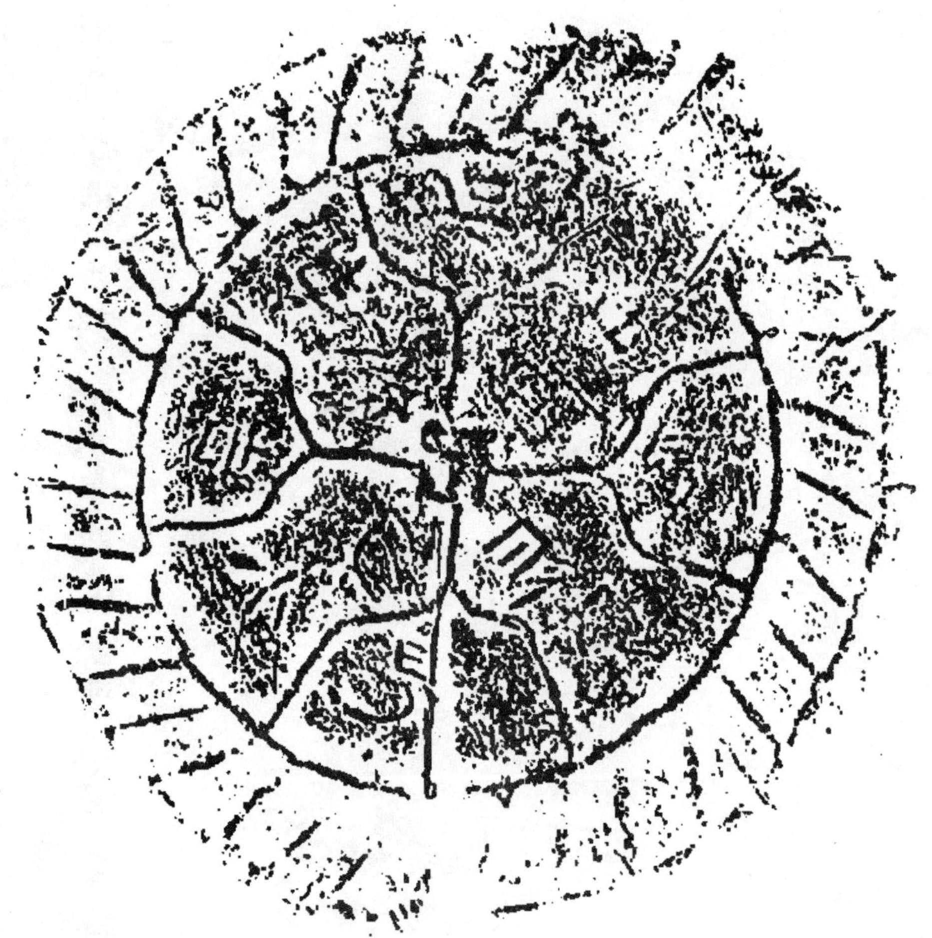

漢小兒受賜陶蓋

陶質青灰，出土地址未詳，現存劉漢基處，文外圍八字「小兒受賜天姑世吉」，内圍四字「長宜子孫」，係就原器考釋，較拓本爲明晰。

漢長樂未央陶蓋

陶質青灰。長安漢舊城出土。現存孝浤崇處。文十一字。「長樂未央宜子孫宜子千万」宜子兩字書在一行。其餘皆單文環書。

漢千秋萬歲陶蓋

陶質青灰。長安漢舊城出土。沈次量藏。文四字「千秋萬歲」。以字體而論近於繆篆。

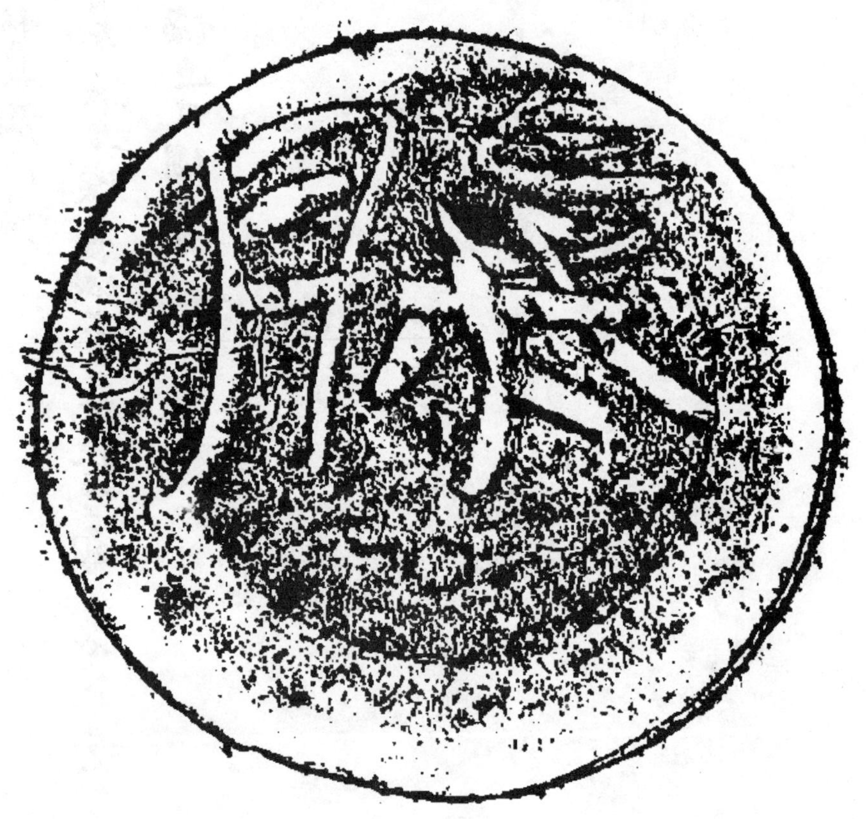

漢槃字陶盤

陶質灰黄、出土地址未詳、西大文物研究室所藏、文一字、「槃」與盤字通、草隸極精悍、為先契後燒之字、

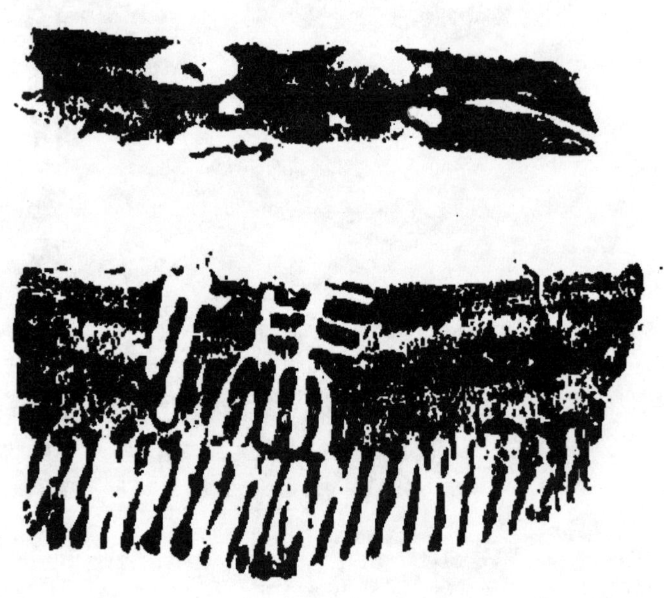

秦馮字殘瓦量

陶質純青、出土地址未詳、科學院所藏、文一字「馮」外有繩紋、與漢器之表面光滑者不同、故決為秦製、字體閎偉、亦與秦瓦量相仿佛。

秦市字殘陶片

陶質純青，長安市安鄉永興堡出土，科學院所藏，文一字「市」，表示為市屬之器，原文用小鉥打成，花紋文字，均為秦物，

漢南陵大泉殘陶片

陶質純青、長安東鄉出土、著者所藏、文四字「南陵大泉」、漢書外戚傳云、高祖薄姬文帝母也、孝景前二年崩、葬南陵、師古注、陵在霸陵之南、故稱南陵、此爲薄太后陵廟中供奉之陶器、殆無疑義、又陶齋吉金録載有南陵銅鍾云、南陵大泉第五十八、乘輿御水銅鍾容一石重卅四斤半、建平十一月長安市造

銅鍾與陶文、當皆爲薄太后南陵之物、所謂大泉者、指大甕而言、秦人之俗語、至今猶然、

漢長信私官殘陶片

陶質純青。長安漢舊城出土。著者所藏。文四字「長信私官」。漢書百官公卿表云、長信詹事、景帝中六年更名長信少府。平帝元始四年、更名長樂少府。屬官無私官名稱。吳式芬封泥考略卷一有「私官丞印」、又有「長信私丞印」。與陶文正合。公卿表詹事屬官有私府令長丞。私官疑為私府之初名。先屬於長信詹事。後改屬於詹事者。（後詹事併屬於大長秋）當為景帝中六年改革官制以前之物。並當為長信詹事私官長公署內所用之陶器。

漢長字殘陶蓋

陶質純青、長安漢舊城出土、著者所藏、文一字「長」、外圍存四時二字、為長宜子孫殘蓋文、

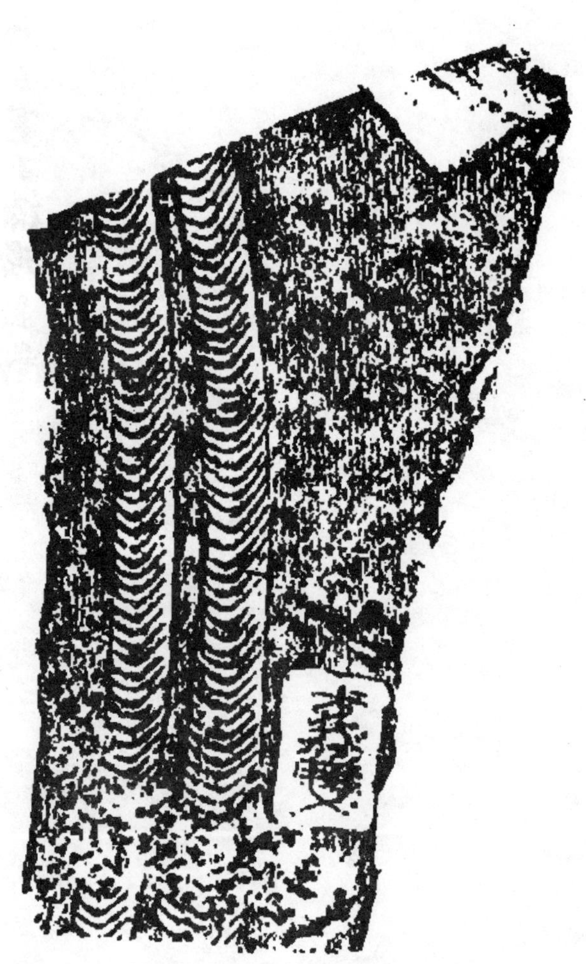

漢袁嫈陶片

陶質純黑，出土地址未詳，著者所藏，文二字，「袁嫈」，花紋似魚鱗，與寶鷄祀鷄台上所出陶片，文理完全相同。

漢桓字殘陶片

陶質純青。出土地址未詳。科學院所藏。文一字「桓」。刻款。

漢太宰第一殘陶片

陶質青灰、長安三橋鎮出土、現存李派棠處、文四字、「太宰第一」、太宰與真上宰之義相同、非表示貯牛羹之器也、

漢太宰殘陶片

陶質純青，出土地址未詳，長安陳堯廷所藏，文二字「太宰」，與太宰第一為一人所書。

秦龍鳳陶壓袖

陶質純青，咸陽頭道原出土，著者自藏，龍鳳花紋極細，完全秦代風氣，原器大如胡麻餅，土人俗呼為油青，蓋死者壓漿袖之用，予歷年在關中所見壓袖，銅質中以吳雲樵所得貝鹿壓袖為最精，其製法以大目穀為中心，圍蟠銅鹿花紋顏色，俱臻上乘，決為秦物無疑，此外關東諸拓有變鳩壓袖色澤亦佳，則為漢代物，至陶壓袖當以此為最精美。

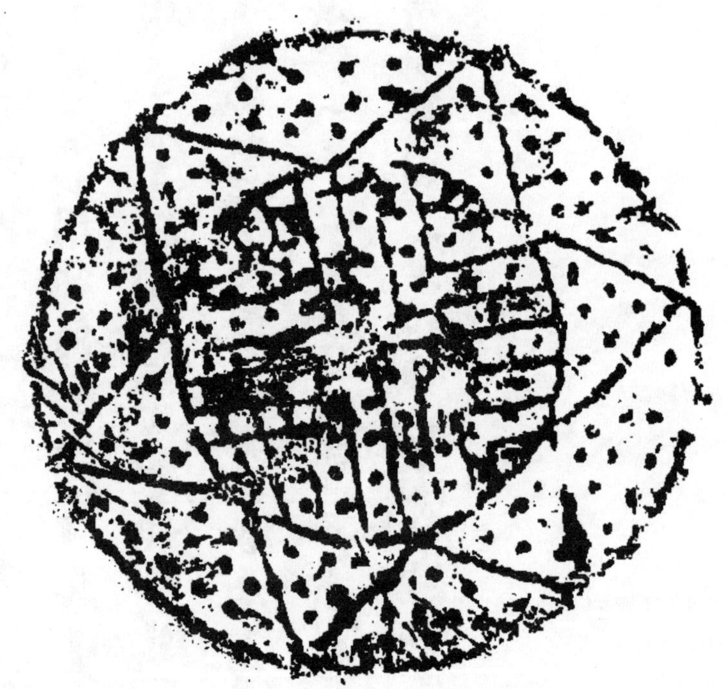

漢陶壓釉

陶質青黄，出土地址未詳，科學院所藏，圖案花紋，則為澤製。

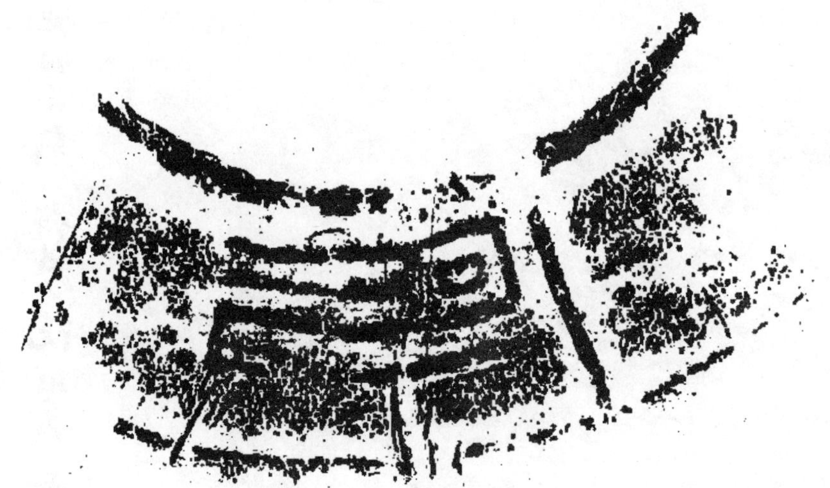

漢汋一二石酒罌

陶質灰黄，長安漢舊城出土，科學院所藏，文四字，「汋一二石」，第一字淺人讀作河字殊誤，器小如囊盌，長安出土甚多，大小形式文詞均一致，為漢人量酒之用，有時沃以沸水，猶有酒氣騰溢，汋與酌通，謂酌此一罌，即合二石之酒也，足證漢代酒器容量之小，史記滑稽淳于髡傳，謂一斗亦醉，一石亦醉，當即指酒斗酒石而言，不見古器，對於經傳，解釋毋多隔閡，現西安南鄉韋曲一帶，尚用酒斗，形式正方，容量已較漢酒量為大，因思杜甫飲中八仙歌，所謂汝陽三斗始朝天，焦遂五斗方卓然，皆指酒斗而言，又唐河方氏所著繞九藏陶，著録有「內廿二石五十」，酒罌，形式與汋一二石均同，是豫省所出，當時之風氣不同，

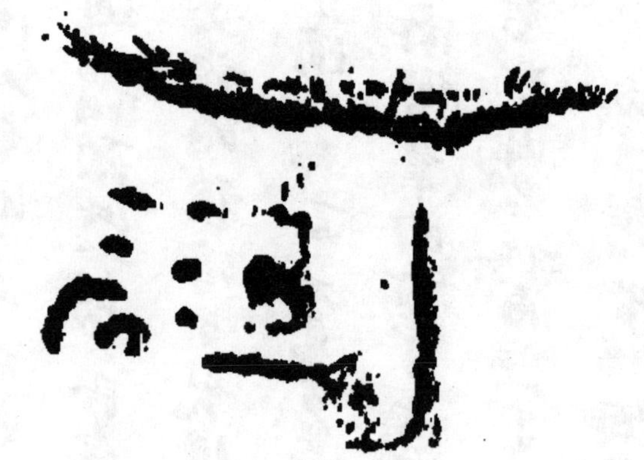

漢汋一二石酒罌

陶質純青，出土地址未詳，著者自藏，在十年前嘗得一枚，已贈周鄠生，又為沈次量先生代購一枚，器皆完整，文字亦佳。

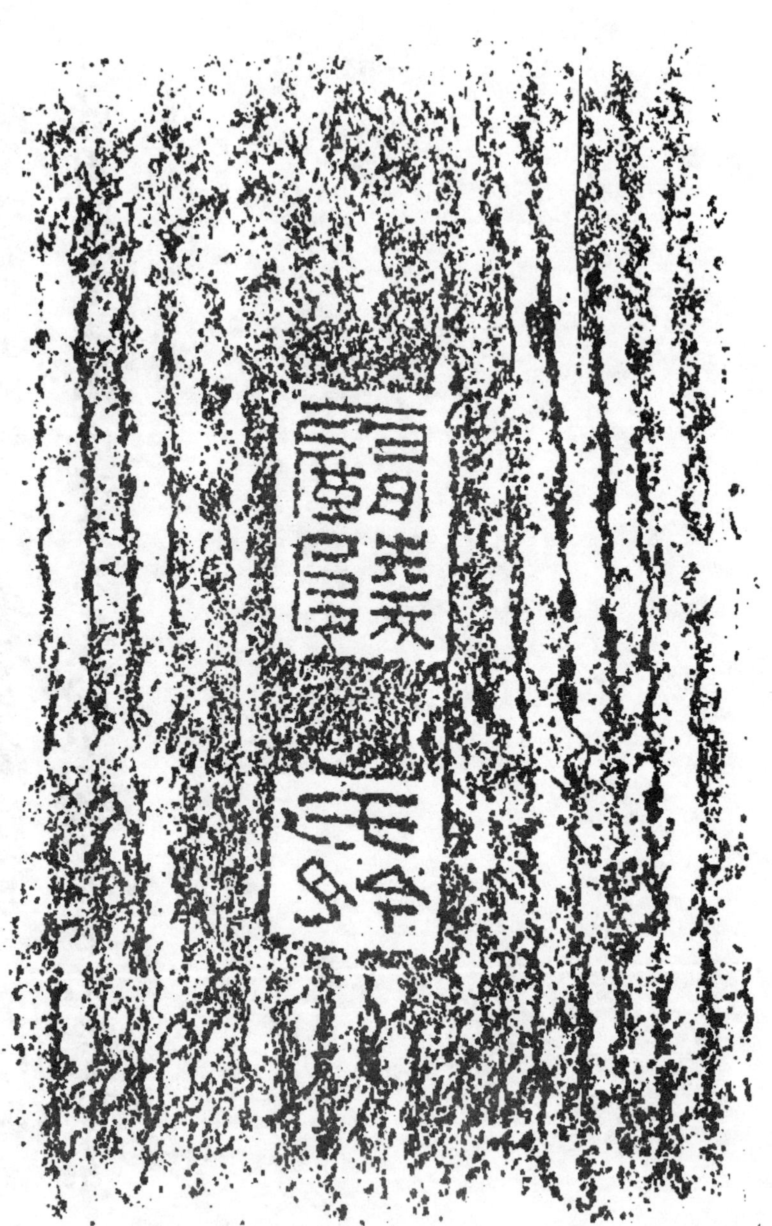

漢霸陵瓴

陶質純紅，長安霸陵東鄉出土，事在一九四七年五月，沈次量藏，文四字，「霸陵　氏瓴」，中空一格，上截已斷，形如竹筒，由當地商人售於李滋榮者，予向滋榮以重值代沈購致，據當地人云，上截有富貴二字，并有紀年，鄉人允備出售，迄未還來。案漢書高祖本紀云，地勢便利，其以下兵於諸侯，譬猶居高屋之上建瓴水也，如淳注，瓴盛水瓶也，居高屋之上而幡瓴水，今日以形式論之，此器當用於屋角，利於滴水，與承霤相彷彿，當有三四截，上銳下豐，連貫為一，吳愙齋在西安得霸陵過氏瓴，拓寄陳簠齋，簠翁許為至精之品，特未曾有，願以他器相博易，愙齋未允，見陳簠齋與吳愙齋尺牘，愙齋下世後，瓴歸南陵徐積餘先生，鏡翁曾贈精拓數紙，羅振玉已著錄於金泥石屑中。此器中空一字，與愙齋所藏過氏瓿，文字大小如一，且為一人所書，筆畫略有差異，蓋同文而不同笵。觀於過氏瓿，始恍然此瓿之空格，當日陶工係為某家訂貨即嵌補某姓之用。頗類於後世之活字板。漢代工藝之巧妙如此，以字體斷之，當為文景時物。再細審吳瓿，過字稍大，確係補印於上，不有此瓿，無由揣度過氏瓿之補姓氏也。又昔在柯莘農寓齋中，見有霸陵過氏瓿，格外一字，字小而模糊，與吳瓿不是一笵。可証西安在近十年間，有字之漢瓿，共出有三器，又五味什字地市中有無字者一具，當為瓿之第三式，西安歷史陳列館所有一具，形式最大，當為瓿之第四式。

漢瓦屋脊題字

陶質純青，出土地址未詳，著者自藏，文存六字：「益壽殘缺與天完整罔時殘缺」，為漢宮殿瓦屋脊之題字，又董策三藏有近年益壽題字，益壽兩字，只存左半，與此筆法相似而不同范。

漢陶硯

陶質純青，長安南郊外出土，科學院所藏，硯池中有魚形，無文字，有四足，右角下足已損缺。予在秦歷年所見古硯，以自僑先生所得周硯為最古，陶質渾圓，面上尚有調漆汁之痕，後售於閻傳懋。次則吳雲樵存有陶漆硯，上面半規，有假山形，蓋為擱筆之用。再次即此硯，面上存有墨漬痕，則為漢代之物。又沈玲量翁在秦得北齊兩陶硯，一「大齊天保五年造此」文八字，無行界，楷書，甲申春間長安西鄉出土，為南院門瞿姓所得，售與白集五，予為沈翁購致；二「天保六年八月造」一行楷書，四面刻蓮花文，均極精美。長安為北周疆域，蓋北齊人當齊滅之後，入仕北周，故仍用齊硯殉葬。至唐代年號殉葬之硯，所見甚多，不能悉舉。

漢元延陶尺範

陶質青灰，長安漢舊城出土，沈次量藏。文存十二字「長安銅尺卅枚第廿元延二年」背刻寸度，僅存六寸有奇。此為銅尺之範祖（錢範正文為範祖，反文為範母。此尺正文，故定為範祖）與奇觚室金文述著錄之長安銅尺，同文不同範。此範下缺「八月十八日造」六字。又阮氏積古齋著錄之建初銅尺，為建初六年八月十五日造，豈銅尺須在八月造，與帶鉤須在五月造，有定時耶。

又此尺殘存六寸有奇，合英尺四寸八分。全尺應為英尺七寸。奇觚室所拓兩元延尺，一長英尺八寸十二分，一長英尺七寸九分。所拓兩建初尺，一長英尺九寸，一長英尺八寸八分。傳世五尺，除去兩種，皆同時同地所造，而長短皆不一致，足證漢代度量衡之不準確，竟不能定以誰者為標準。近人每執一器以推測漢代度量衡制度者，累千萬言，成為專著，殊難為定論也。

漢尚方鏡殘笵

笵為白沙質，舊為長安李道生所藏，今不知歸於何處。文存十二字「渴飲澧泉，飢食棗，徘徊天下敖」。普通尚方鏡文為渴飲玉泉飢食棗，浮遊天下敖四海，此獨銘詞特異。銅鏡尚未見有出土者。鏡笵之傳播，始於六舟僧，鏡笵之著錄，始於羅振玉之古器物笵圖錄。羅氏所收七種，文詞多為見日之光，皆膠東出土，關中所出，僅此一見。

漢日入千萬樸滿

陶質青灰，出土地址未詳，現存李滋榮處，文四字：「日入千万」左讀。樸滿始見於西京雜記鄒長倩與公孫宏書，陳簠齋始得「大富昌宜侯王」六字樸滿一枚，亦長安出土，羅振玉已著録於金泥石屑。予綜合積年所見文字，可區分為七類：

一、大富昌宜侯王（此器已殘損，現存天津方子才處）

二、日入千万

三、宜泉

四、置泉

五、富貴

六、日利

七、巨久（往在馬宗德處見舊拓本，旋售於他人）

七種之中，除巨久爲上下文外，其餘皆爲右左文，樸滿形式與今製稍有不同者，是漢代錢孔在頂端，現今則在頸下，出土素器最多，有文字者少，殘缺者多，完整者少，上鐫日入千万宜泉、置泉日利、富貴五種，是完整之器，然樸滿本爲漢代常見貯錢之物，聚滿則撲，故不得以殘缺視之。憶五六年前，趙某持一素樸滿相示，內有銅泉三四枚，鏽結聯合爲一，在口諦視，爲大泉五十，亦至奇也

漢宜泉樸滿

陶質青灰，長安漢舊城出土，沈次量藏，文字「宜泉」泉字中畫微斷，疑為王莽時物。

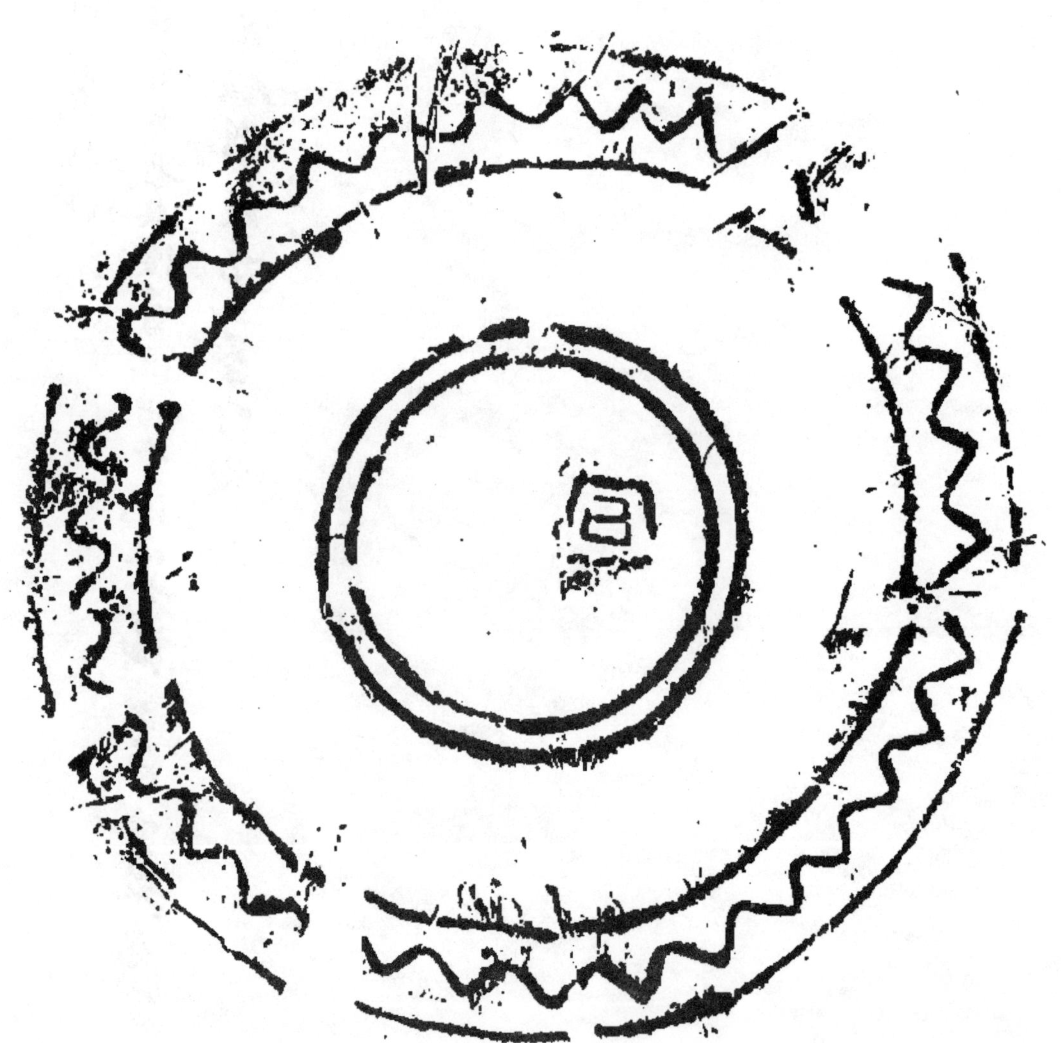

漢宜字殘文樸滿

陶質純青，長安漢舊城出土，著者所藏。今存一字，「宜」左邊字已敲碎，但跡尚完整，全文蓋為宜泉二字。

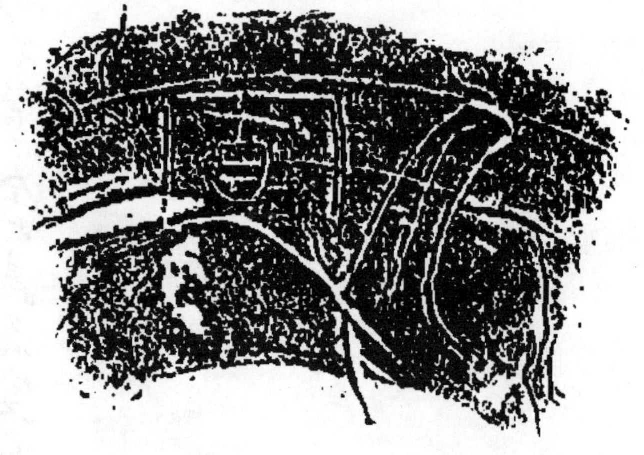

漢置泉撲滿

陶質純青，出土地址未詳。西安歷史陳列館藏。文二字，「置泉」，為先刻後燒之字。泉字中畫通連，與宜泉不同，以字體定之，當為西漢初物。

漢富貴㯞滿

陶質灰黄。長安漢舊城出土。馬仲良藏。文二字「富貴」僅存器面。字體寬博。武帝時字。

漢富貴樸滿

陶質灰黄。長安漢舊城出土。著者所藏。文二字「富貴」僅存器面。字體謹嚴。文景時物。

漢富貴樸滿

陶質青灰、長安漢城出土、著者自藏、文二字富貴、僅存器面、雖為富貴二字、內中實含有合田豐貝四字、合田者取其立合同買田宅、豐貝者取其多財之謔、此漢人之遊戲書、今之所謂美術體也、

漢日利樸滿

陶質灰黃，長安漢舊城出土，家保之先所藏，文二字「日利」，樸滿器也。

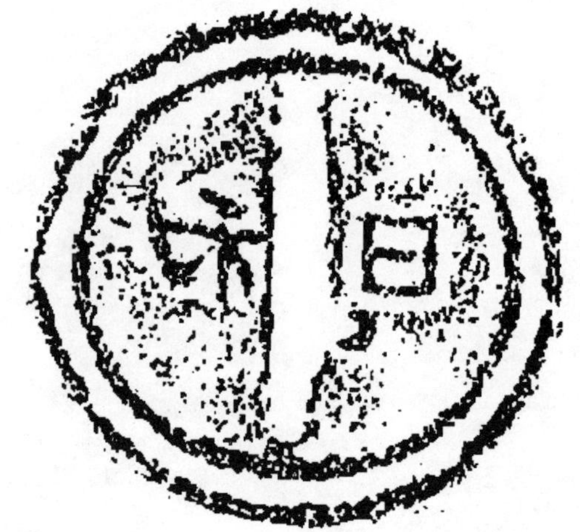

漢日利缿

陶質純青，長安漢舊城出土，著者所藏，文二字「日利」，當為半截式樸滿，其法鑿地為坎，置器坎上，貯滿則取，可省撲碎之消耗，長安鄉人，至今尚有用其法者。

漢富貴殘樸滿

陶質均青灰。著者自藏。樸滿有文字者，以富貴日利兩種為最多。

漢千万殘樸滿

陶質青灰，著者自藏，當為日利千万殘文。

漢真河陽殘陶片

陶質灰紅，長安漢舊城出土，著者自藏，文三字「真河陽」，予另見有「河陽第一」殘陶片，意為河陽出品之陶器，有真偽之分，與真上牢同義。河陽疑漢代長安村鎮之名，非潘岳作令之縣也。

漢白鴈雌范題字

陶質純青，沈次量藏，文三字「白鴈雌」，正面有短尾雌鴈形，在各范中范形最大，漢代鳥獸范題字，皆出於長安未央鄉雙鳳闕遺址附近，從未著錄，正面所范之鳥獸，或左右足形，皆與題字相符合，因陶工模范既多，取用時易於錯誤，故刻題字，以資識別，均爲先鍥後燒之品，其范兩邊皆有緣道，以便上下合範，並可看出漢人所造各種陶獸，獸身及前後左右四足，往往分五個階段造成，其文字非篆非隸，隨手刻畫，無意爲文，而逸趣横生，自非後代所能及，近有古人指爲此周時物者，自信甚堅，殊不值識者一哂，予在秦所見共十五品，有「秦府」佩范，「牛後足大吉」牛足范，「伯革造」鳩范三種，尤爲稀奇。 牛足范長安李氏藏 伯革鳩范吳縣王拙一藏

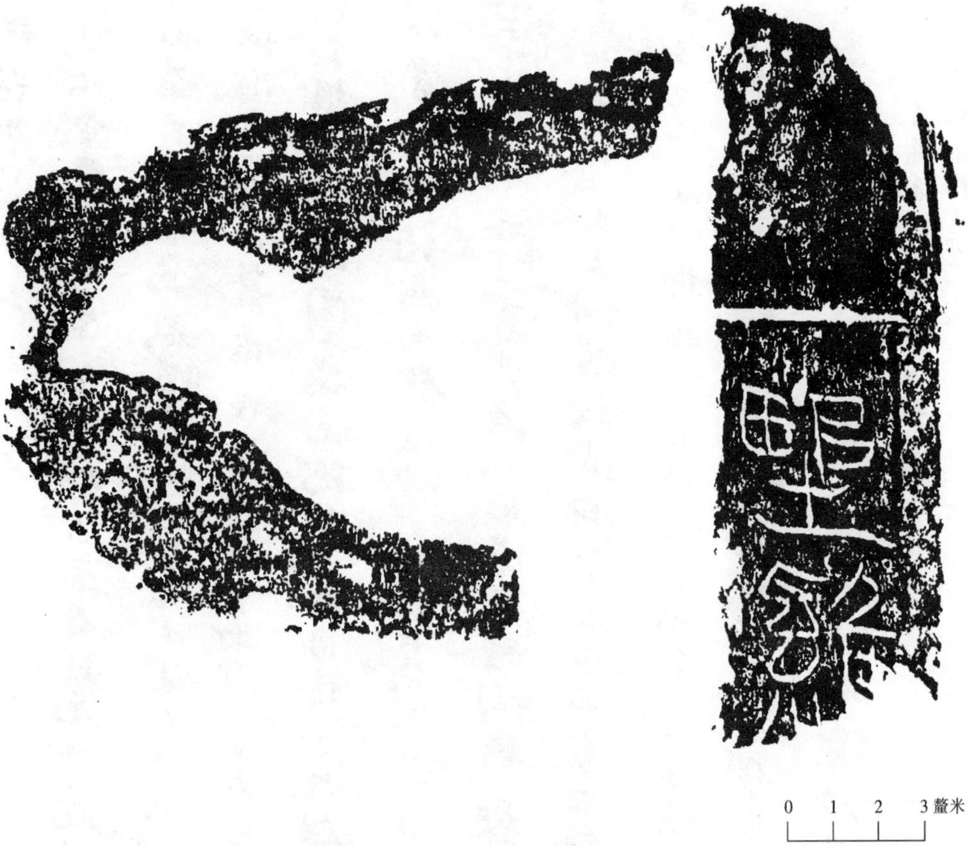
0 1 2 3 釐米

漢野鷄瓦題字

陶質純青，著者自藏，文二字，野鷄。篆墨逸，允引韓昌黎諱辯云：呂后諱雉，因呼雉為野鷄。此瓦正題作野鷄，當為文景時製作。以錐畫坯為字，筆勢至為古逸。

漢鴡法瓦題字

陶質純青、著者自藏、文二字「鴡法」鴡即睢字、即睢鳩之義、法字爲瓦字之轉音、合之即爲鳩瓦之義、

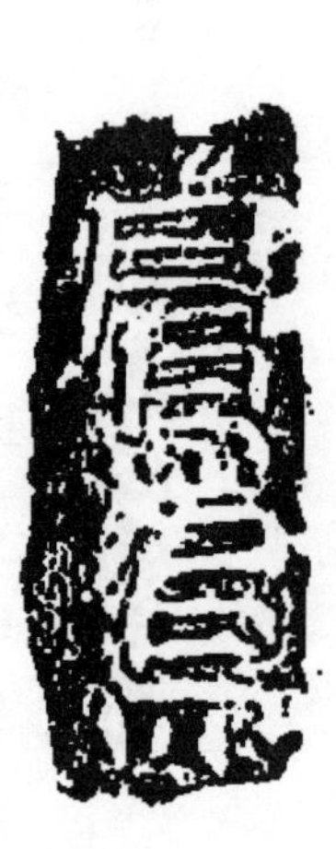

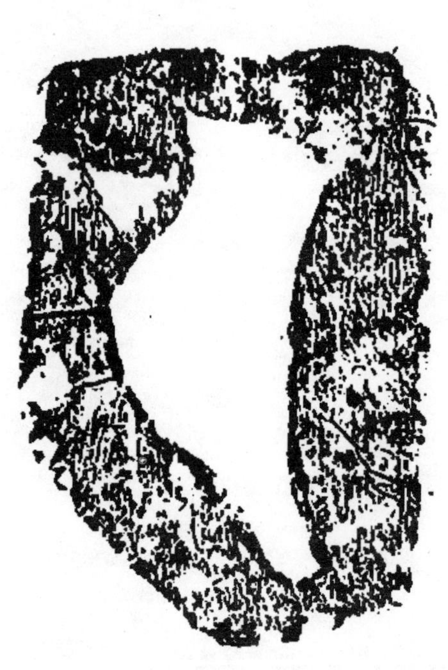

漢鳳鳥鳩瓦題字

陶質純青，科學院藏，文二字「鳳鳥」，正面作鳩形，與鳩法瓦相同

沈吹萬昔年在秦得一陶鳩，腹下亦有鳳皇二字，漢人往往移鳩

為鳳皇，殊為不解。

漢牝瓦範題字

陶質純青，著者自藏，文存二字「牝瓦」，正面周有大耳，牝瓦背形。

漢大耳牝蟲範題字

陶質青灰，西安歷史陳列館藏，文七字「大耳牝蟲後者之」，正面圖左足形，此範初為南院門傅君所得，繼歸劉漢基，出土時文為沙粒所掩，不能辨識，予為剔釋，今售於陳列館。

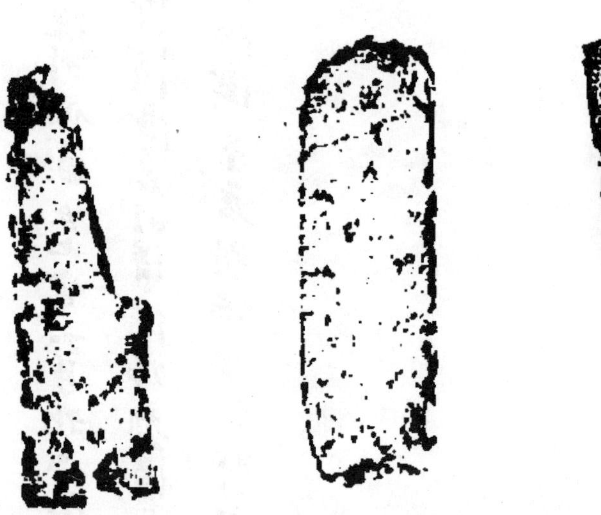

漢犬前右足笵題字

陶質灰黄。著者自藏。文四字「犬前右足」。正面圖犬足形。文字之美。如漢銅焉。

漢羊後股瓮題字

陶質純青、著者自藏、文三字「股後羊」、正面圖羊足形、當倒讀為羊後股、此陶師之遊戲文字、羊字上另有合條文兩道、不能誤釋為美字也、

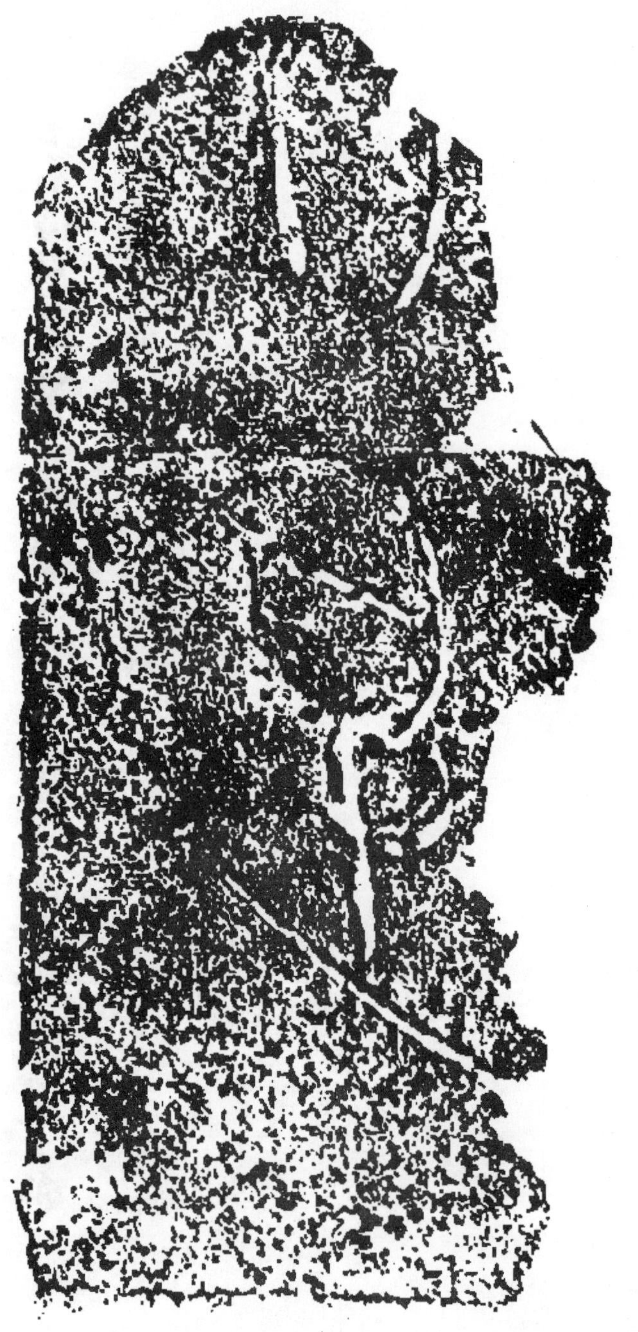

漢右足瓮題字

陶質青灰，劉軍山藏，文二字"右足"，正面圖朱足形，篆勢有驚鴻遊龍之妙。

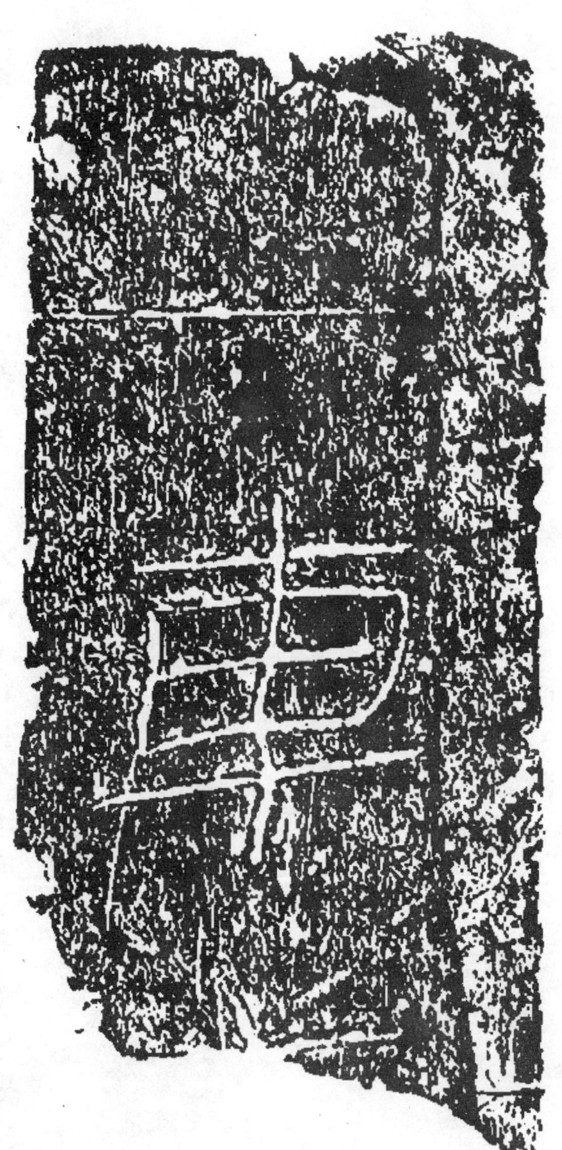

漢車字俑範題字

陶質純青，科學院所藏，只存一字「車」，正面圖俑像上截形，準以秦府俑範之例，疑為車府二字，但不敢定，車字當為造俑陶工之姓也。

漢車字殘俑范題字

陶質灰黄，段紹嘉所藏，持贈著者，疑[illegible]失去，今存一字「車」

已而俑范已毀，[illegible]遺甚。

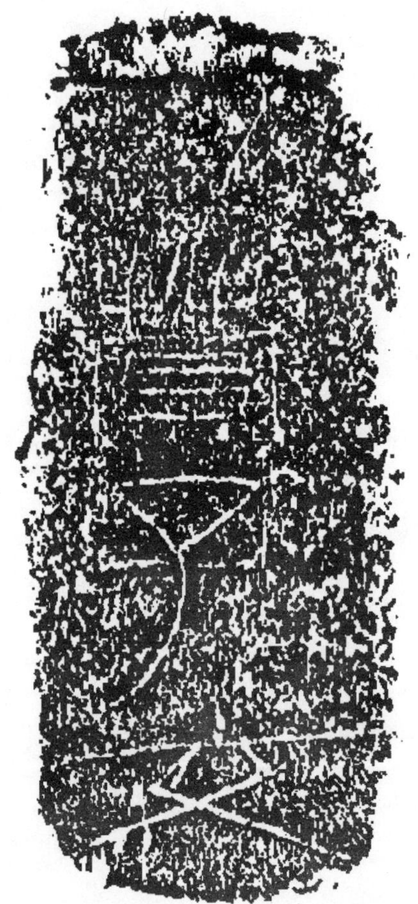

漢管子文俑罐題字

陶質未詳，原為白祚所存，售去已十餘年，正面為俑形，菅字當為管字之假借，蓋陶工姓名，上述各器，除伯華造鳩罐疑為東漢物外，餘均西京文字

田得
馬官

漢田得萬石殘陶片

陶質灰黄，長安東鄉出土，沈次量藏，文四字「田得萬石」，係用四字印模打成，以方氏綴九藏陶記之，錄有所出，有「田得萬石」「田耕萬石」兩種，此陶當亦同例，惟字體寬博，與紋謹飭綿密者不同。

漢萬歲陶印模

陶質青灰，吾安此鄉出土，著者所藏。文二字，「萬歲」，反文當為陶模，打印陶器者，字體雄渾，與單于和親磚相彷彿。予在秦曾見有「右宮」二字橛紐式陶印，為打印於畫瓦瓦筒上之用。畫瓦瓦筒上有字者所見有右宮、左宮、瓦、太液、未明、太乙、等種字瓦瓦筒上則不需打印記矣

漢日利千萬殘陶片

陶質純青，長安北鄉出土，著者所藏，每字底面，均有文字，紋多處，不能拓出。

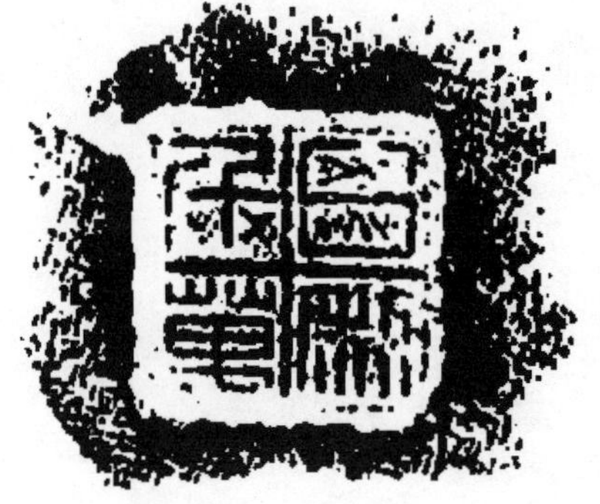

漢日利千萬陶片

陶質青灰、趙乾生舊藏、

漢日利大萬殘陶片

陶質青灰，出土地址未詳，著者所藏，文四字「日利大萬」，漢代吉語陶片，以日利、日利千萬，兩種爲最多，日利大萬、日利大富、平安等較少。

漢平安陶片

陶質青灰。長安漢舊城出土。著者所藏。文二字。「平安」。僇蕃書

漢日利陶片

陶質青黑，長安漢舊城出土，著者所藏。文二字「日利」，繆篆書。此等陶文，大率為器底之殘片。

漢日利陶片

陶質青灰，長安漢舊城出土，家保之兄所藏，文二字「日利」。

緣豪書。

以下五種日利陶片，陶質均純青，長安漢舊城出土，除第四枚為科學院所藏外，其餘皆著者所藏。

漢紡錠

陶質純青、咸陽北鄉出土、科學院藏、正面有二字、已模糊不可辨識、面平底突、腹帶螺旋紋、形似小兒玩具之陀螺、疑為漢人紡麻綫所用之鏇錠、至今陝甘手工業捻綫者猶存此式、予在西安、共見有兩三枚、

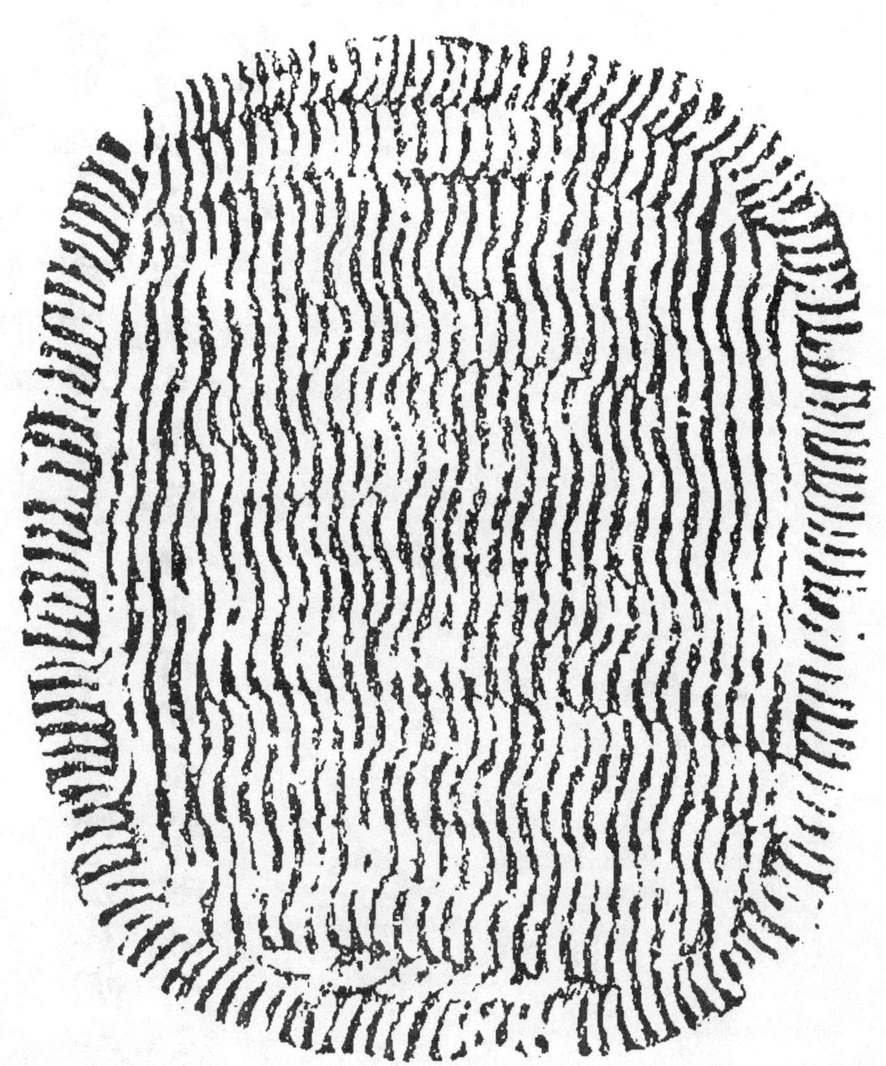

秦波浪紋陶模

陶質純青，咸陽原出土，洛陽尤達編藏，秦代陶器，皆為波紋，或密排牛毛紋，此為打印花紋時所用之模，極為罕見。

秦文字陶模

陶質純青、咸陽出土、尤達編藏、模形如梭、中有三字反文、已模糊不清。

關中秦漢陶録

第二集　瓦當瓦片類　上

陳直摭輯

關中秦漢陶錄第二集瓦當類目錄

鎮江陳直撰輯

一九五一年十二月鎮江陳直進宜寫記

0 1 2 3 釐米

漢佳漢三年大并天下瓦

陶色純紅，文八字「佳漢三年大并天下」。南鄭漢台出土，與當王天命瓦同出一地，安康宋雲石所藏。高祖在漢中建築宮殿，為史漢所未詳。此為西漢最初年之物。至都關中後初造者為漢并天下，漢有天下，漢兼天下三種，繼之者為長生未央，長樂未央，長生無極三種。現漢城遺址，漢并天下出土最多，漢有漢兼兩種則稀如星鳳。漢瓦載紀年者，則有永平五年殘瓦及西海安定元興元年作當暨此瓦三種，而西漢紀年，則僅此一種。五十年以來，關中藏瓦最富者，首推謝文清，次則宋雲石，兩君皆已下世，所藏散失，此瓦不知歸於何處，搜尋求之累年，始得此紙。

0 1 2 3 釐米

漢梁宮瓦

陶質灰黃，文二字「梁宮」，長安漢城出土。梁字與梁通，蓋梁孝王在京師離宮之物，與淮南半瓦同例。或謂此實秦瓦，秦滅六國，遷其子孫，居於咸陽高原，屋宇相望，瓦當上仍貫以各國舊名，梁宮則為梁國子孫所居，與衛字瓦同例。予現以實際考察，衛字瓦出於長安宮前永興堡一帶最多，實為漢代兵衛官署所用，與衛屯一例，曩在天水隗囂宮遺址旁村農家，亦購得衛字瓦一片，與漢城所出篆法各同，豈衛國之後，又分遷於天水，其可疑一也。六國之後，何以衛瓦獨多，韓魏趙諸國，何以寂然無聞，其可疑二也。此說可以不攻自誤。或又釋此瓦為汧泑宮三字，謂汧泑為河名，更等於讕語矣。

0 1 2 3 釐米

漢羽陽千秋瓦

陶質灰黃，文四字「羽陽千秋」，寶鷄東關出土，吳縣王楼一藏，羽陽千歲瓦，在宋元祐間已有發現，見於澠水燕譚錄，仁和趙氏在道光間又得五六枚，陸增祥據以摹入八瓊室金石補正，其筆畫與現今千歲瓦頗有不同，吳愙齋在秦時曾懸白銀五十兩，求一羽陽千歲瓦而不可得，光緒中又出羽陽臨渭一片，為王蓮生所得，十年前隴海路修治鐵道，至寶鷄東關時，曾發現一大坑，計有一千餘片，知即秦羽陽宮之遺址，現今為寶鷄車站，其中以羽陽千歲為最多，千歲分粗文線文兩種，次則為羽陽萬歲，而羽陽千秋為最少，連羽陽臨渭，先後所出，共有四種，而臨渭祇出一片，各瓦多欹側不平，似是燒而未用者，羅振玉秦漢瓦當文字，惟羽陽千秋未收，茲

再補為著録。前人以羽陽宮為秦武公所建，故斷此瓦為
秦瓦。其實仍是漢瓦。蓋秦宮而漢葺者。如秦之橐泉宮
在漢時猶存。愙齋集古録載有橐泉銅鋗銘云：「橐泉
銅一斗鋗重三斤元康元年造」。又容庚金文續編載有橐
泉宮鐙銘云「橐泉宮銅鐙重一斤十二兩元康二年考工令
史孺監省」。又載有橐泉宮鼎銘云「雝橐泉宮金鼎蓋一
容二升重一斤八兩名百卅二杜陽五十四斤十兩」。以元康紀年
審之，則橐泉宮在宣帝時尚完整。以鋗鐙鼎三器推之
則橐泉宮之供帳，在宣帝時尚極盛。橐泉與羽陽同
在陳倉。此瓦及端陶齋所藏之橐泉宮當，皆為漢物灼
然無疑矣。嘗細審秦瓦與漢瓦之區分，秦瓦則有六種特徵
一瓦色純青。二面積較小。三瓦邊手捏不甚均圓。三畫多字

少、五秦瓦中央無圓柱、六秦瓦先做整筒、然後用刀切去一半、至今皆面下端切痕顯著、漢瓦則逕做半筒、附黏瓦輪、背面下端、滑澤絶無切痕、（唯漢并天下瓦為漢初制作、背面間有切痕）以此判斷十得八九、此予秦居十餘年之目驗、亦不敢執途人以強同、羽陽各瓦、觀其文字與制作、與秦瓦無一條件相似者、直斷為漢瓦可也、

0 1 2 3 釐米

漢羽陽千秋瓦

陶質純青、寶雞東關出土、西安謝文清舊藏、文字較第一品雄偉、

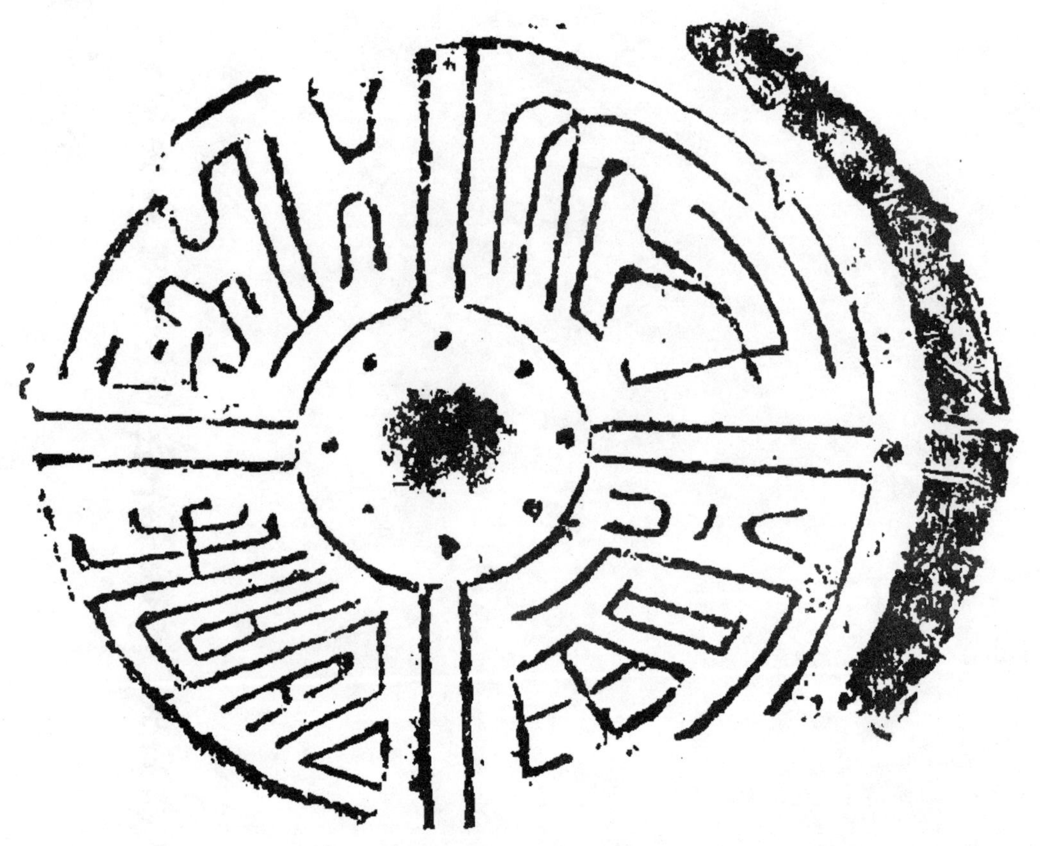

0 1 2 3釐米

漢八風壽存當瓦

陶質灰黃。文五字「八風壽存當」。漢城出土。張衡西京賦云。閶闔之內。別風嶕嶢。宋敏求長安志引關中記云。建章宮閶闔門內有折風闕高十丈。畢沅關中勝蹟圖志引玉海云。建章宮閶闔門內東出有折風闕。竊疑八風別風折風皆屬一聲之轉。實係一地。瓦文另有折風闕當。羅氏秦漢瓦當文字。已經著錄。八風壽成。自乾隆以來。歲有出土而左讀者絕少。

0 1 2 3 釐米

漢益延壽瓦

陶質灰黃。文三字「益延壽」。此瓦宋時已有出土。東觀餘論云。雍耀間農民耕地得益延壽瓦大逾一尺。吳愙齋在秦曾獲一品後歸於南陵徐積餘先生。瓦文係兩行書。予來西安後。見有殘缺者兩方瓦質堅黑如鐵。此為列書。尤屬罕見。至漢書郊祀志所言上林甘泉作益延壽館顏師古解為益壽延壽二館實為錯誤。前人論之已詳　茲不再贅　漢畫方磚亦刻有益延壽瓦形同為一家眷屬。

0 1 2 3 釐米

漢安邑裯柱瓦

文四字「安邑裯柱」、當爲惠帝安陵之瓦、史記呂后本紀引皇覽云惠帝安陵、去長陵十里、畢沅關中勝蹟圖志云、惠帝安陵在咸陽東三十五里、引通志云、爲周之程邑、是安邑即安陵也、又漢書高祖本紀云、十年秋七月、葬太上皇帝於萬年、顏注太上皇居櫟陽、十年葬於此原、起萬年邑、置長丞、是謂漢代皇陵、又可名邑、不獨名園名寢也、裯爲琱字之假借、即雕採畫柱之義、

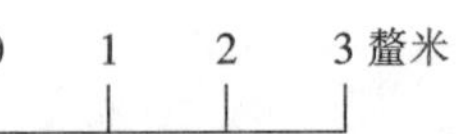
0 1 2 3 釐米

漢年宮瓦

陶質灰紅，文二字「年宮」字在下格，其他三格皆為雲文，鳳翔縣南八旗堡出土，芭縣劉軍山藏。此堡是秦大鄭宮遺址西近五畤原。此瓦當為漢代諸帝幸雍祠五畤時，就秦宮舊址所築之離宮，而三輔黄圖失載，蓋取祈年之義。

漢孝大半瓦

陶質純青。文二字「孝大」。長安馬仲良舊藏。與后寢半瓦同時出土。西漢半瓦。有原範爲一半者。上林延年半瓦是也。有從整瓦只打一半者。此兩半瓦是也。羅振玉秦漢瓦當文字已著錄。皆爲王文敏所藏。後孝大瓦失去。后寢瓦則歸於定海方藥雨。家保之。見云兩半瓦當合讀爲孝大后寢。即孝大后寢廟所用之瓦。其說甚確。西漢諸帝謚法。皆刻以孝字。此不能定爲何帝之太后。王文敏得此瓦時。據估人云。係同時所出。則亦一坑所出。亟爲可異。羅氏釋后寢爲后淺。已不足信。近長安古人又有釋爲后窯者。尤爲疏謬。

漢后寢半瓦

陶質純青。文二字「后寢」。已詳考大半瓦考。

漢淮南半瓦

陶質純青、文二字「淮南」、日照丁希農所藏、曩聞柯莘農翁云、此瓦初為鐵路局鄭某所得、鄭故後歸於希農、淮南王安當有離宮在京師、与梁宮一例、又莘翁与予先後在秦各得淮南邸印泥封一枚、同為一家眷屬、

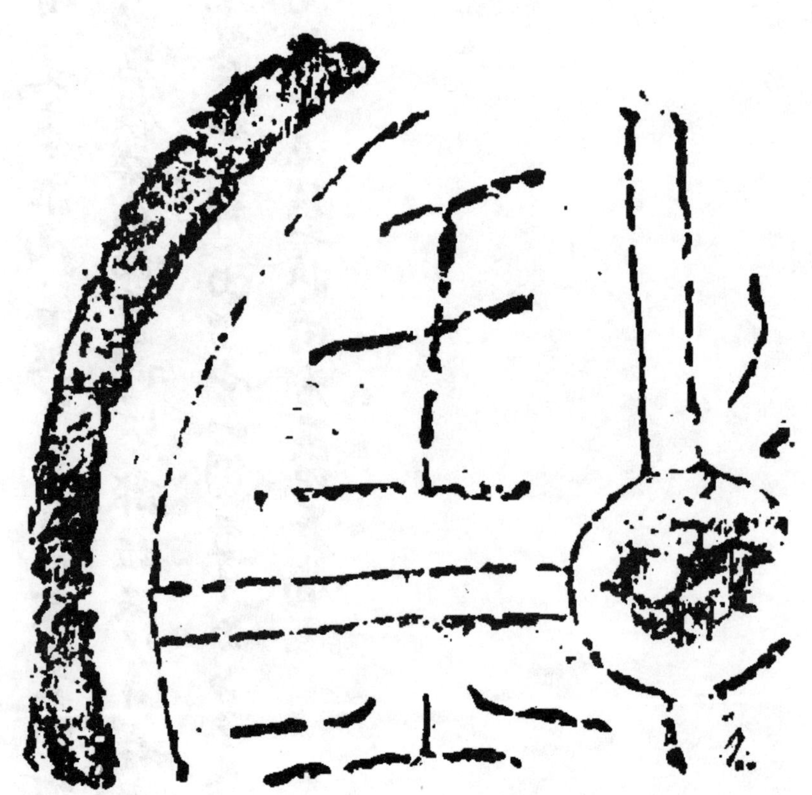

漢□□王當殘瓦

陶質純青。多存左邊二字「王當」。西安漢城出土。右邊從水。筆道尚可辨識。似疑爲淮南二字。

0　1　2　3 釐米

漢當王天命瓦

陶質純紅，文四字，「當王天命」，南鄭漢台出土。此瓦陝西金石志釋為「當王天下」，細審下字係命字之誤，乃合外邊界格成文。此瓦文字環讀，而當字筆畫内，又包含副字，應讀為「王當副天命」，漢人字體之妙，可見一斑。特瓦質粗疏不緻，故文字精湛者甚少。

0 1 2 3 釐米

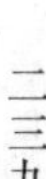

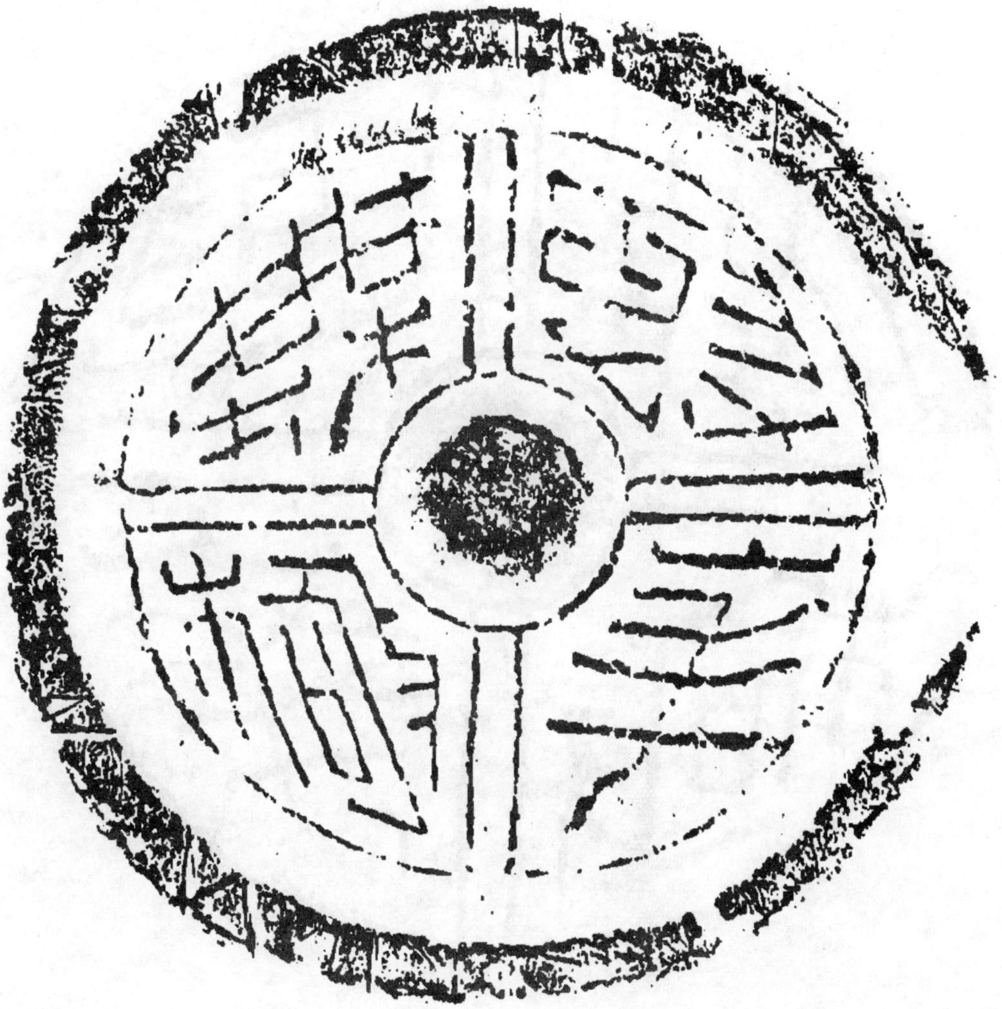

0　1　2　3 釐米

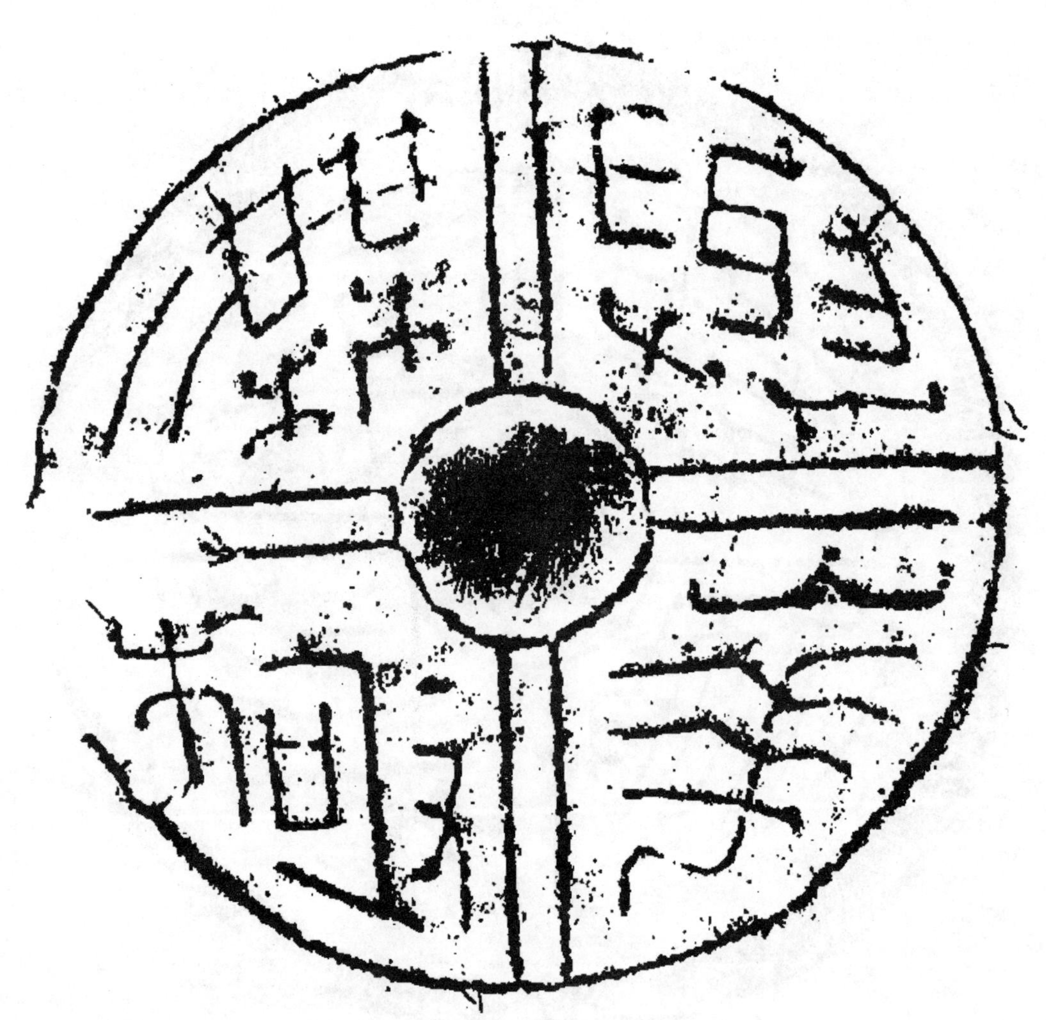

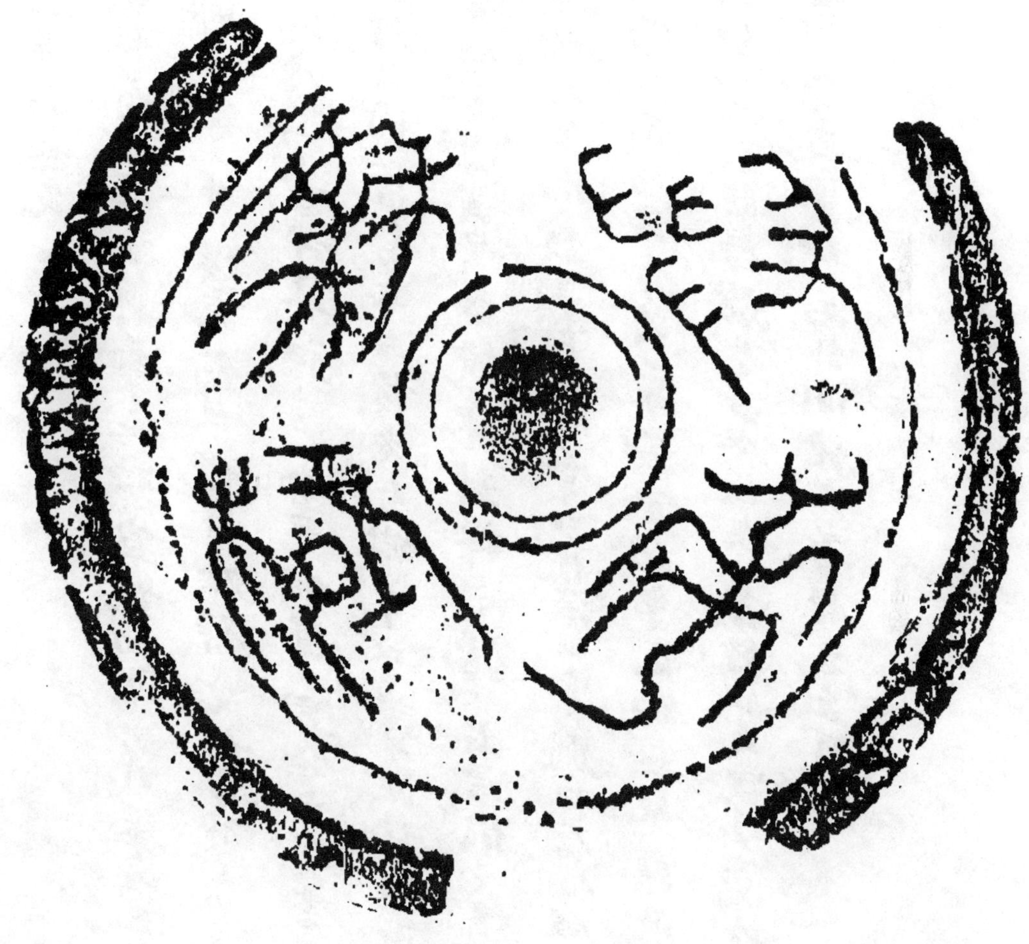
0 1 2 3釐米

漢與華無極瓦四

陶質俱純青。文四字「與華無極」。宣統初年，出於華山王到村下。鄉農穿井，得萬餘枚，惜皆破碎，完好者有三四百片。瓦文分兩種：一「與華無極」，二「與華相宜」。無極之中，書法有五六種不同，佈勢有左讀者，有減筆者，章法均佳。西嶽華山廟碑云：「孝武皇帝時，修封禪之禮，思登假之道，巡省五嶽，禋祀豐備，故立宮其下，宮曰集靈宮，殿曰存仙殿，門曰登仙門」。此瓦為武帝時華嶽宮殿中之物無疑。陝西金石志謂此瓦出於臨潼驪山之麓，誤矣。當時出瓦既多，閱時甚久，西安商人、鄉人不知，而外間絕少著錄，亦至可惜。

0　1　2　3 釐米

0 1 2 3 釐米

0　1　2　3釐米

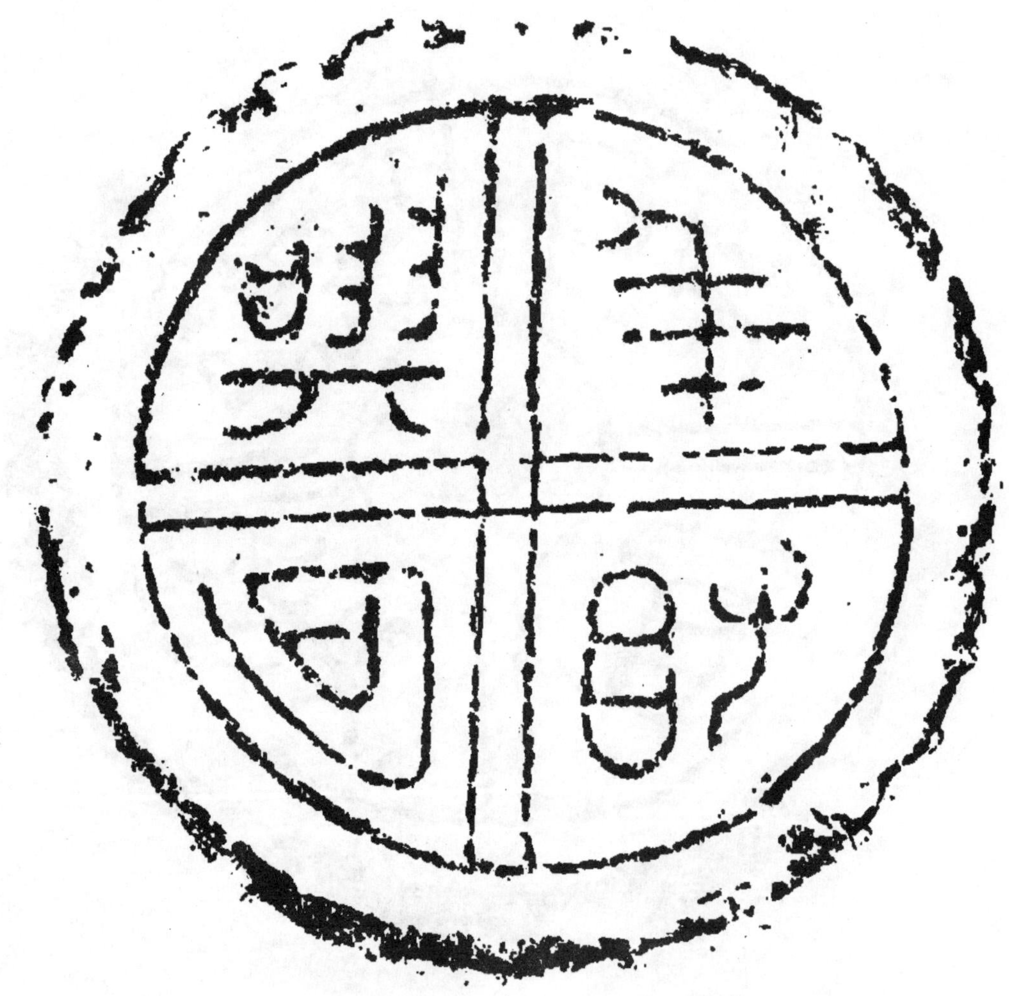
0 1 2 3釐米

漢與華相宜瓦五

陶質俱純青。文四字，與華相宜。第一品西安閻甘園舊藏。第二品與字作輿。第四品文作減筆。自左環讀。宜字借外格為匡。第五品相宜半瓦。最為稀少。

0　1　2　3 釐米

漢涌泉混流瓦

陶質灰黄。文四字「涌泉混流」。漢城出土。現存王至善手中。瓦文蓋取孟子源泉混混之義。蓋漢宮中池沼旁亭榭所用。司馬相如子虚賦云：其西則有涌泉清池，激水推移。又云：波鴻沸，涌泉起。足見涌泉二字，為漢人所習用。此瓦在民國四五年間，初為南院門文誠堂梁某所得，連同「崇蛹嵯峨」「鮮神所食」三品，以白銀七十兩售於謝文清。謝逝世後，其家人以一部份藏瓦售於程貴。涌泉鮮神兩瓦，均在其中。彼時索價奇昂，予屢購未諧。荏苒數年，遂為王賞所得。

0　1　2　3釐米

漢加氣始降瓦

陶質純青，文四字「加氣始降」，長安謝文清舊藏，加即嘉字省文，用減筆者，與其他三字筆畫相勻稱，謝氏藏瓦冠中國，精品指不勝數，尤以涌泉混流、鮮神所食、嵩蠲嵯峨及此品為最優，亦外人所未知。

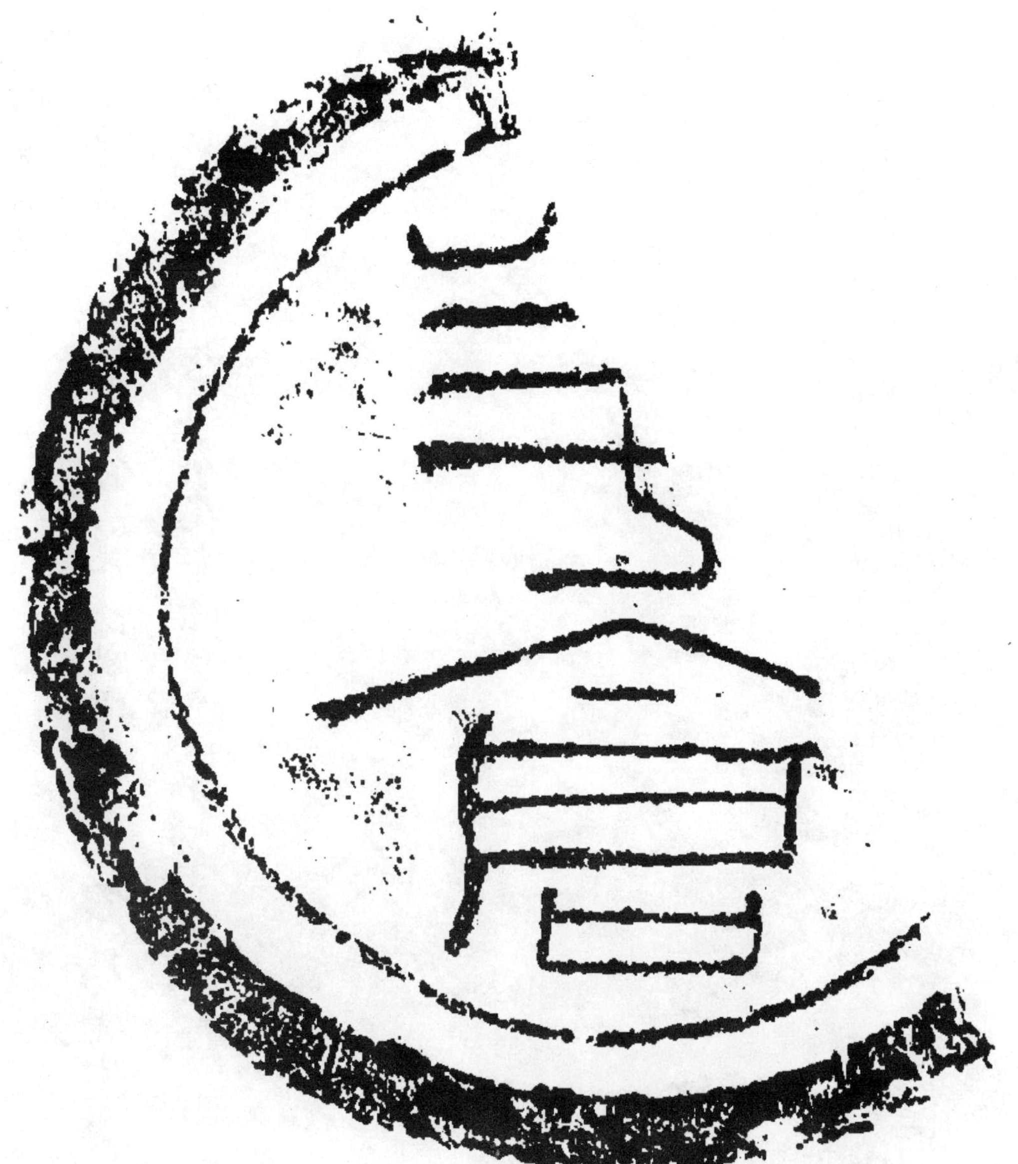

漢華倉瓦

陶質純青。文二字「華倉」。華陰出土。著者所藏。疑華山宫廒倉。故曰華倉。曾見有完整者一品。不知歸於誰氏。

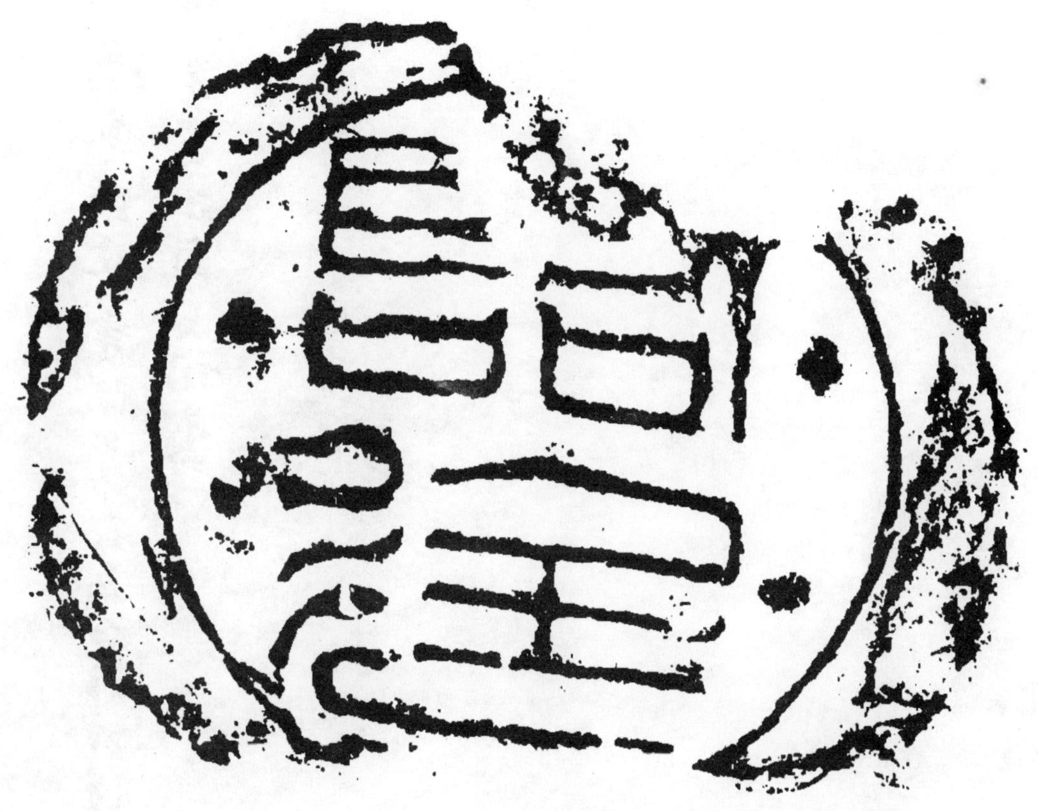

0　1　2　3釐米

漢臨廷瓦

陶質純青。文二字。「臨廷」。華陰出土。初爲白祚所得。現存劉瑞庭處。筆畫粗鹵。文詞未詳。

0　1　2　3釐米

漢鄜字瓦

陶質純青，文一字「鄜」，鄜縣出土，著者所藏，疑漢代鄜令官署之瓦。

0 1 2 3釐米

漢眉字瓦

陶質純青、文一字、「眉」、亘縣賈芸蓀藏、十年前芸蓀與予同客天水得之於冷攤中、據售主言、亦為關中出土、

漢六畜蕃息殘瓦

陶質純青。文存六畜二字及蕃半字。淳化出土科學院所藏。此程敦秦漢瓦當文字已著錄。當時亦祇出一片。嗣後未聞複出。至可珍貴。漢書匈奴歌云。失我祁連山。使我六畜不蕃息。與瓦文正合。秦海漢瓦當有乾嘉時常出。而現時甚少見者。如蘭池宮當。上林農官等瓦是也。予寓秦多年。上述三瓦。只各見真品一片耳。

漢永蔔不□殘瓦

陶質純青，文存「永不」二字，又「蔔」半字。西安墓出斡蔔不濡瓦，羅氏秦漢瓦當文字已著録。予亦見原物兩三片。斡蔔疑竹斡，不濡疑不鬻，謂竹斡之材不能出售，當爲竹宫之瓦。此物文詞相類，或解作永葺不鬻，不專屬於竹宫所用，義亦可通。

0 1 2 3釐米

漢則寺初宮殘瓦

陶質純青，文存「則初」二字，漢城出土著者所藏，全文為則寺初宮四字，同時所出完整者為殘缺者各一品，完者不知歸於誰氏，殘品輾轉為予所得，案郭仁銘及陽泉使者薰鑪，均有則丞之名，不見於史，寺字在漢代則作官署解，惟初宮二字仍未有確論。

漢時序殘瓦

陶質純青。文存右邊「時序」二字。漢城出土。范縣劉軍山藏。班固西京賦明堂詩云。五位時序。蓋與此同義。

0 1 2 3 釐米

漢監桑殘瓦

陶質純青，文存下半「監桑」二字，漢城出土，劉軍山所藏。三輔黄圖云：上林苑有繭館。漢書王莽傳云：請元后至繭館。蓋皇后别後夫人親桑。顔注引漢宫闕名云上林苑有繭觀。又漢書減宣傳云：宣怒其吏成信，信藏上林中，宣使郿令將吏卒闌入上林中蠶室門。此瓦有桑字，與崇蛹嵯峨瓦，皆為繭館蠶室之物。監者官名。文係左讀。此瓦與圖説時序三種，文字深峭，切殘瓦中極精之品。

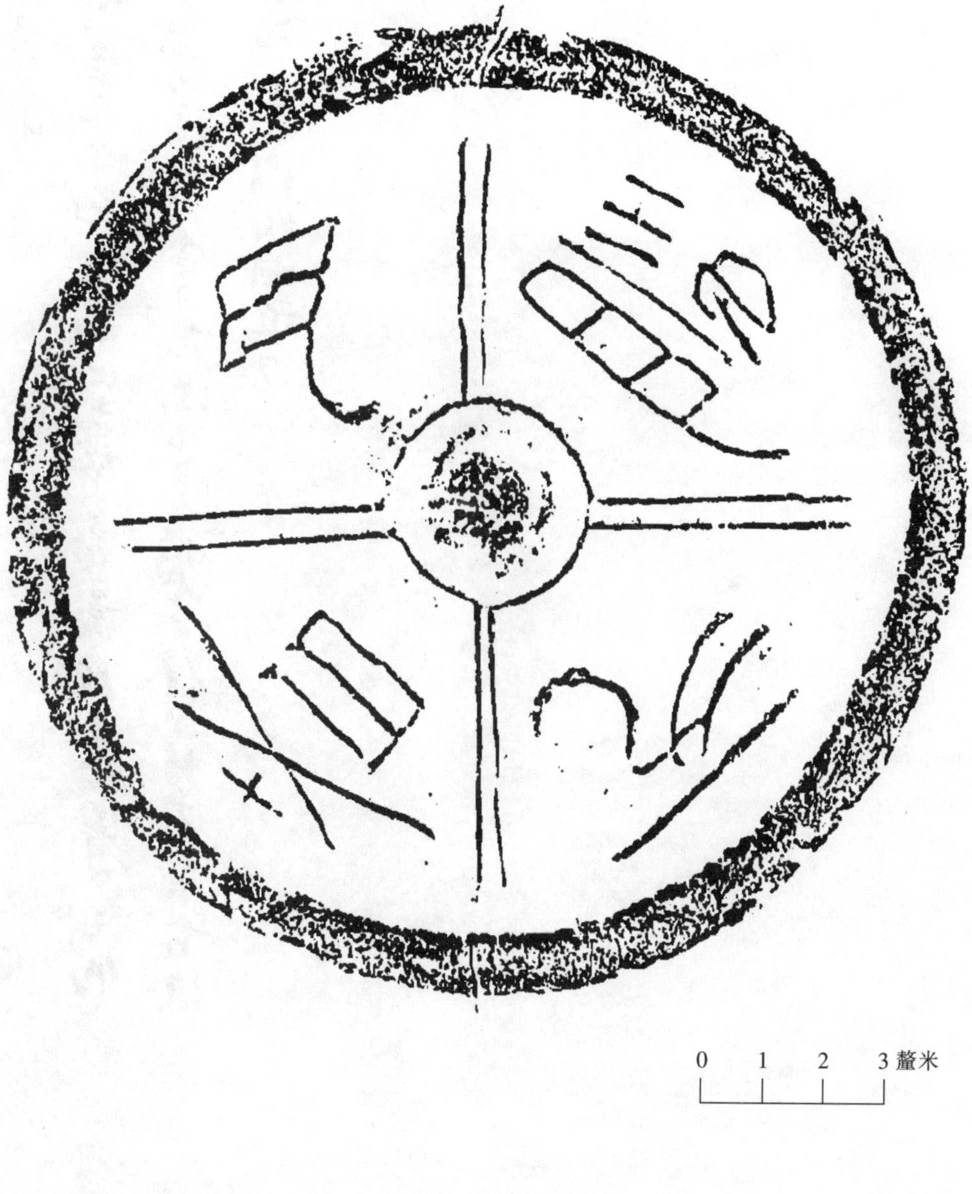
0 1 2 3釐米

漢盜瓦者死瓦

文四字「盜瓦者死」，漢城出土，端方舊藏，疑為官署中之物，住於瓦溝邊行，當日范造不多，故今日傳世絶少。八分書俊逸生動，與石門頌相近。

0 1 2 3釐米

漢延壽長久瓦

陶質灰黃，文四字，延壽長久，漢城出，初為夏儒生所得，繼歸劉漢基，現存劉瑞亭處，文字豐腴寬博，當為武帝時物，高祖至文景則嚴整茂密，武帝結體寬鬆，昭帝至王莽時則趨於和秀俊逸，漢代各瓦，文字可分三個時期。

0　1　2　3釐米

漢富貴毋央瓦

陶質純青，文四字「富貴毋央」，長安三兆鎮春林村出，劉軍山所藏。瓦面呈微凸形，無外邊，與其他形式迥異。三兆鎮為秦時宜春苑地，土人云秦代在此建春林宮，故以春林名村。證無可稽，宜春苑在漢世猶存，此蓋其苑瓦也。

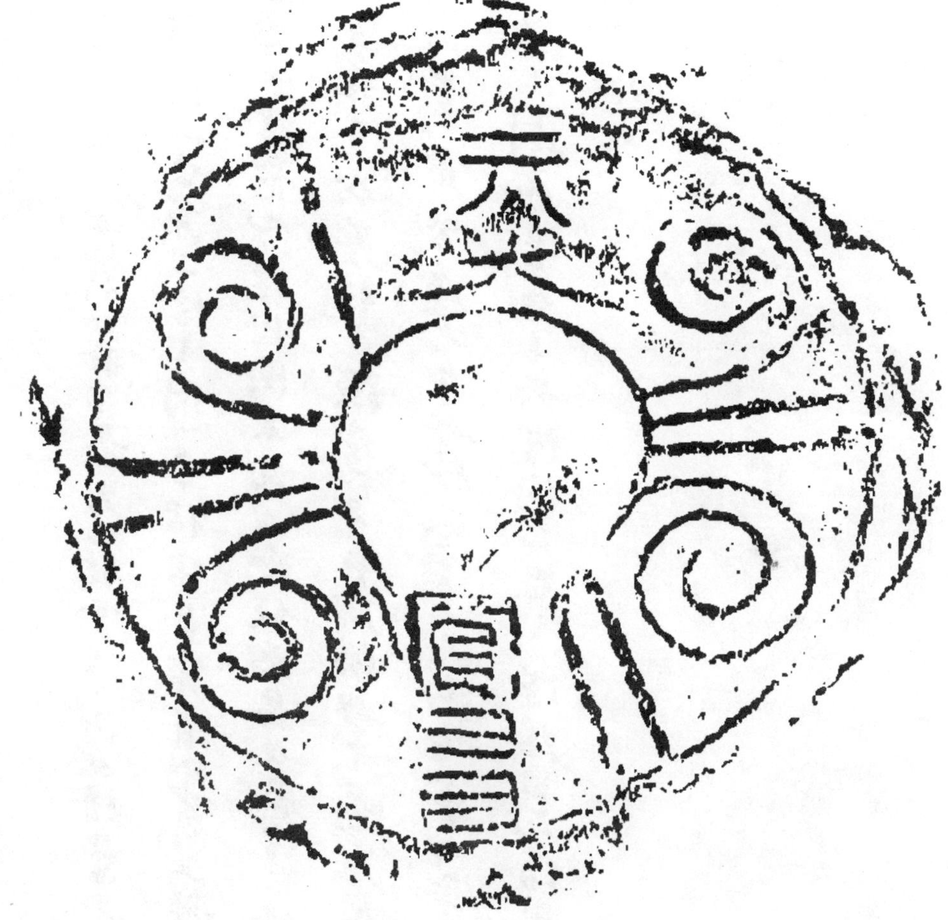

0　1　2　3釐米

漢元大富貴瓦

文四字「元大富貴」，文一行，在中央，左右均雲紋。謝文清舊藏。第四字作「冒」，係一字兼三字之用，包括富昌、富貴、富有三種，此漢人遊戲之書體也。漢代圓案瓦，以雲紋爲最先最多，流行亦最久，蓋承秦代葵紋之演變。予在咸陽、興平遍歷漢諸陵，地面所出瓦當，皆爲長生無極及雲文瓦兩種。雲文無字，土人呼爲牛皮圈瓦，長安未央間或有之。漢陵出瓦情形亦前人所未道也。

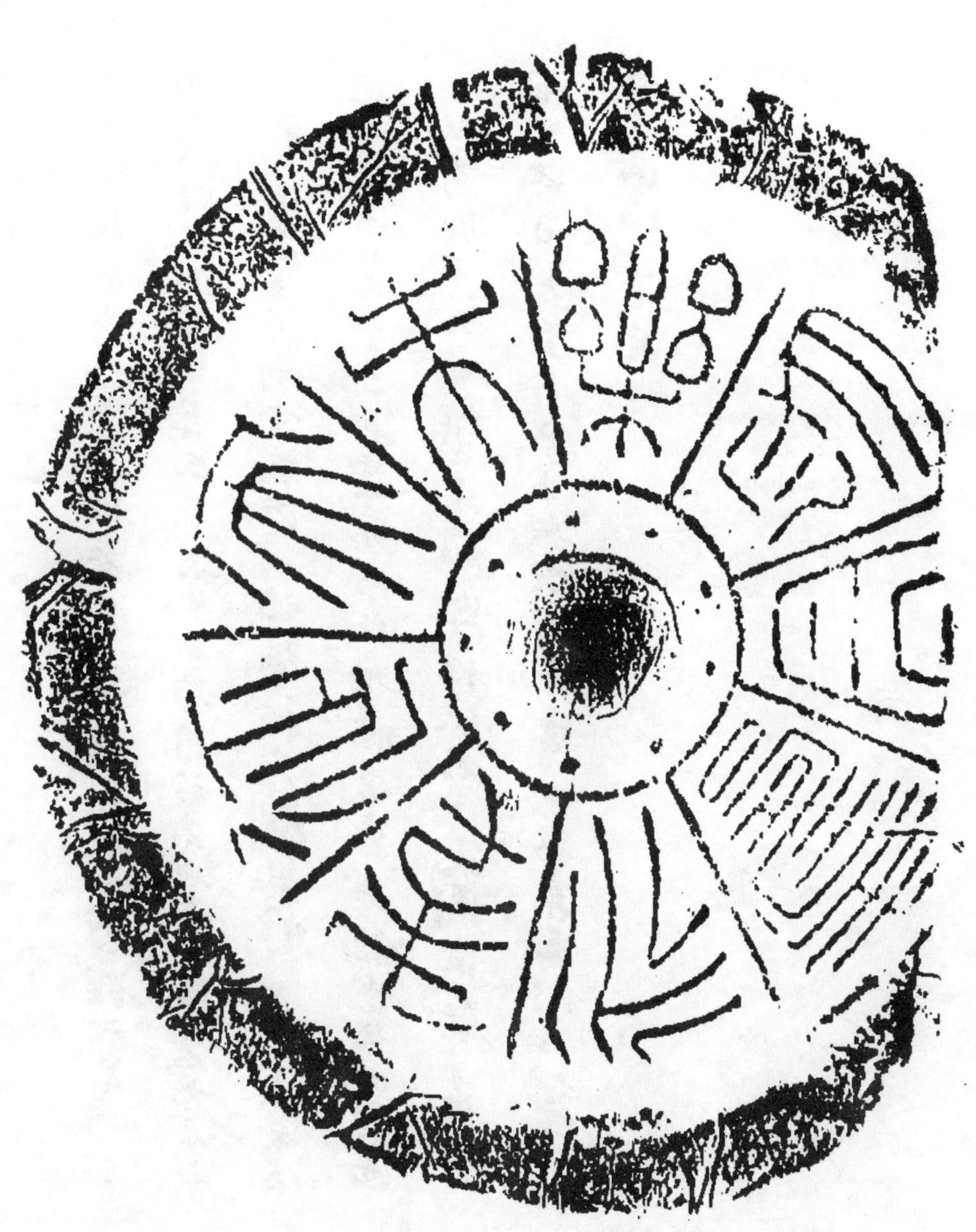

0 1 2 3釐米

漢長樂未央九字瓦

文九字「長樂未央延年永壽昌」，端陶齋舊藏。漢代最初之瓦，除漢并天下外，首先是長生未央，用於未央宮。漢變為長樂未央、長樂未央兩宮及漢代諸陵寢苑觀，始終皆用之（平陵延陵渭陵所用尤多）再變為長生無極長樂無極，共有四種，而千秋萬歲與天無極文字稍遜，但流行之範圍最廣，齊魯關中皆用之。至長樂未央衍為九字，千秋萬歲衍為八字，皆文景間後起之瓦也。

漢千秋萬歲與天毋極瓦

陶質純青。「千秋萬歲與天毋極」。漢城出土。謝文清舊藏。瓦中文字絶精之品。

0　1　2　3釐米

漢千秋萬歲與地毋極瓦

陶質灰黄，文八字，「千秋萬歲與地毋極」，漢城出土，現存劉瑞庭處，此瓦羅氏秦漢瓦當文字已著錄，因与與天無極八字瓦相配，故再列入。

漢延元萬年瓦

文四字「延元萬年」，謝文清舊藏。延元萬年，係維天降靈十二字瓦中之第二句。舊説十二字瓦為秦瓦，實皆漢物也。關中五十年來，藏瓦以長安謝文清為最多，搜羅瓦拓，以咸陽郭某為最精。郭拓共四大冊，蒐集異品極富，初為柯莘農所得，今存重慶周鸞生家。

0 1 2 3釐米

漢永年未央瓦

文四字「永年未央」。與萬年未央相似。以字體定之。屬於西漢末期之物。

0　1　2　3釐米

漢長生樂哉瓦

陶質純青。文四字「長生樂哉」。漢城出土。謝文清舊藏。文詞與長生康部相似。

0 1 2 3釐米

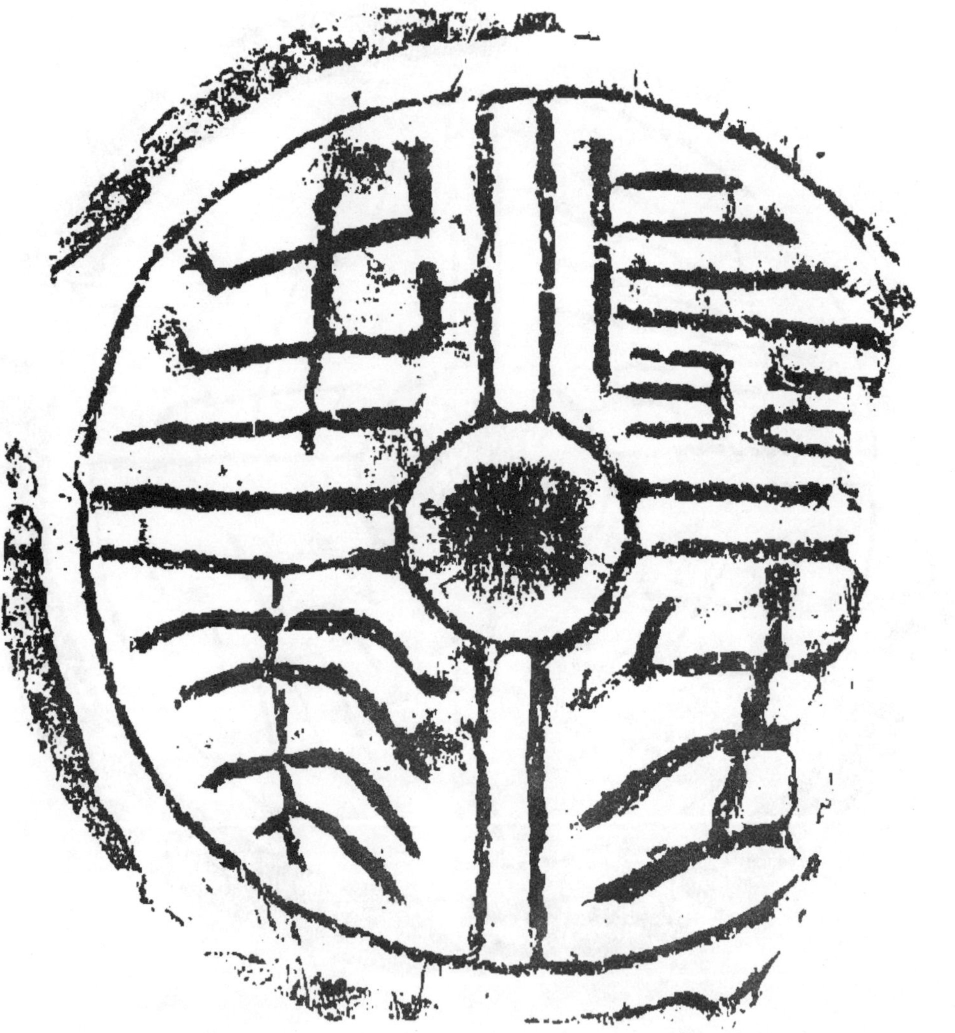

0 1 2 3 釐米

漢長生未央瓦二

陶質均純青。文四字「長生未央」。漢城出土。吳縣王樸一藏。一左讀，一芝英體。又王氏藏有蝌蚪文者一種。未得拓本。吳愙齋先生在秦時。蒐羅長生未央字體不同者，有百二十種。顏所居曰百二長生之館。變化之多。於此可見。

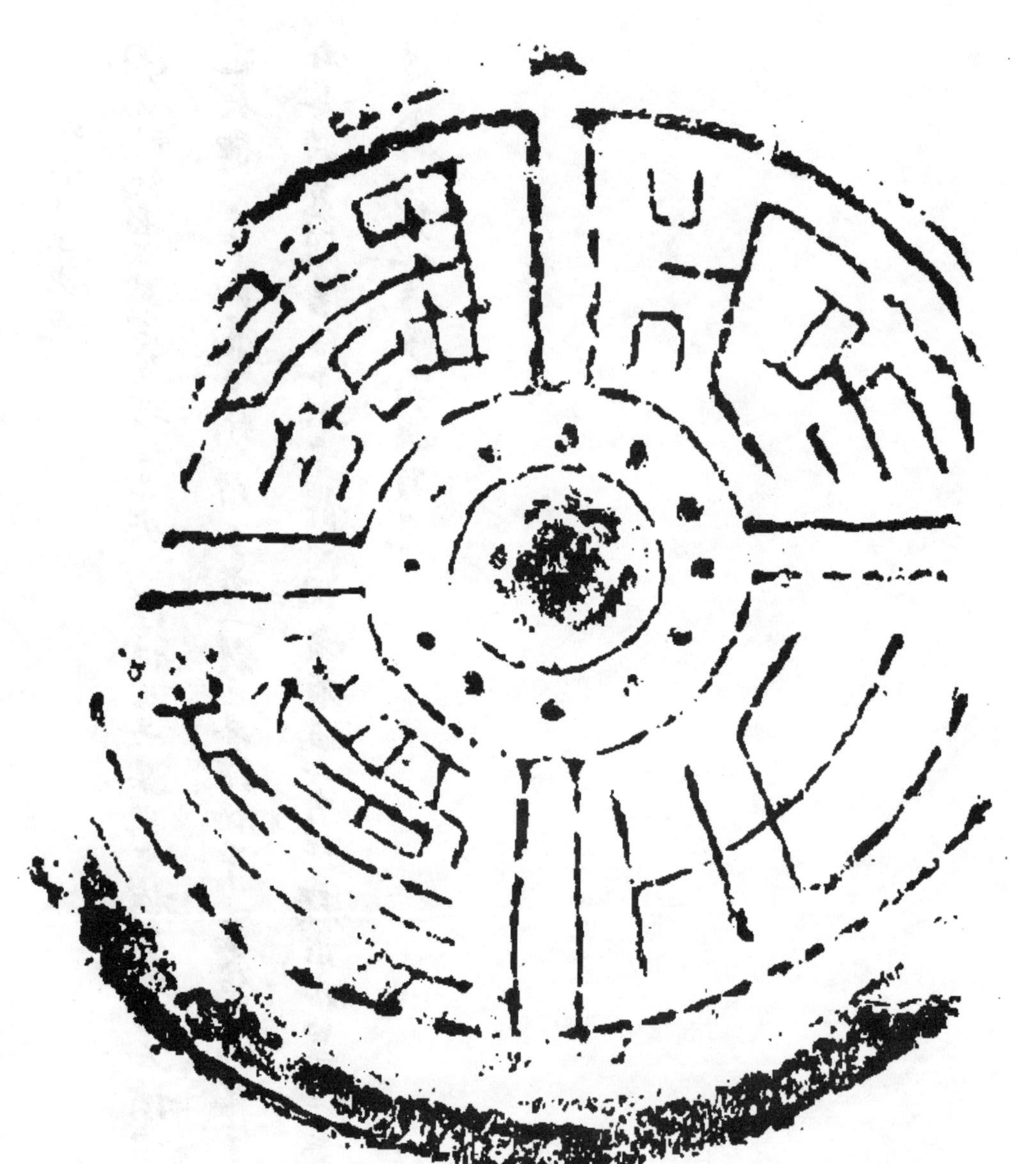

漢常生無極瓦

陶質灰黄、文四字「常生無極」、漢城出土、漢書王莽傳、改長安爲常安、此瓦改常長生爲常生、正同茲例、故定爲莽物。

0 1 2 3 釐米

0　1　2　3釐米

0 1 2 3釐米

漢長樂未央瓦三

陶齋一灰黄，長安劉瑞庭藏，二灰黄不知誰氏藏，三純青，長安白堇五藏，四青灰，謝文清舊藏，文四字，長樂未央，均漢城出土，一篆體特長曳筆如鼠尾，最為稀見，二環讀，三央字如帶四方印式環讀，六屬變體，

0 1 2 3釐米

0 1 2 3 釐米

漢與天毋極瓦二

陶質灰黃、文四字「與天毋極」、漢城出土，馬仲良藏，與毋二字，皆字中有畫，與字畫鳳形，毋字畫龜蛇二形，尤為奇特，第二点陶質純青，白集五藏，天字係篆體，亦甚少見。

0 1 2 3釐米

漢無極瓦

陶質純青。文二字「無極」漢城出土。馬仲良舊藏。此為與天毋極之省文。諸城王許園藏有與天半瓦。未見拓本

0 1 2 3 釐米

0 1 2 3釐米

漢宜富當貴瓦二

陶質灰黃。文六字「宜富當貴」，又「千金」二字在當中央。長安南郊外出土，共兩品，一完一殘。陝西金石志謂出於淳化甘泉宮故址，其地域不同。此瓦馮雲鵬金石索已著錄，今因出土地址詳確，故再列之。

0 1 2 3釐米

漢千秋瓦

陶質純青，文二字「千秋」，漢城出土，劉軍山藏。兩字排比如三字，

章法極妙

0　1　2　3釐米

漢千秋萬歲瓦

陶質純青，文四字，「千秋萬歲」，漢城出土，謝文清舊藏，千字雙鈎亦屢見之品。

漢千歲萬歲瓦當

陶質純青，文四字「千秋萬歲」，陰文，漢城出土，白亦舊藏。漢物造瓦，先造瓦心，再造瓦輪，最後造瓦筒，經過三次手續方成完瓦。現從破碎之瓦邊可以看出，此瓦無邊，亦其確證。予另見有與天無極瓦當，字體寬博，帶有邊輪，蓋武帝以後所造，已進趨簡易矣。

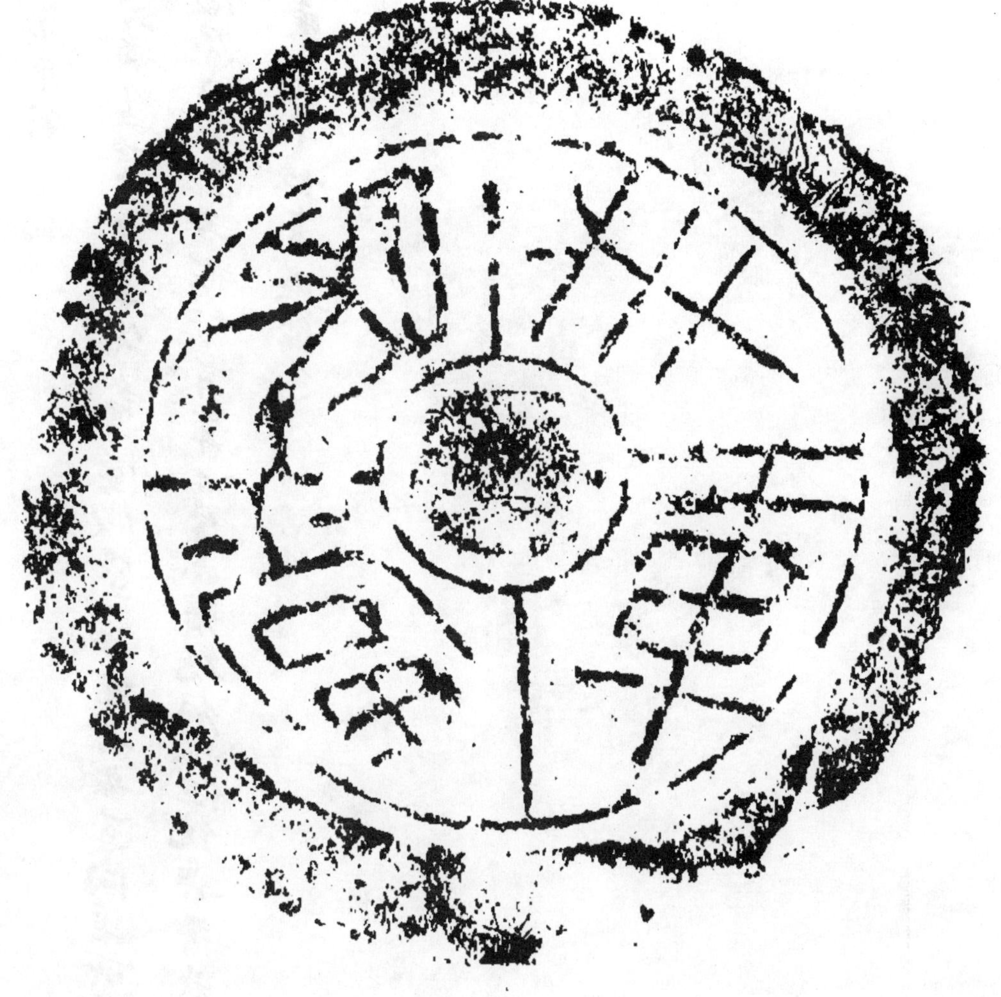

0　1　2　3釐米

漢華車冢當瓦

陶質灰黄。文四字「華車冢當」。漢城出土。初為長安李問渠所藏。後歸於吳縣王揆一。華車二字未得確解。但絶與晉武帝之乘華車故事無涉。

0　1　2　3釐米

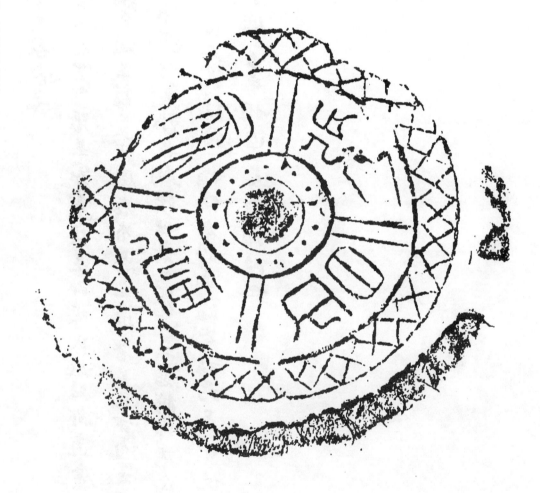

漢張是冢當瓦

陶質青灰，文四字，「張是冢當」。張是即張氏。杭縣鄒適廬先生藏有趙是鈁，王子獻存有柴是鼎，皆是氏古通之證。漢張遷碑云「張是輔漢，世載其德」，亦應解作張氏輔漢。三國志是儀傳，謂儀本姓氏，後本改為是。其說殊不足據。古本相通，無所謂改也。

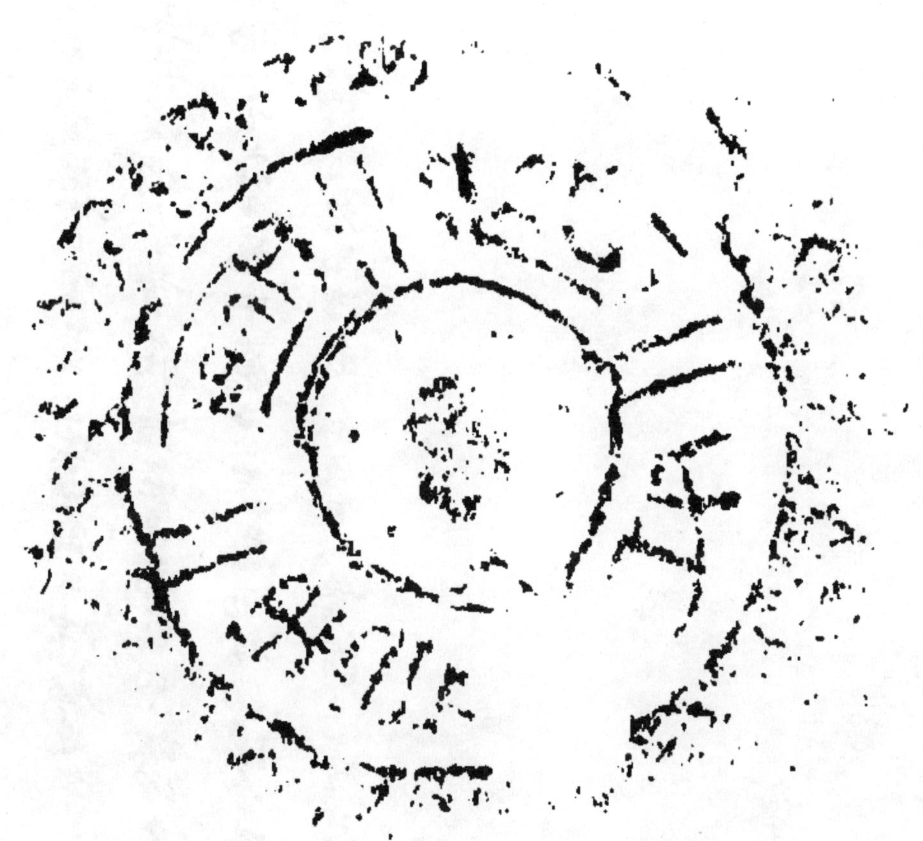

漢嚴氏富貴瓦

陶質灰黄。文四字「嚴氏富貴」。西漢嚴氏除嚴延年之外，所見不多。至東漢明帝諱莊，改莊氏爲嚴氏，故漢書改莊助爲嚴助，卞莊子爲卞嚴子。莊嚴兩姓始混合不分。以瓦質文字而論，定爲東漢物。此瓦日人書道已著録，但與此不同範。

漢殷氏冢當二

陶質灰黃，文四字「殷氏冢當」，均劉軍山藏。又有省作殷氏者，以文字審之，亦東漢物。

0 1 2 3 釐米

漢楊氏瓦

陶質灰黃。有二字「楊氏」反文。漢城出土。劉軍山所藏。與巨楊冢當相似。亦當為冢墓之物。

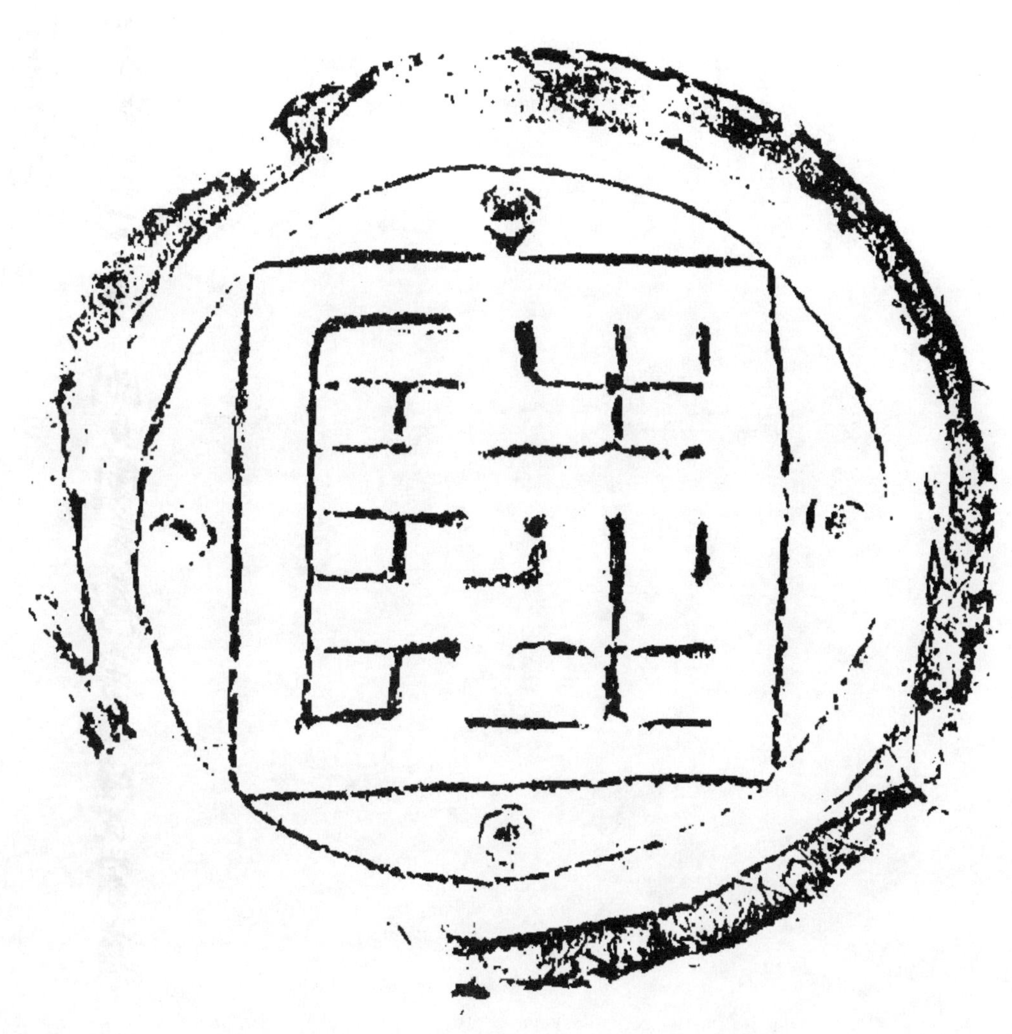

0　1　2　3釐米

漢陸字瓦

陶質灰黄。文一字"陸"。閻甘園舊藏。審爲陸氏冢墓之物。

0 1 2 3 釐米

漢馬字瓦

陶質灰黄。文一字馬。漢城出土。丁希農藏。此瓦與馬氏殿當馬氏萬年同為一家所造。馬字有在上格者。有上下垂文一五一巨者。有偏左略者。文字皆精。

0　1　2　3釐米

漢西延冢當瓦

陶質灰黄。文四字：「西延冢當」。漢城出土，劉瑞亭藏。西延二字似是美體。

漢西神瓦筒

陶質純青、文二字「西神」咸陽長陵出土、西安劉漢基藏漢瓦中有長陵東當、長陵西神兩種、西神爲呂后墓上所用、瓦筒文字之大、無逾此品、真爲瓦當中尤物。

0　1　2　3釐米

漢王千瓦

陶質青灰，西安東关鄉出土，謝文清舊藏，王千疑琅玕二字省文，與狼千萬延瓦，同爲竹宮之物。

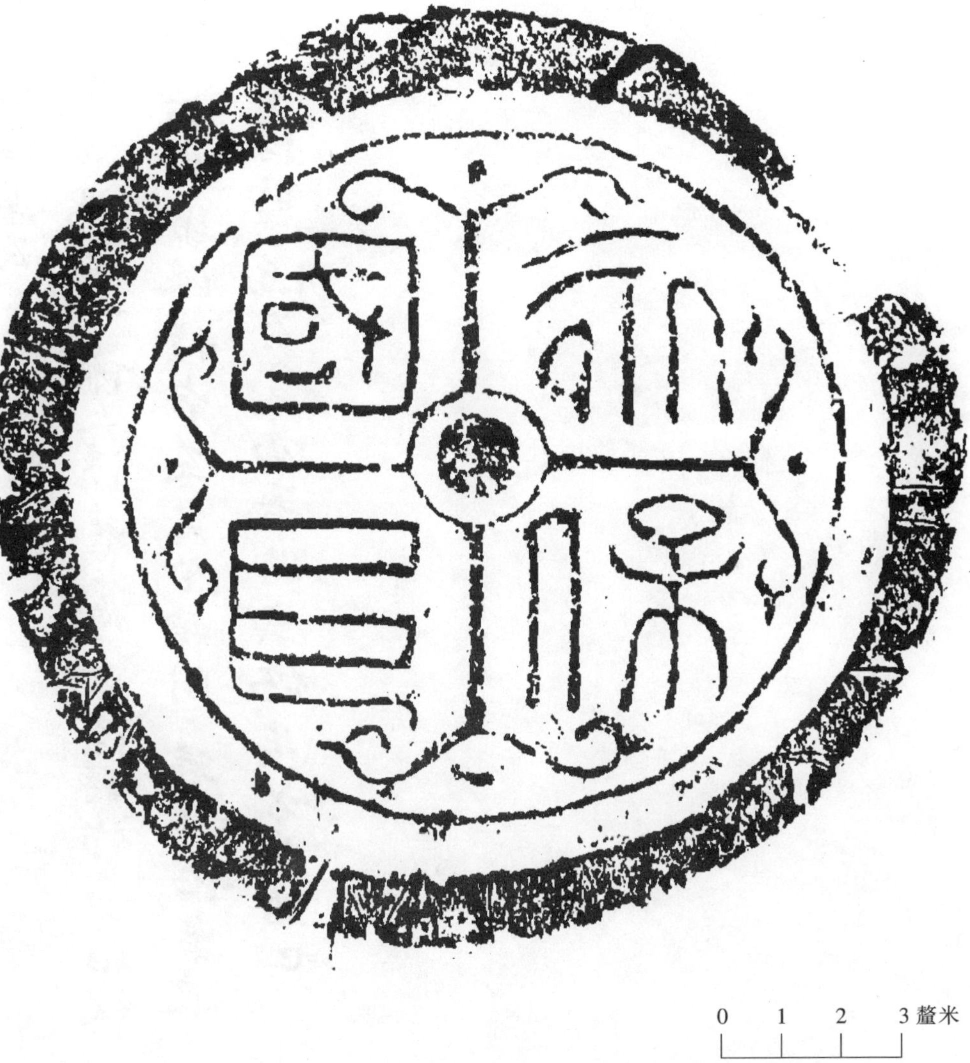

0　1　2　3 釐米

漢永保國阜瓦

陶質純青，洛陽出土，謝文清舊藏，東漢時作品，花紋與朝鮮所出樂浪禮官瓦完全相同，并可証樂浪瓦亦為東漢物，近有定為晉物或偽造者皆非也，

漢萬年未央瓦

陶質純青，洛陽出土，尤達綸藏，東漢時作品。

0　1　2　3釐米

漢泰靈嘉神瓦笵

陶質純青。文四字「泰靈嘉神」。漢城出土。重慶周夢生藏

端陶齋所藏與此同文不同笵。

漢木朙瓦筒

陶質純青。文二字「木朙」在瓦筒。長安南郊出土。謝文清藍藏。瓦頭已失。不能斷定畫瓦之圖案。但無畫瓦。則決無疑義。因畫瓦雖無文字。而排列瓦行。則有定所。陶工恐將來不易辨別。故打印記以為標識也。

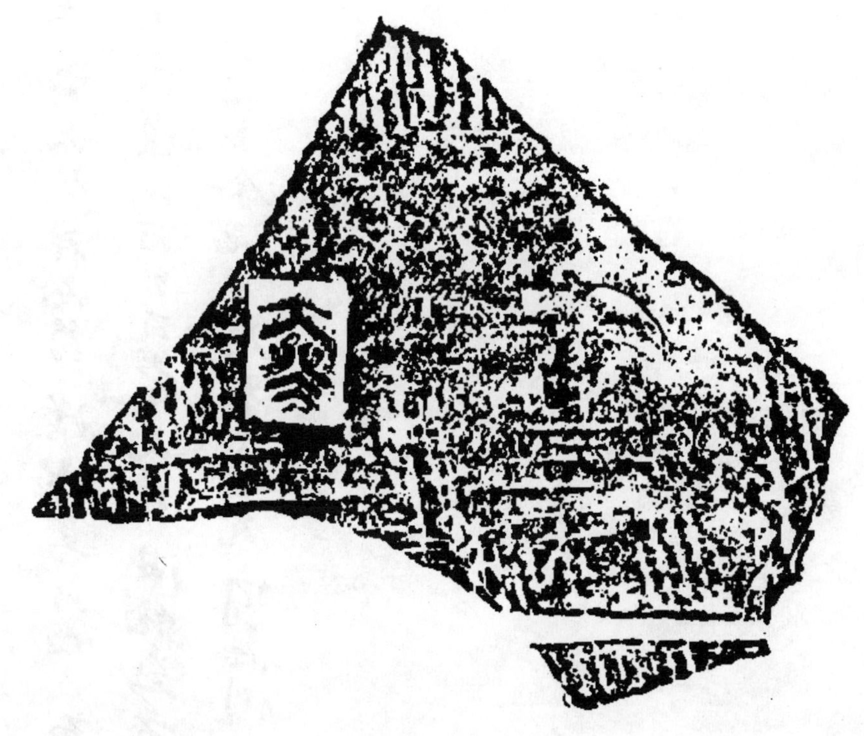

漢大癸瓦筒

陶質純青，文二字「大癸」在瓦筒，漢城出土，凡瓦面刻為雲紋，未央宮大殿遺址所出瓦當瓦片，其紀數者無不曰大幾或宮幾，羅振玉金泥石屑有大乙瓦筒此例

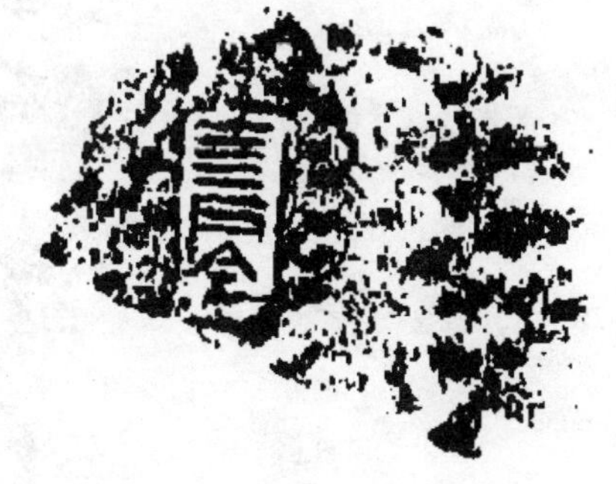

漢月令瓦筒

陶質純青。文五字「十二二月令」。在瓦筒。何漢南在長安曲江池南宜春苑遺址拾得。宜春苑土人呼為春林宮。蓋無稽之言。十二者疑十二年之省文。西漢紀年有十二年者。惟高祖與文帝也。

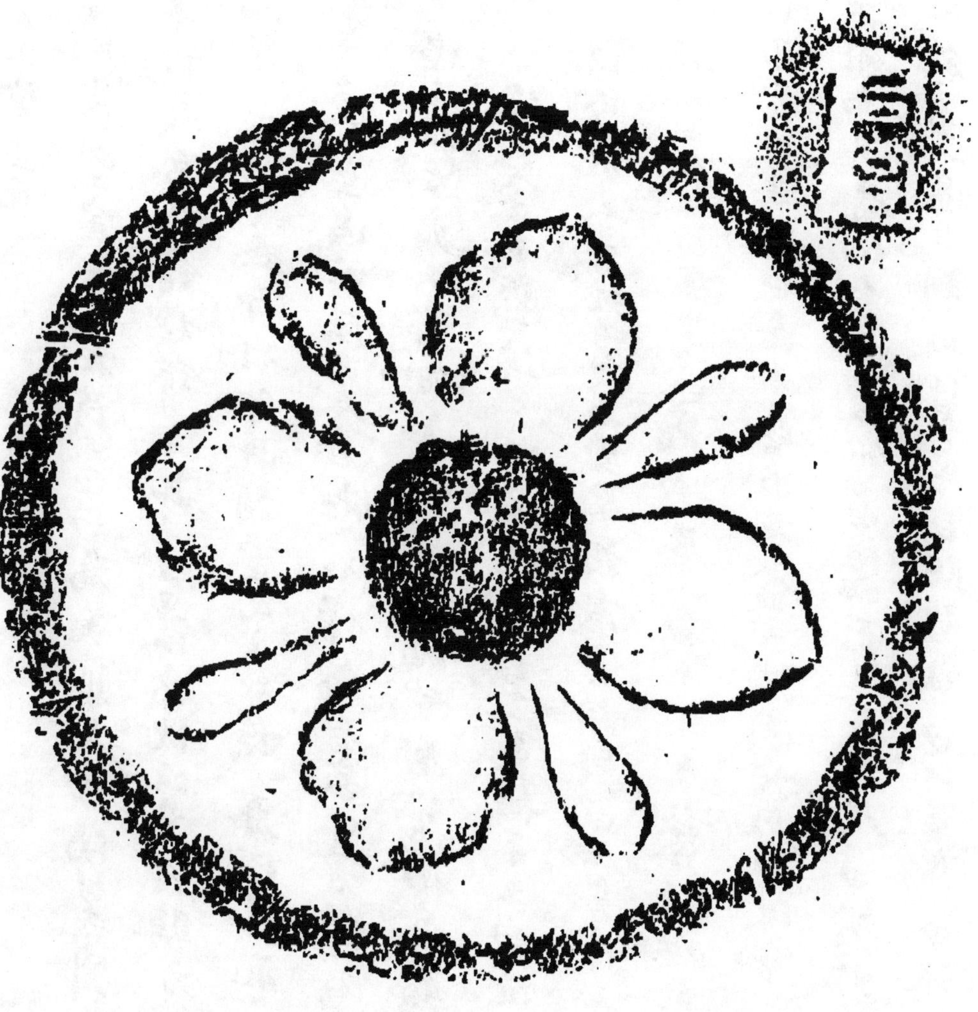

0　1　2　3釐米

秦右宮畫瓦

陶質純黄、文二字「右宮」在筒上、面爲芙蕖花、咸陽出土、劉瑞亭所藏、爲極精極稀之品、予曩爲沈次量翁購右宮陶印、櫪佃、蓋即打印此類畫瓦之印模、秦漢畫瓦、紀載之多、無過於陝西金石志、茲擇錄各家未著錄、及未見過之拓本如次、以識多聞。曰應龍形、爲一龍傅兩翼、曰騰蛇、作二蛇上下騰躍之狀、曰獻兔、畫一兔拱手立、或執一杵、曰伏羲、人首蛇身、與武梁祠畫像相同、曰五男、作五人舞蹈狀、二在上三在下、曰執犧、畫一人牽牛手執刀刑牲之狀、曰承露、曰連理、曰嘉禾、皆與李翕五瑞圖相同、曰陳寶、畫飛雉而其首似人、曰黄能、畫鼈形三足九尾、曰蟾蜍、曰青鵲、畫一鳥九頭、曰比目魚、曰駏驉獸、曰比翼鳥、曰狻

猊、曰黄鵠、曰四蛙、上述各種今日在長安市中遍覓一拓本

不可得、即郭氏藏拓、亦所無也。

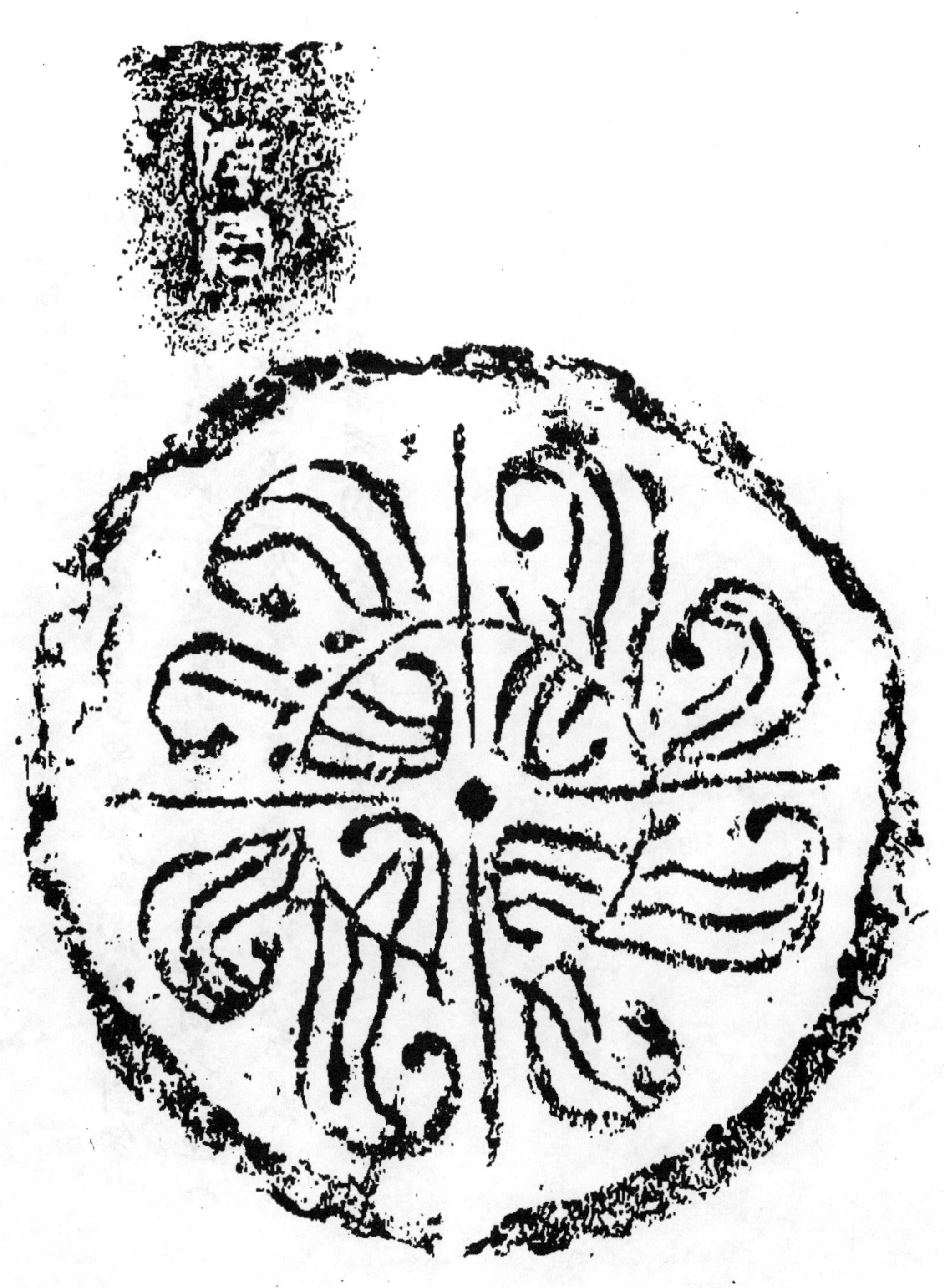

0　1　2　3 釐米

秦右宮書瓦 二

陶質純青，文二字「右宮」在筒上，正面為蓆文，咸陽出土，劉軍山藏，憶在十年前在北大街李寶山鋪中，即見此瓦，因急欲赴天水，未能購致，後遂歸於軍山，第二品為謝文清舊藏，由王至善售與著者，因為蓆文而不同瓦。

0　1　2　3釐米

秦白鳳書瓦

陶質純青，咸陽出土，謝文清舊藏。

0　1　2　3 釐米

秦雙鳳畫瓦

陶質純青，咸陽出土，徐州吴雲樵所藏。

漢小虎畫瓦

陶質純青、長安棗園村出土、趙乾生舊藏、漢瓦皆大虎、小者極少

秦四虎畫瓦

陶質純青。咸陽出土。劉軍山所藏。土人又稱爲四靈瓦。

0　1　2　3釐米

秦夔獾畫瓦

陶質純青，文一字「瓦」在筒上，正面畫夔獾形，鳳翔出土，劉军山藏，現時夔獾間有出土者，瓦筒有文字，僅此一見

0　1　2　3釐米

秦夔鳳瓦

陶質純青·鳳翔出土·初存樊子鈞處·繼歸尤達編·現藏在西大文物研究室·

0 1 2 3釐米

秦三鶴畫瓦

陶質純青。鳳翔出土。科學院所藏。土人俗稱為三鶴狀月。

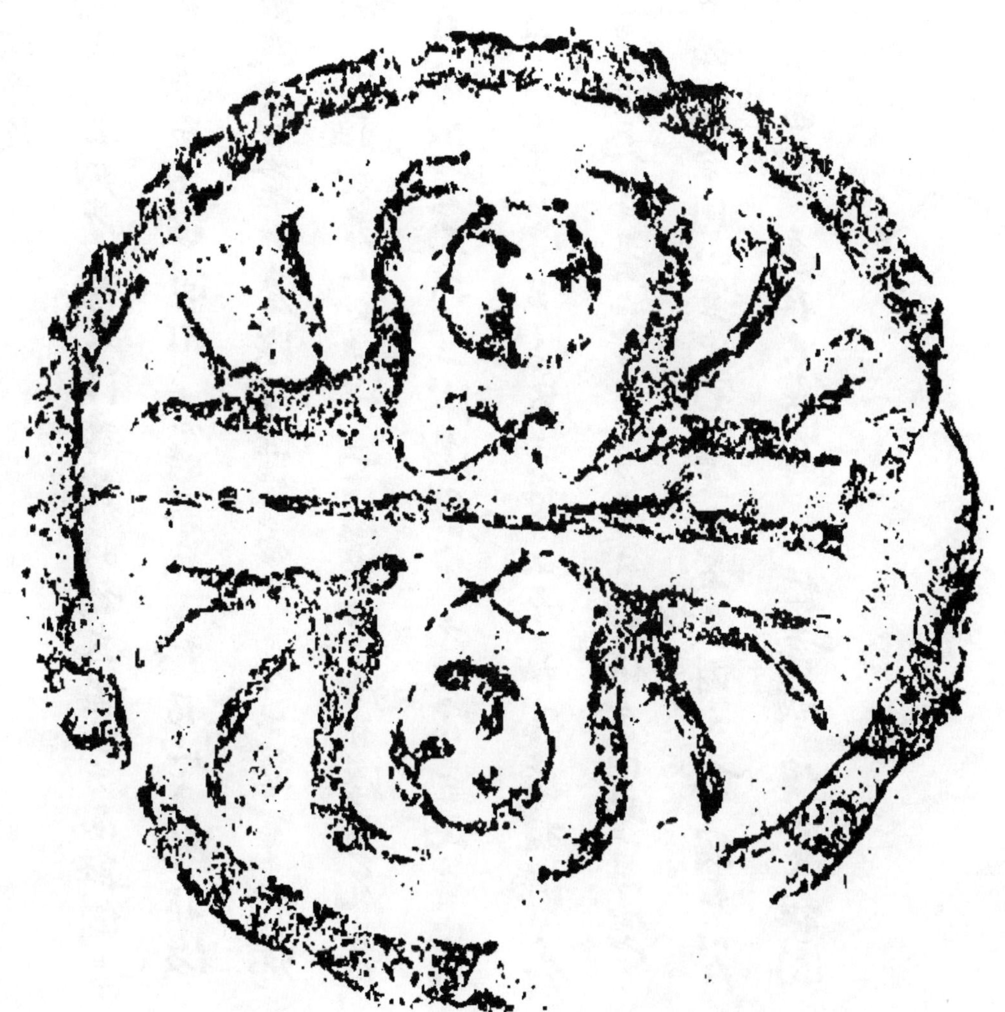

秦四鴈畫瓦

陶質純青，鳳翔出土，謝文清舊藏，此複式畫，一方面類倒畫四鴈形，一方面為蹲蟹形，秦時藝術之巧，匠心之敏，非後代所能及，予嘗在秦漢陶器字畫中，舉出藝事特殊者三例，一、複式畫已如上述，二、漫畫予藏有漢畫瓦片類倒互看，皆成一人面形，三、游戲體字，元大富貴瓦，貴字作冒，可讀為富貴富昌富有三種，又予藏富貴撲滿，文作富田貴，一方面為富貴二字，一方面又包括合田豐貝四字，合田者謂寫合同，以置田宅，豐貝者多財之意，現在所行之美術書畫體，遠在秦漢時已經發明，偉大之祖國，此其特徵也。

0　1　2　3釐米

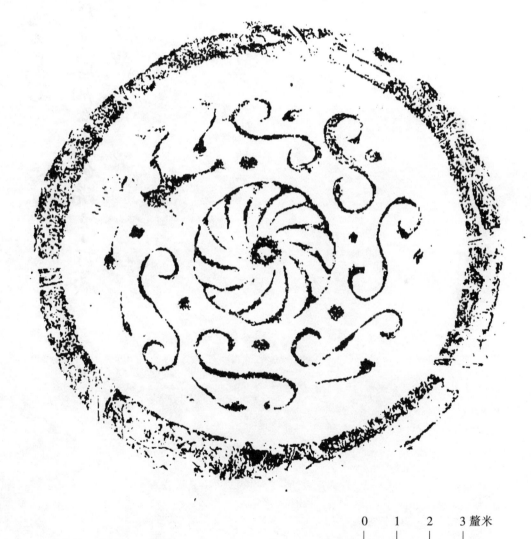

秦𢛳文畫瓦

陶質純青。鳳翔出土。劉踏亭所藏。

0　1　2　3釐米

秦圓象瓦

陶質純青，寶鷄出土，謝文清舊藏

0　1　2　3釐米

漢青蠅螳螂畫瓦

陶質純青。畫青蠅一、螳螂大小各一。漢城出。謝文清舊藏。栩栩如生。瓦當中僅見之品。

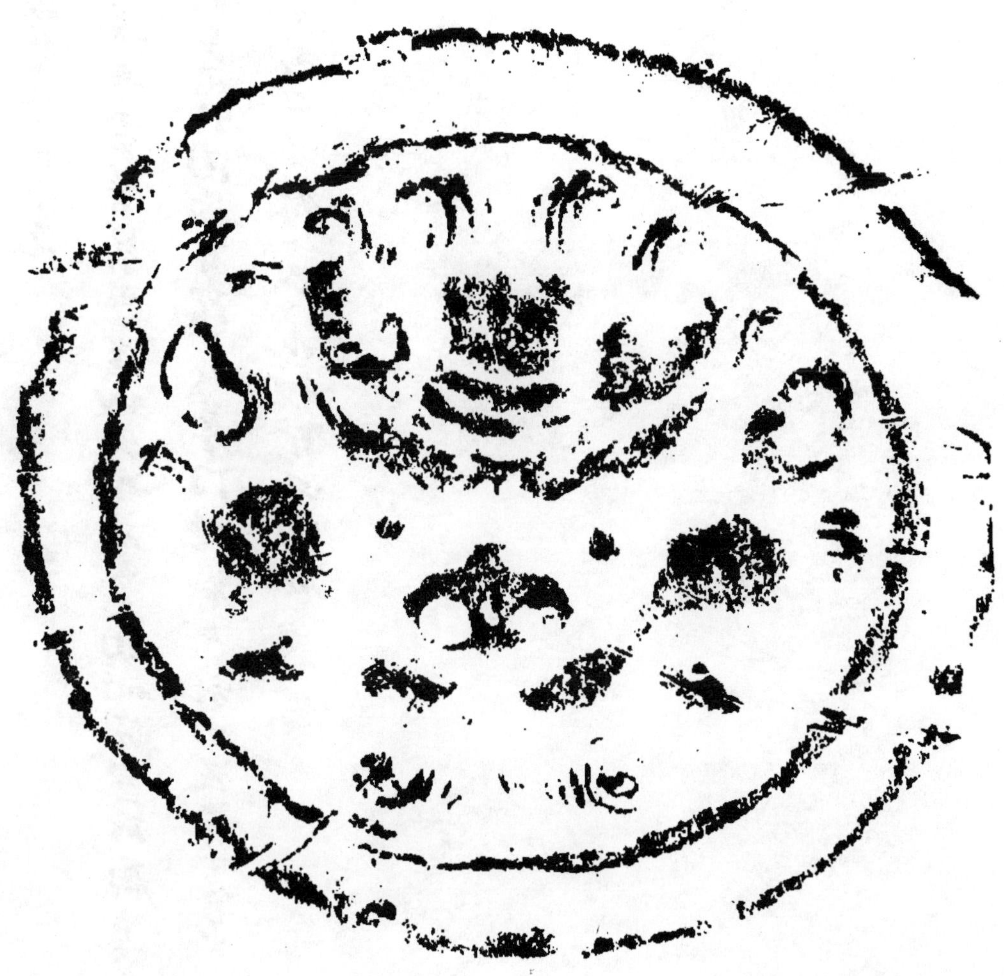
0 1 2 3 釐米

漢饕餮形畫瓦

陶質青灰。畫饕餮形。漢城出土。西大文物研究室所藏。漢代饕餮形多用於陶器耳環及墓門楼脊上。施於瓦當上甚少。陝西金石志已著録一品。未知即此物否。

0 1 2 3 釐米

漢星月畫瓦

陶質玄黄。畫初月中有星三顆。漢城出土。氣息古厚。藏馬崇德家已十餘年。今夏始為科學院購致。

漢小龜蛇錢畫瓦

陶質純青，只有下端角，漢城出土者，耆自藏。漢龜蛇瓦大者最多，小品僅此一見，鈍盦當爲雲紋，無疑。

漢龜蛇畫瓦笵

陶質青黑，畫龜蛇相交形，長安秦園村出土，科學院所藏，漢書哀帝紀，元壽元年，孝元廟殿門銅龜蛇鋪首鳴，足證漢代畫龜蛇形於宮闕者甚多，不獨瓦文爲然也

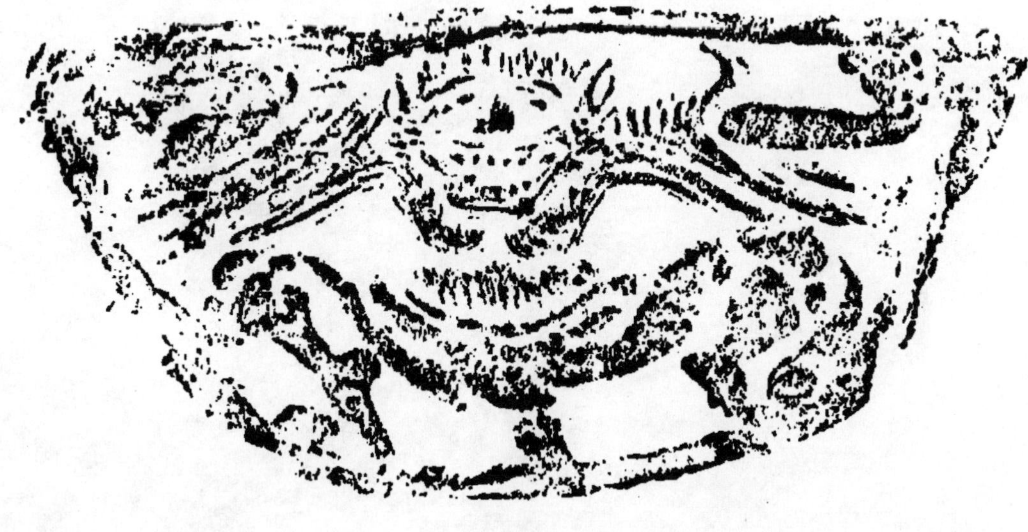
0 1 2 3 釐米

關中秦漢陶錄

第二集　瓦當瓦片類 下

陳直摹輯

關中秦漢陶録第二集下瓦片類目録

鎮江陳直撰輯

一九五一年十二月寫於東北大學

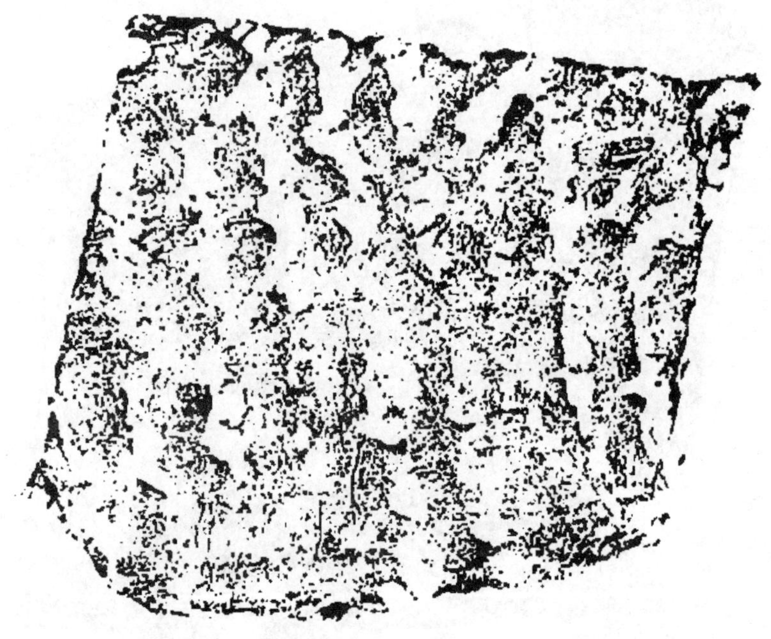

秦閔字瓦片

陶質灰黃。文一字「閔」。臨潼驪山秦始皇陵出土。西安段紹嘉藏。閔字蓋陶工之姓。秦瓦片爲創見之品。背面繩紋。比漢瓦片亦覺粗疏。

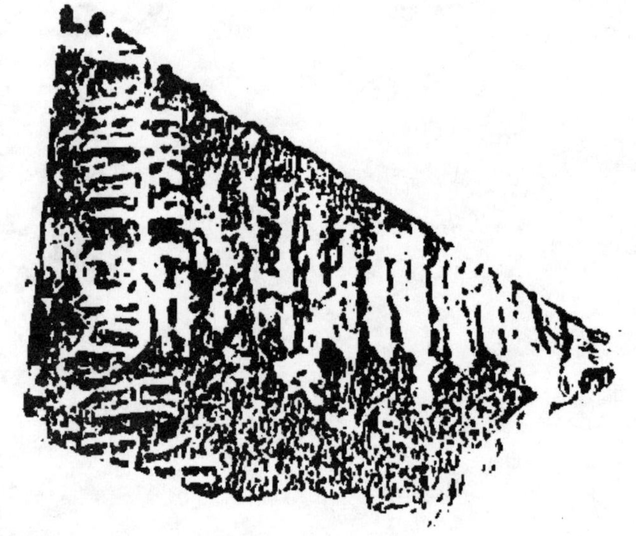

漢十二年四月瓦片

陶質純青。文六字，「十二年四月干離」。漢城出土。西漢紀年，只高祖文帝有十二年。以文字訂之，當爲文帝時物。以下瓦片，皆出於西安罘鄉漢舊城以内，在未央宮前殿遺址前出土者尤多，下文不再注出土地址。

漢永三年瓦片

陶質灰黃，文三字：「永三年」。永三年者，當為元帝永光三年之省文。陶齋因永光以前年號，無稱永者，故不妨用省稱。吳愙齋與陳簠齋尺牘亦言楊實齋為代購永三年瓦一方，文字與此相同。西安出瓦片已七八十年，外人知者殊少，其已著錄者，永三年瓦片，見於吳愙齋尺牘，居攝二年都司空瓦片，見於陶齋藏石記，海寧鄒適廬先生藏有都元始五年瓦片而已。蓋以瓦質重而售價不及瓷銅之高，商人不願搜出隴外者亦少流傳，羅振玉蒐羅亦勤，而獨不收瓦片，蓋亦未屬目也。昔在馬常德處見有「延和元年」四字瓦片，極希，蓋為武帝時物，此紀年之最古者。

漢元延元年瓦片

陶質灰黄，文八字「宗正」「宫當元延元年」，渭南趙乾生舊藏。漢書百官公卿表云，宗正秦官，瓦當中有宗正宫當，爲冈下官署所用。

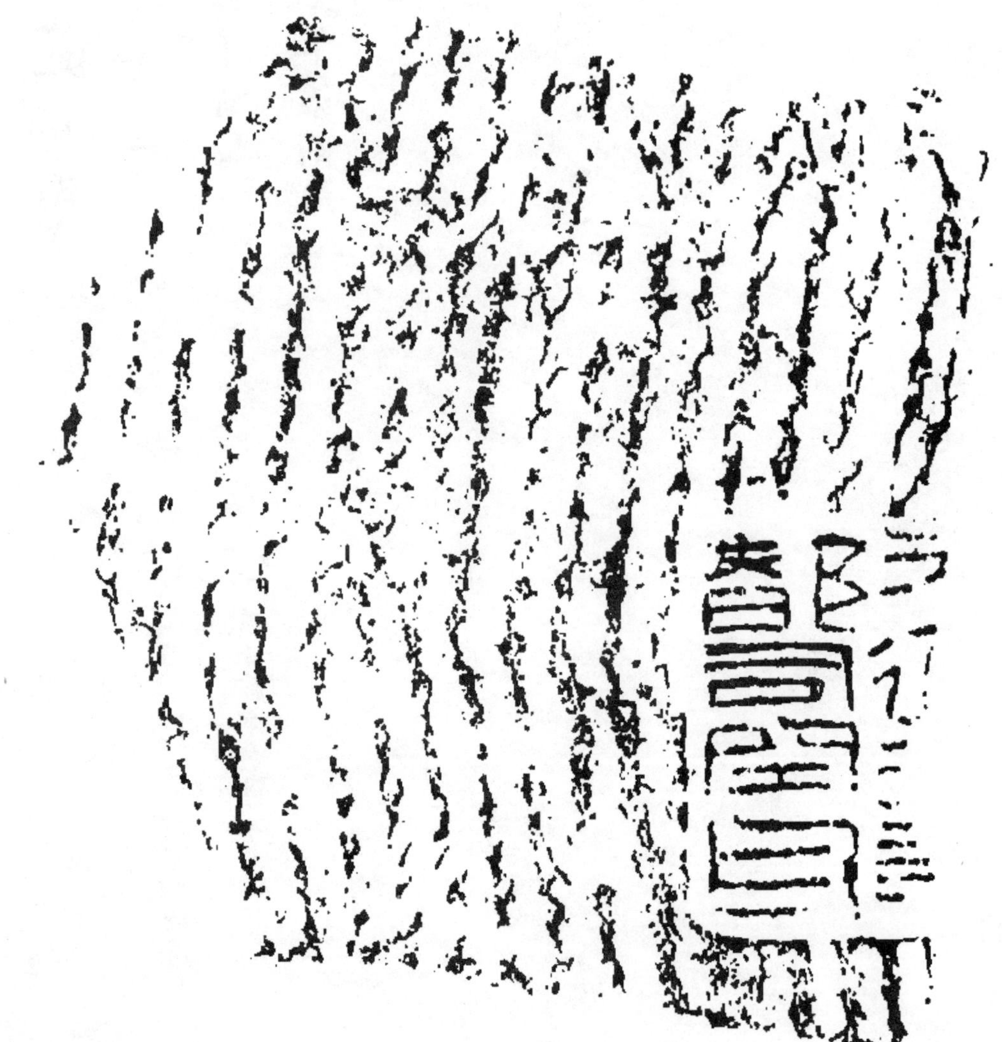

漢元延元年瓦片

陶質灰黄。文八字。「元延元年都司空瓦」。沈汶量藏。漢書百官公卿表云。宗正屬官。有都司空令丞。如淳注「律司空主水及罪人。賈誼曰。輸之司空。編之徒官」。蓋司空司工也。如少府屬官有左右司空。衛官水司空。三輔屬縣有船司皆是也。因職掌之工不同。故所加之名稱各異。如淳以司空專主治水及罪人。是未達漢制也。漢代官署之瓦當瓦片。多爲都司空所監造。瓦當中有「都司空瓦」。文字殊佳。

漢建平元年瓦片

陶質純青，文存四字，「建平元年」，文字横肆，有龍跳天門虎臥鳳闕之勢。

漢建平元年瓦片

陶質青灰、文存三字、「平元年」、科學院所藏、瓦片文字中之紀年、當彙通考證、此決為建平之殘文、非河平元年之物、

0 1 2 3 釐米

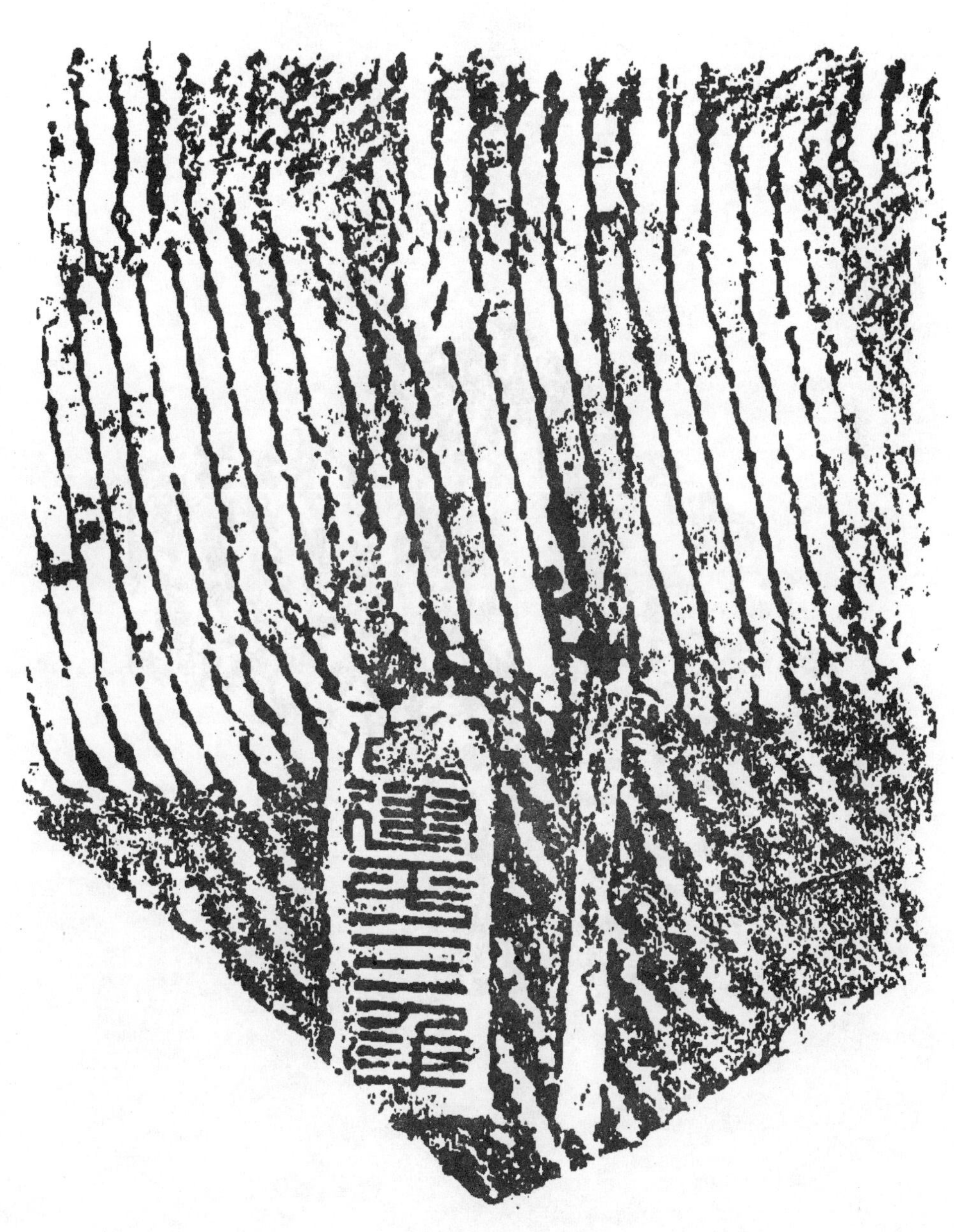

0　1　2　3釐米

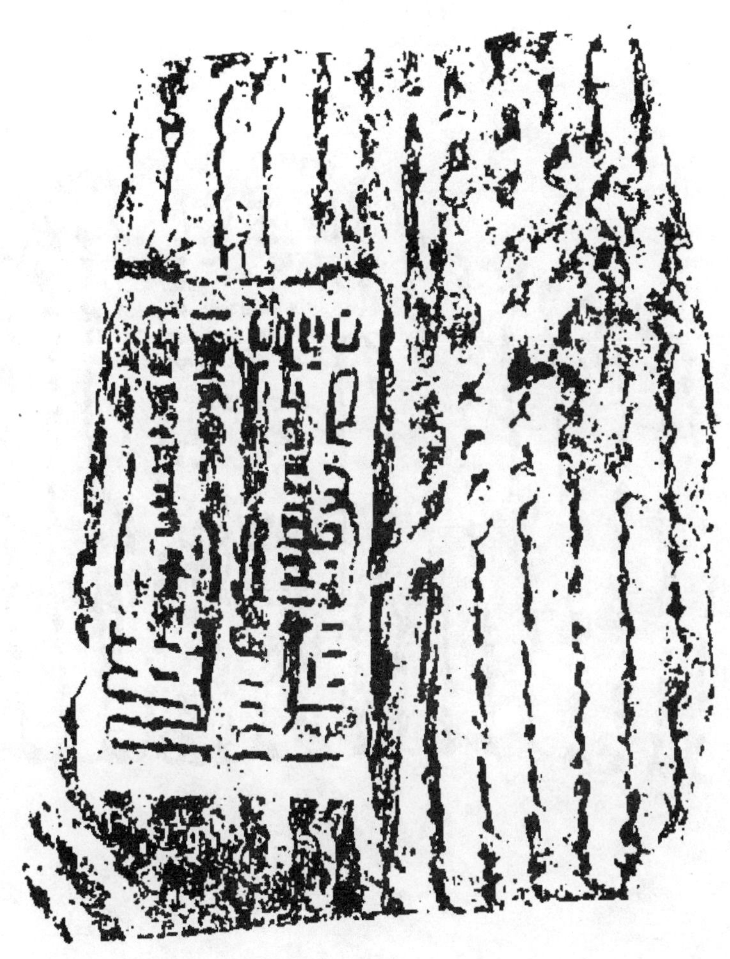

0 1 2 3 釐米

0　1　2　3 釐米

漢都建平三年瓦片八

陶質俱青灰，第一、二、三品，均文五字「都建平三年」，一八分書，二篆書，三八分書，西北歷史文物陳列館所藏。第四品文六字「都建平三年瓦」，科學院所藏。第五品文存五字「建平三年」，第六品文存五字「建平三年瓦」，第七品文存四字「建平三年」，著者所藏，與第二品同范。第八品文存三字「都建平」，著者所藏，亦爲三年之物。建平爲哀帝紀年，瓦片都字均冠於年號之上，柯莘農翁謂都指京都而言，予謂都字當爲宗正屬官都司空令之省文。因各瓦多爲都司空所督造也。漢代宮殿，建築本甚壯麗，閱百餘年，始漸頽壞，以瓦片紀年證之，大加修理者有六次：一在元延元年，二在建平三年，三在元始五年，四在居攝二年，五在王莽始建國四年．亦在王莽始建國天鳳四年．其餘爲建平元年．元壽二年．始建國五年．所出瓦片數量不多．殆略加整葺耳．

此予目驗所得之地下史料．可以補史傳之未備者．

0　1　2　3釐米

漢都元壽二年瓦片

陶質青灰，文存五字，「都元壽□年瓦」，元壽爲哀帝紀年，因元壽只二年，故空缺處爲二字。

漢都元壽瓦片

陶質純青，文存「都元」二字，又壽字筆道尚可見，科學院藏，亦當為元壽二年之物。

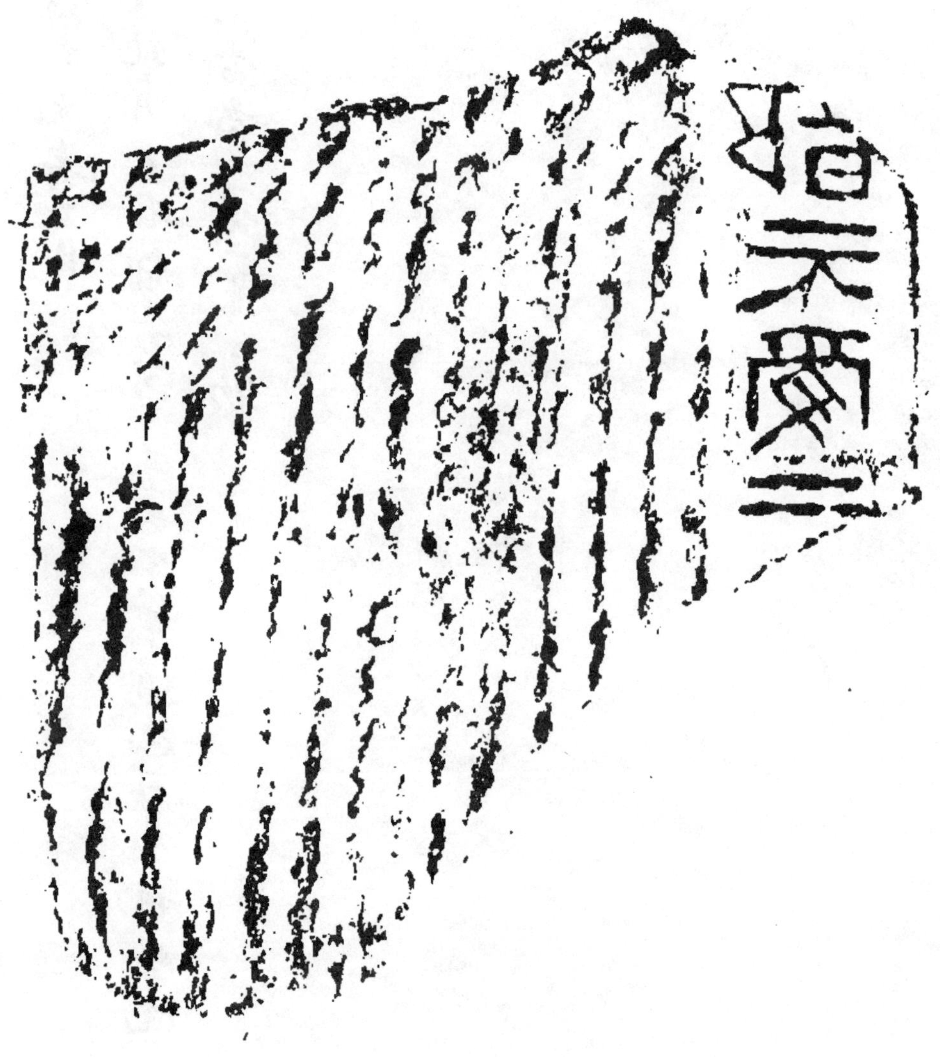

0 1 2 3釐米

漢都元受瓦片

陶質純青，文存四字，「都元受二」，元受當為元壽之假借，殊為特别。西漢紀年從地下史料可以看出異同兩点：一，武帝征和，竹簡及瓦片均作延和；二，元壽在瓦片中可書作元受是也。

漢都元始五年瓦片

陶質純青。文五字。「都元始五年」。沈汝量所藏。元始為哀帝紀年。海寧鄒適廬先生亦藏一品。與此同范。但字倒在下闕

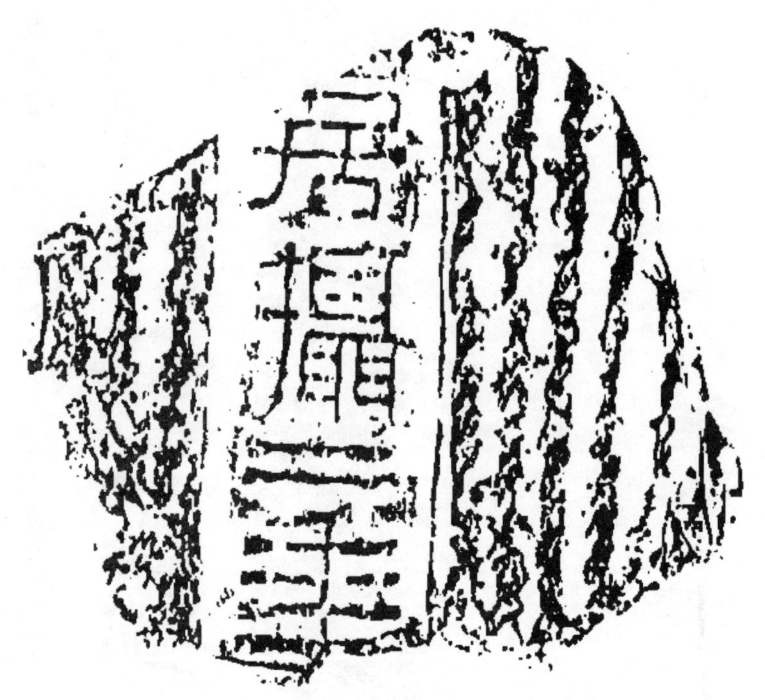

王莽居攝二年瓦片

陶質純青。文存四字。「居攝二年」。全文為「居攝二年都司空」七字。居攝為孺子嬰年號。居攝瓦片。形式最多。文字最美。第一集著錄之「居攝二年」陶片。亦當為都司空署所造。

王莽居攝二年瓦片

陶質純青，文存「攝二年都」四字，又司半字，用筆有驚鴻遊龍之勢。

王莽居攝二年瓦片

陶質純青，文存「居攝二年」四字，科學院所藏。

王莽居攝二年瓦片

陶質純青，文存「居攝二年」四字。科學院所藏。

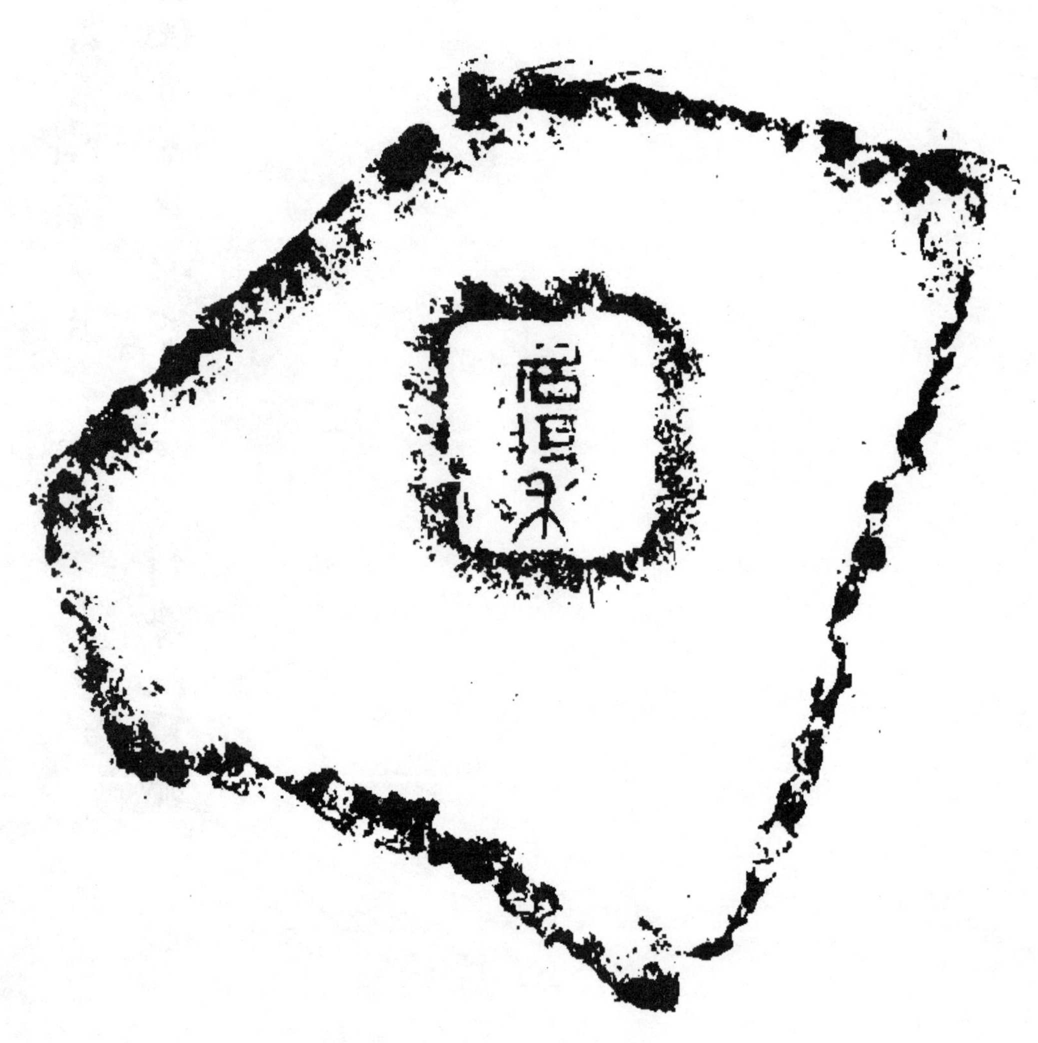

王莽居攝年瓦片

陶質純青、文三字「居攝年、沈次量藏、均用省筆、年字創省為禾字、亦當為居攝二年所造。

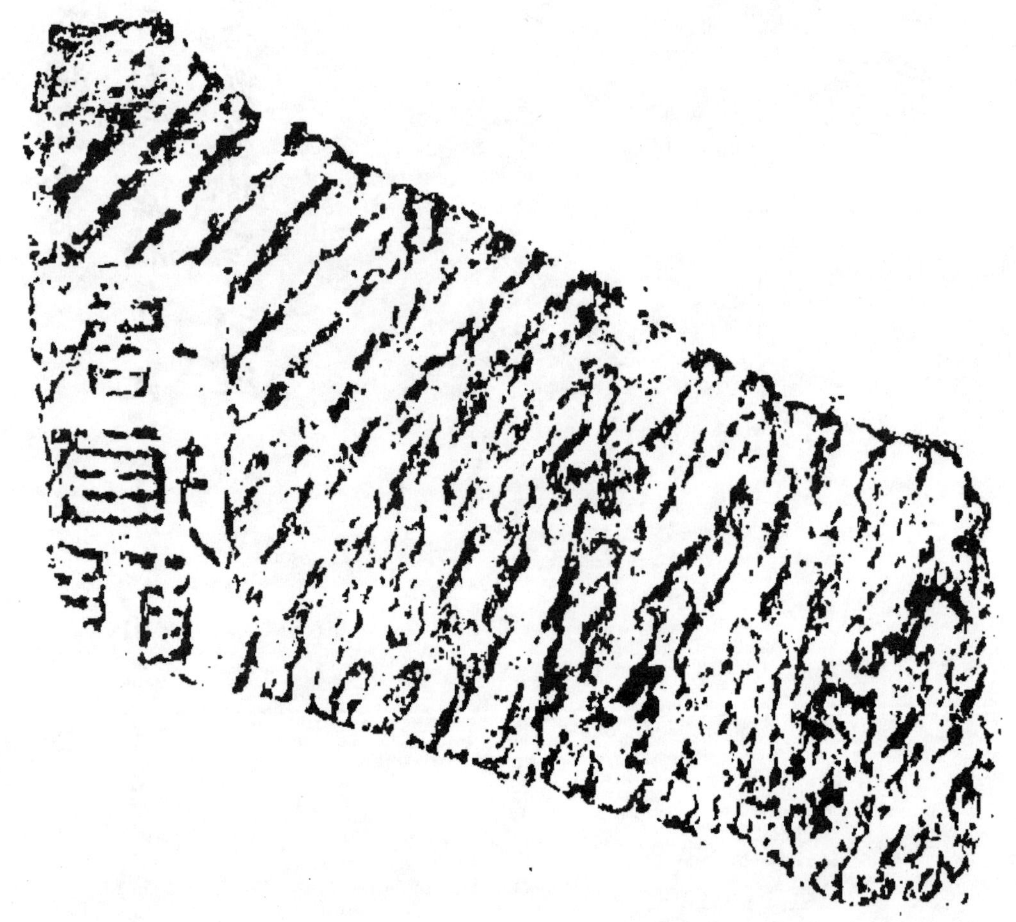

王莽居攝殘瓦片

陶質純青。文存二字。「居攝」。當爲居攝二年都司空瓦之殘文。

王莽始建國四年保城都司空瓦片三

陶質青灰、文十字。「始建國三年保城都司空」、保城都司空官名、不見於王莽傳。疑亦都司空之繁稱。因漢書百官公卿表、對於王莽更改公卿守相之名均有紀載、對於更改九卿屬官之名、皆因瑣屑而不著也。此瓦完整無缺、最為難得、第二品存「國三年保城」五字。第三品存「建國三年保」五字。

王莽始建國三年保城都司空瓦片

陶質青灰、文十字、「始建國三年保城都司空」、馬雲廣舊藏、与第一品同文而不同范、

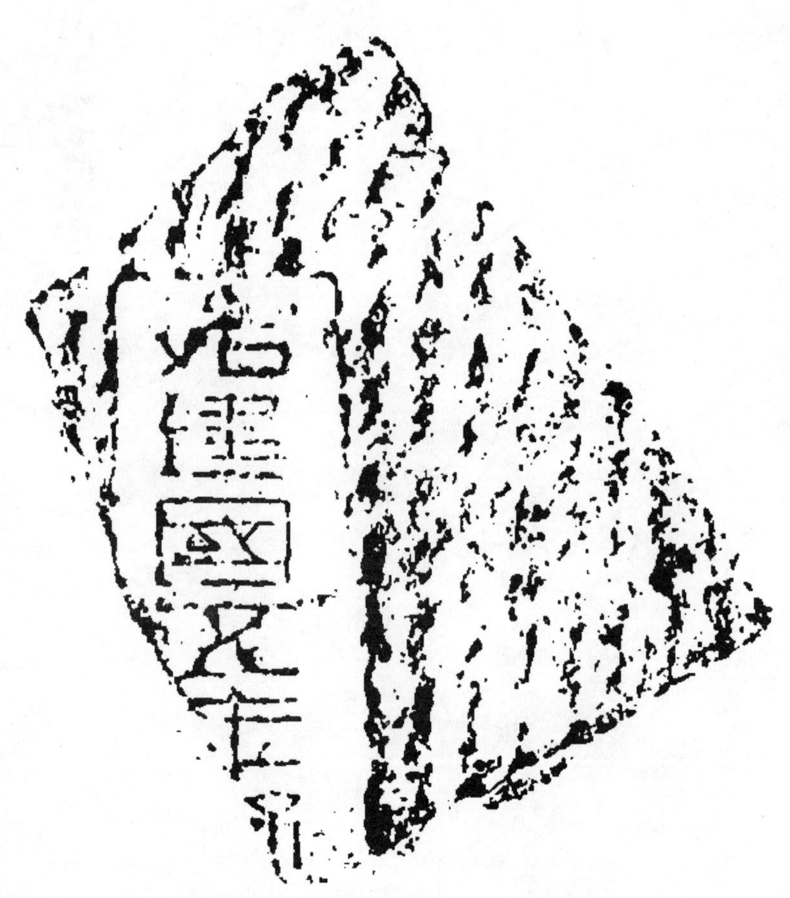

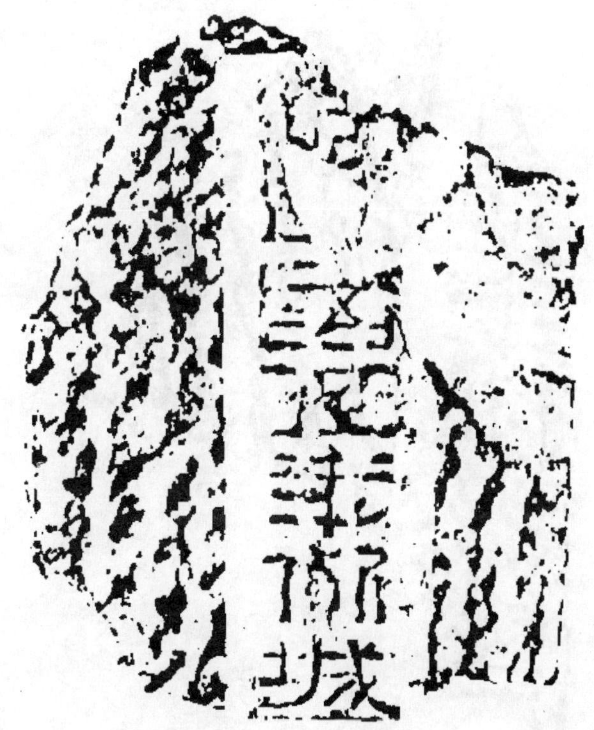

王莽始建國五年瓦片

陶質係青灰、第一品存「始建國五年」五字、著者所藏、第二品存「建國五年保城」六字、第三品存「國五年保城都」六字、又司半字、此瓦全文當為「始建國五年保城都司空」十字、但未見有完整之品

王莽天鳳四年瓦片

陶質純青。文十二字，「天鳳四年保城都司空造官瓦」。科學院所藏。王莽小字官瓦。僅此一見。至為可貴。

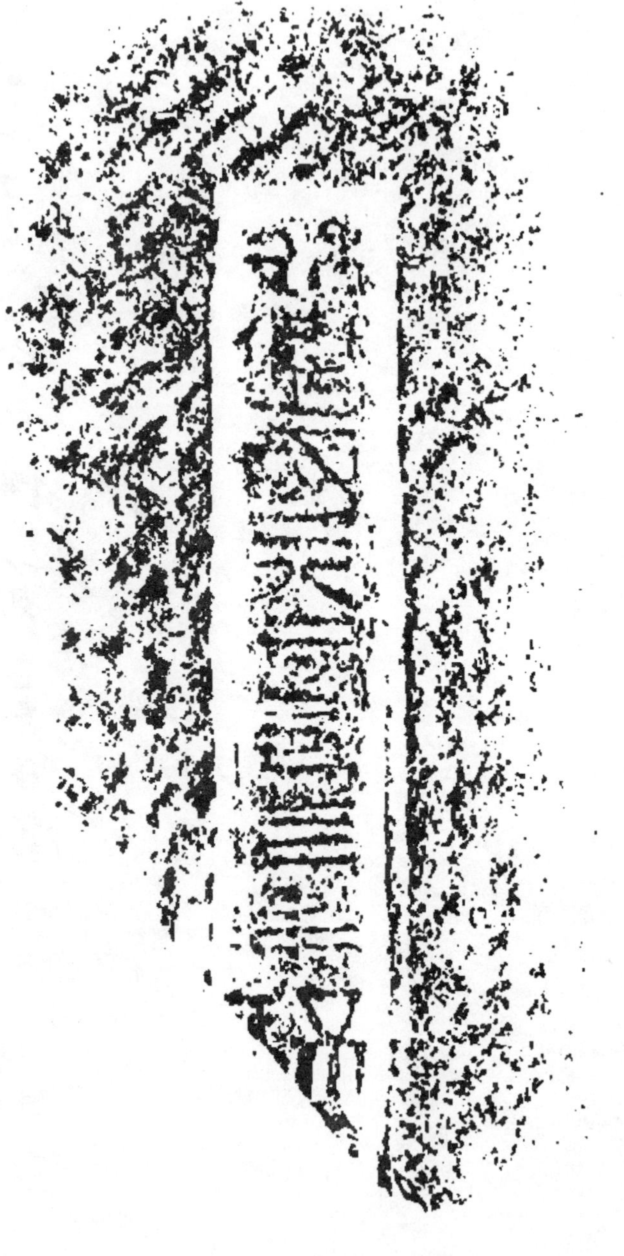

王壽天鳳四年瓦片

陶質灰黃。文存八字，「始建國天鳳三年保」，下缺「城都司空」四字。存馬崇德處。

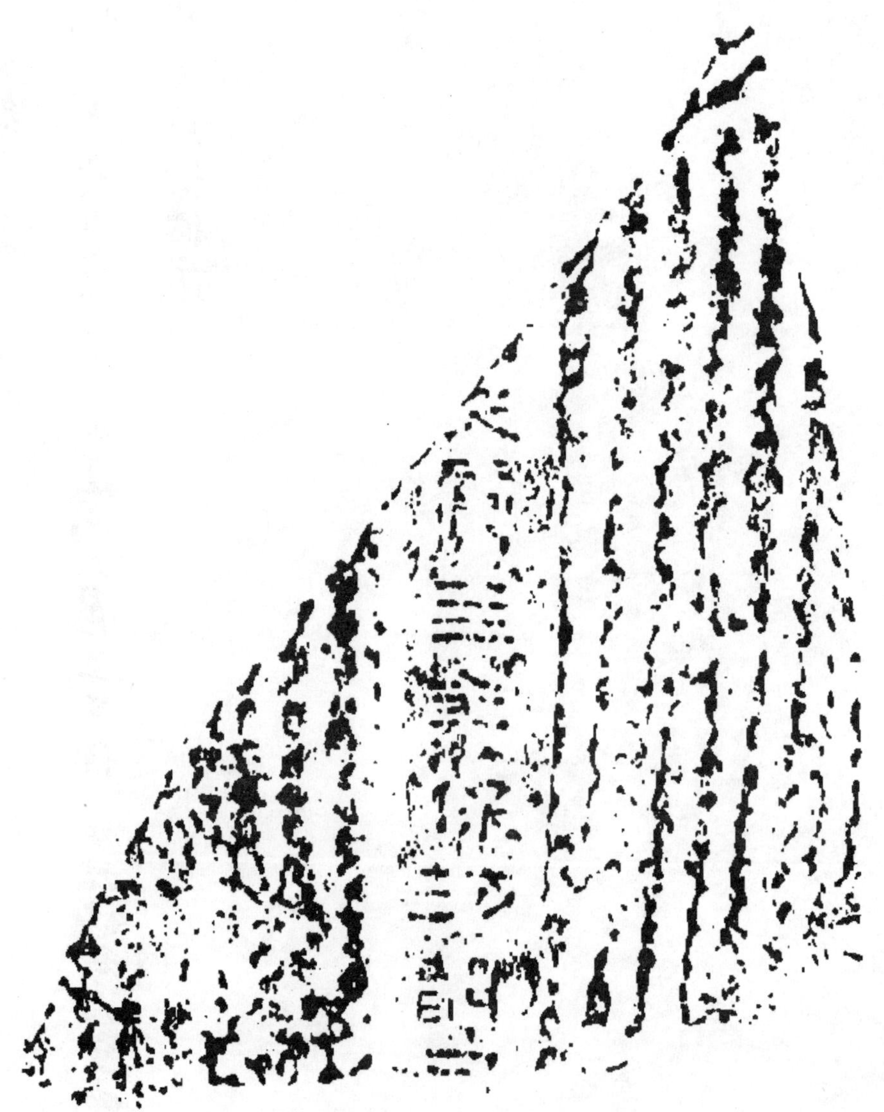

王莽天鳳四年瓦片

陶質純青，分格八字，「天鳳四年保城都司」，全文當為「始建國天鳳四年保城都司空」十二字。王莽中等字瓦片，亦僅此一見。

王莽始建國天鳳四年瓦片二

陶質偏青灰。第一品存「始建國天」四字。又鳳字尚見筆道。第二品存「三年保城都司空」七字。兩瓦同范而不同片。王莽始建國後改元天鳳。証以燉煌竹簡稱始建國天鳳元年。萊子侯封塚記及瓦片稱始建國天鳳四年。而漢書王莽傳及海寧鄒氏所藏天鳳元年鄣郡都尉錢君磚則均直稱天鳳某年。知天鳳上冠以始建國字樣者為繁文。直稱者為簡文。猶燉煌竹簡及地皇銅鉦均繁稱為地皇上戊二年。而漢書直稱為地皇也。西安商人不曉其義。目始建國天鳳四年瓦片為遞年號。較始建國瓦片售價幾高一倍。殊可哂也。

王莽都司空瓦片

陶質純青。文存「都司空」三字。以字體大小定之，當爲居攝二年都司空之殘文。

城都司空

王莽都司空瓦片

陶質純青，文存「城都司空」四字，當爲始建國四年之物。

王莽都司空瓦片

陶質純青，文存「都司空」三字，以字體大小定之，當為始建國四年之物

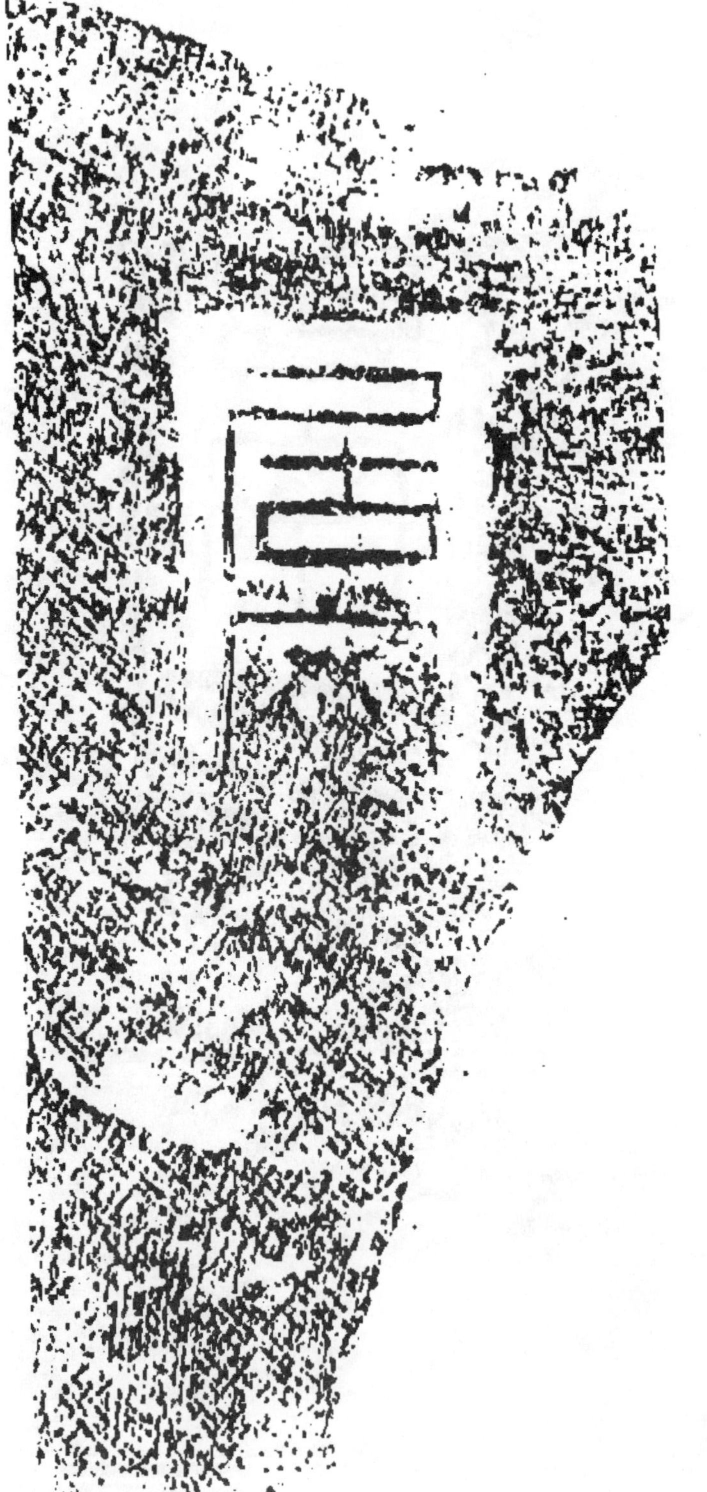

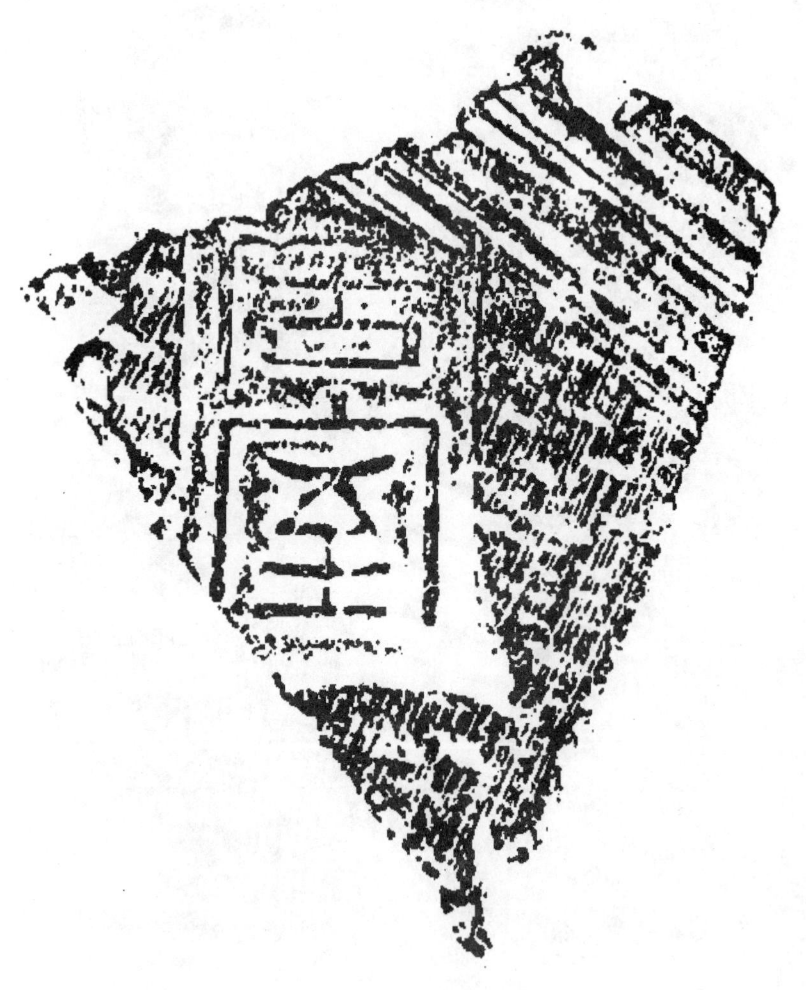

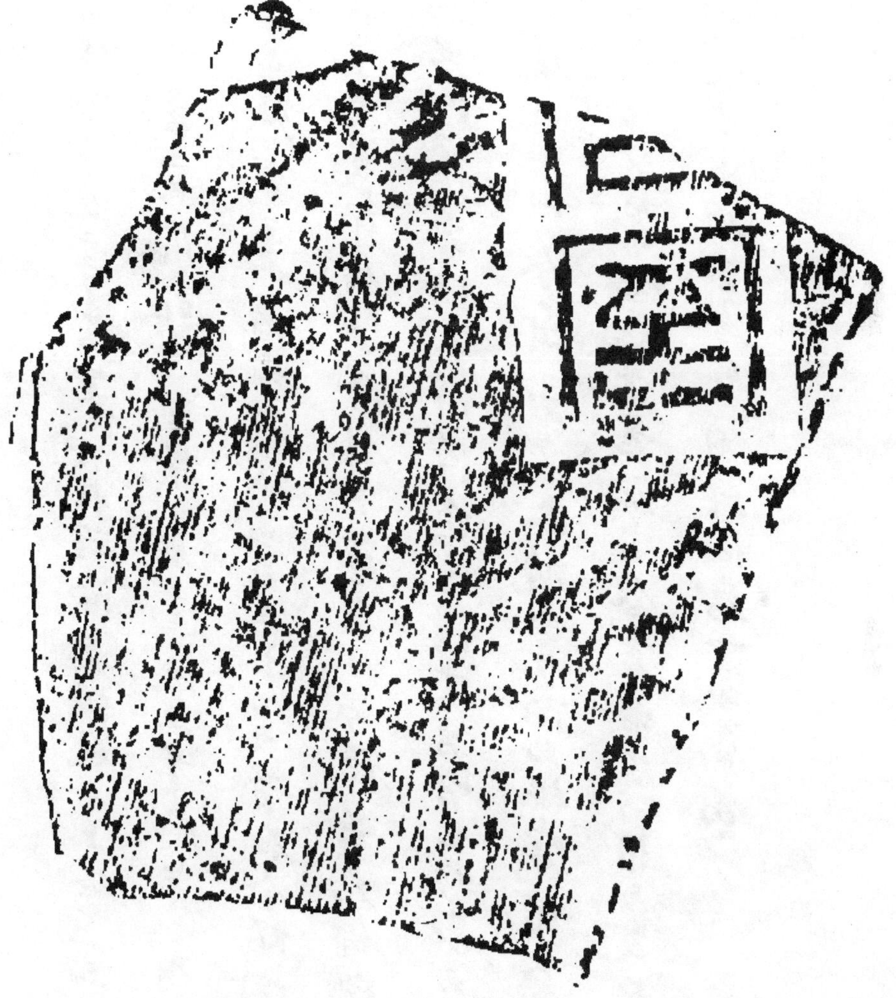

漢居室瓦片 五

陶質俱純青。文二字「居室」印在反面無繩紋之上。第一品劉軍山藏。第二品趙乾生舊藏。第三品沈次量藏。第四品家保之兄舊藏。第五品著者自藏。此瓦多有出土，昔在金頌陶先生處見有舊拓居室瓦，鈐有董引之印記。董為郃陽人，清同光間，以掮客往來津灞道上。漢書百官公卿表云：少府屬官有居室令丞，武帝太初元年改為保宮。灌夫傳以罪繫居室是也。此當為居室令官署中所用之瓦無疑。封泥中亦常出居室令印，與此同為一家眷屬。

漢居丙瓦片

陶質純青。文二字：「居丙」。蓋居室今所用瓦片之號碼。與大癸瓦筒大宮磚文一例。又見有居卯二字瓦片。則未詳何義。

漢右空瓦片

陶質純青。文二字，「右空」。漢書百官表，少府屬官，有左右司空令丞。瓦片之右空，當爲右司空之省文。瓦當中有右空瓦，皆同爲右司空官署中之物。

漢右空瓦片

陶質純青。西安謝文清舊藏。文二字分列左右。

0 1 2 3釐米

漢蕭將軍府瓦片

陶質純青，文四字，「蕭將軍府」，用方印模打成，尚存二格有半。漢書蕭望之傳，望之武帝時，官前將軍太傅，此當為其邸第之瓦無疑，西漢名臣之遺物，甚為稀世之珍。

漢楊字瓦片

陶質純青。文一字「楊」。印在反面。著者所藏。購自白鹿原。同時出土。尚有銅鍾。文云「楊氏步廣容五斗鍾。重廿五斤」。共十二字。足証此瓦亦為楊步廣家之物。步廣於漢書無考。字體寬博豐腴。為武帝時文字。

漢原字瓦

陶質純青，文存「原」一字，又「曰」半字，第二字疑為是字，原是即原氏，西漢銅陶器文字，姓氏之氏，多假作是，如鄠適盧先生所藏趙是鈁，王至善所存之柴是鼎，其氏所藏之張是冢壺，張遷碑之張是輔漢，皆假是為氏之確證，瓦片之原是，疑為原涉先墓之物，形如倒筩，兩面滑澤無繩紋。

漢上祿瓦片

陶質純青，文二字「上祿」。三輔黄圖云：上林苑有陽祿觀。漢書班婕妤傳：謂娩子於陽祿觀是也。瓦片上祿二字，即上林苑陽祿觀之簡稱。漢代宮觀名稱，印在陶器上者往往簡稱爲一字。此例甚多。

漢上囿瓦片

陶質純青。文二字「上囿」。上亦當解作上林苑之簡文。囿字為離宮觀之簡稱。今不可考矣。

漢長樂萬歲瓦片

陶質上紅下青文伍字「長樂萬歲工」、已裂為七、用漆黏合、尚屬完整、十年前見於北大街李寶山處、後為白祢所得、

0 1 2 3 釐米

漢豐利瓦片

文弍字。豐利〻。計存三格。趙乾生舊藏。

0 1 2 3 釐米

漢新利瓦片

陶質純青，文二字「新利」，計有二塊，現存劉漢基處

漢日宜宦瓦片

陶質純青，文三字「日宜宦」，現存白水縣。

漢五銖瓦片

陶質純青。有五銖錢二枚。著者所藏。此陶工戲以錢文印於瓦片上者。

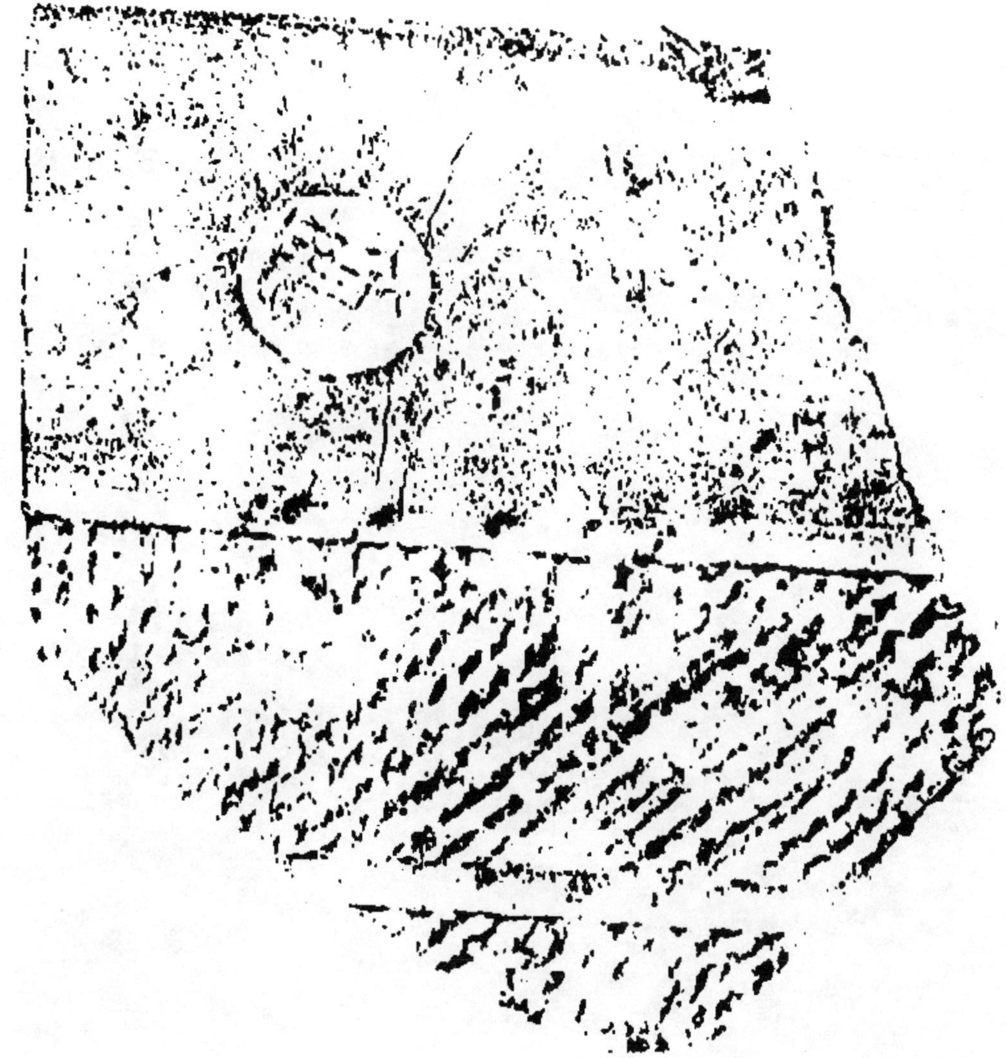

漢泥口瓦片

陶質純青，文二字「泥口」，現存劉漢基處

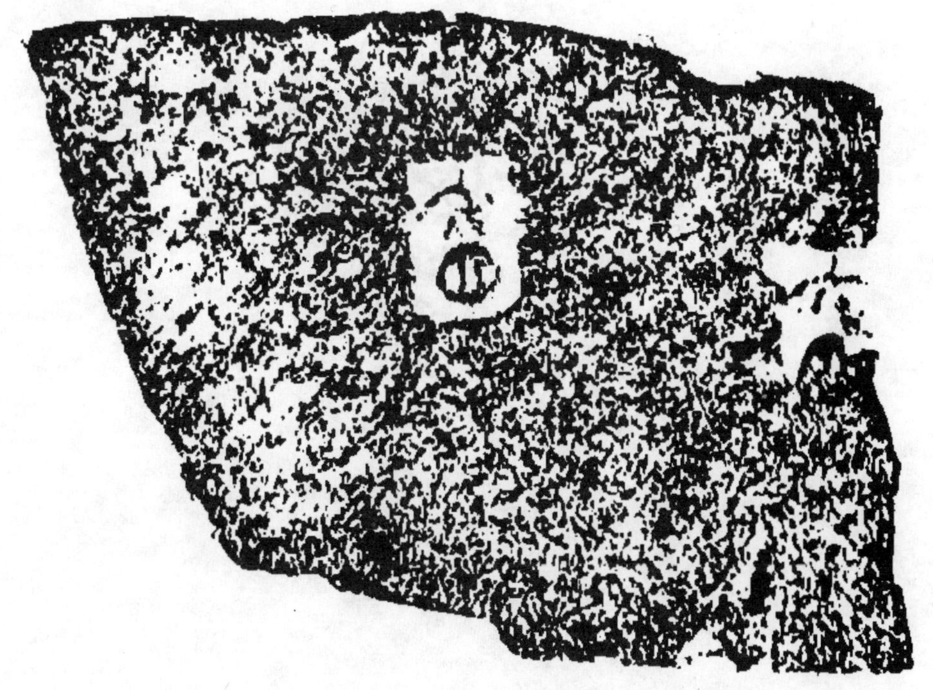

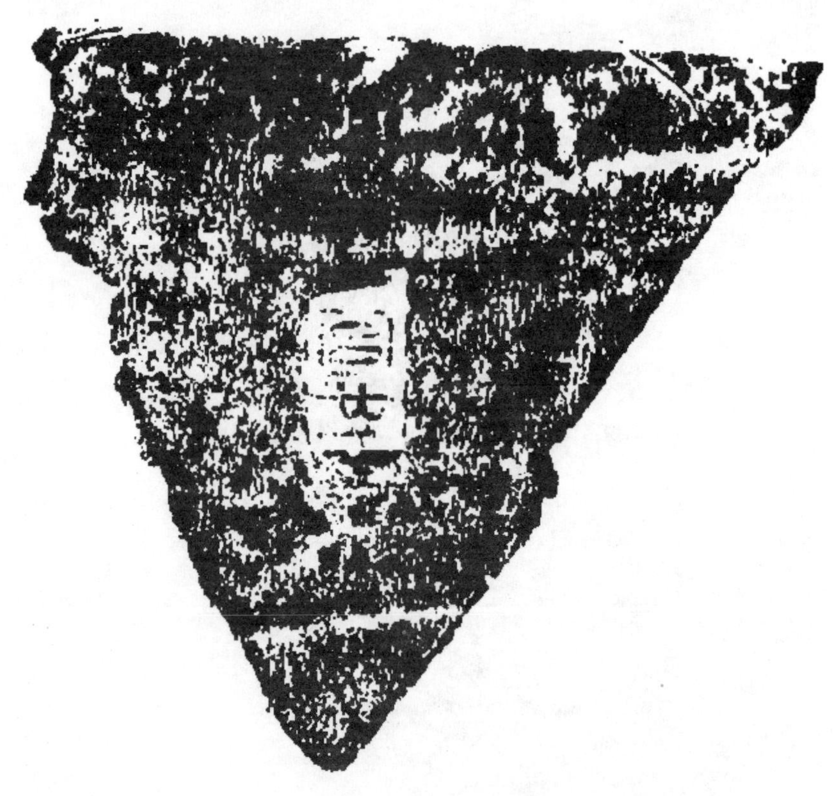

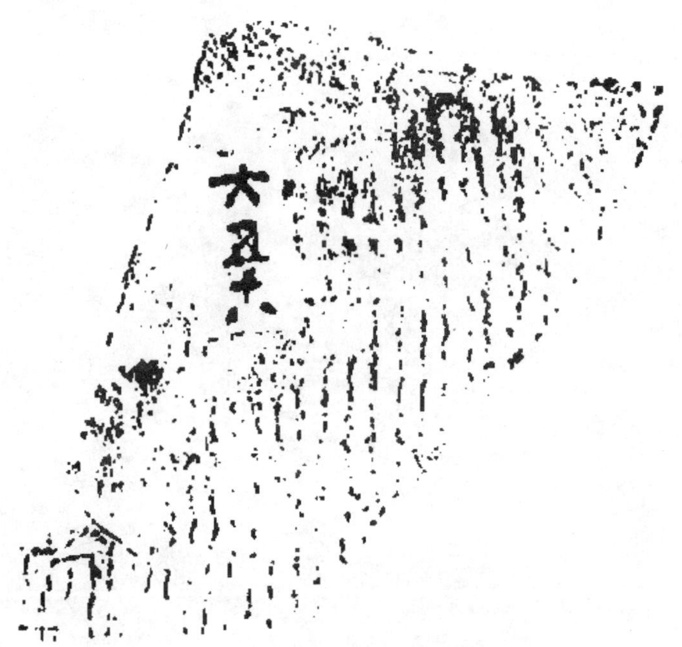

漢大字等瓦片八

陶質俱純青。出於未央宮殿基地面。一、大四。李年貴與黃政庭遊未央宮，政庭撿得此片，歸於陝文物研究室。二、大五。三、宮十九。陳堯廷藏。四、宮廿一。五、宮廿三。陳堯廷藏。六、大卅六。七、大五十八。八、大六八（倒文）。綜合研究，凡有大與宮字樣者皆未央宮大殿之物。以現出之瓦片相校，最多之數至六十八，疑指瓦行或房間而言。

漢同丑瓦片

陶質純青、文二字「同丑」、著者所藏、漢書百官公卿表、太僕屬官有家馬令、武帝太初元年、改名挏馬令、同疑挏字省文、為挏馬令官署中之物、與居丙之例正同、

0　1　2　3釐米

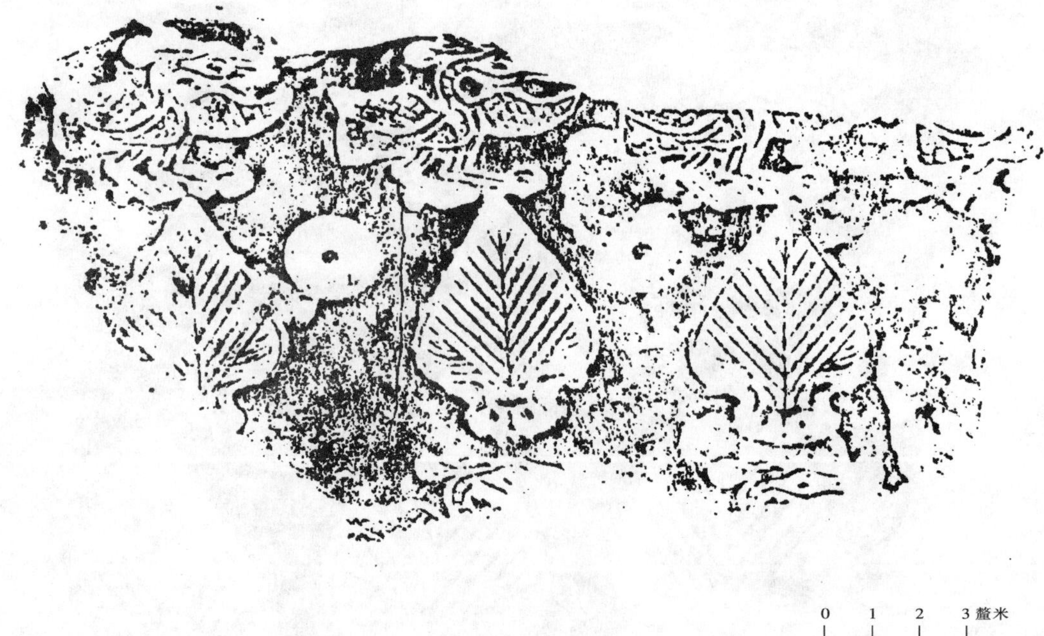
0 1 2 3釐米

秦鳳鳥花葉瓦片二

陶質俱純青，上畫鳳皇，下畫花葉形，中有一孔，蓋用木杙釘於屋椽上，以防風雨之搖動，此瓦爲瓦筒後面之覆瓦，而積不及漢代瓦片之寬，而瓦質較厚，且不用繩紋，秦代繪畫蟲鳥走獸之外，每喜加花葉以爲點綴，西安老商人，名爲蟲葉花，類此圖案者，則斷爲秦製，其言不破，藝術裝飾專門名家，所收方藥雨所藏千秋萬世及文字兩磚，皆爲秦製，而鄒適廬先生誤題爲漢物，秦磚秦瓦片之特徵，一爲陶質純青，二爲密排細花，三爲蟲葉花紋，四爲用印模打印而成，只有秦始皇陵磚樸素無文，與于秦瓦所舉之六特徵，可互相印証，此瓦片第一品謝文清舊藏，第二品現存白祚處。

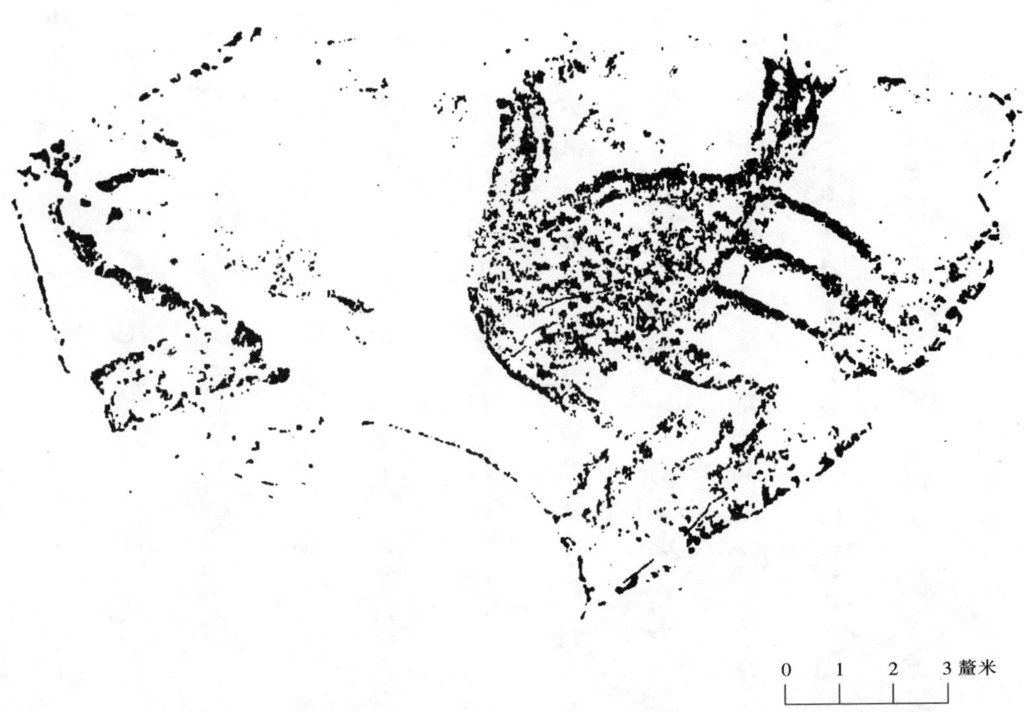

0 1 2 3 釐米

秦進鶴瓦片

陶質純青。畫進鶴形。咸陽出土。白亦舊藏。

0 1 2 3釐米

漢鳳形瓦片

陶質茶黄。畫鳳鳥形在中央。作正圓形。在瓦片中亦僅見之品。漢城出土。自祚舊藏。

漢玄武瓦片

陶質純青，畫玄武形儀態生動，蓋豐歷瓦窑，武帝時制作也。

摹廬叢著

關中秦漢陶錄

下册

陳直 撰輯

中華書局

關中秦漢陶錄

第三集　磚文類

陳直撰輯

關中秦漢陶錄第三集磚文類目錄

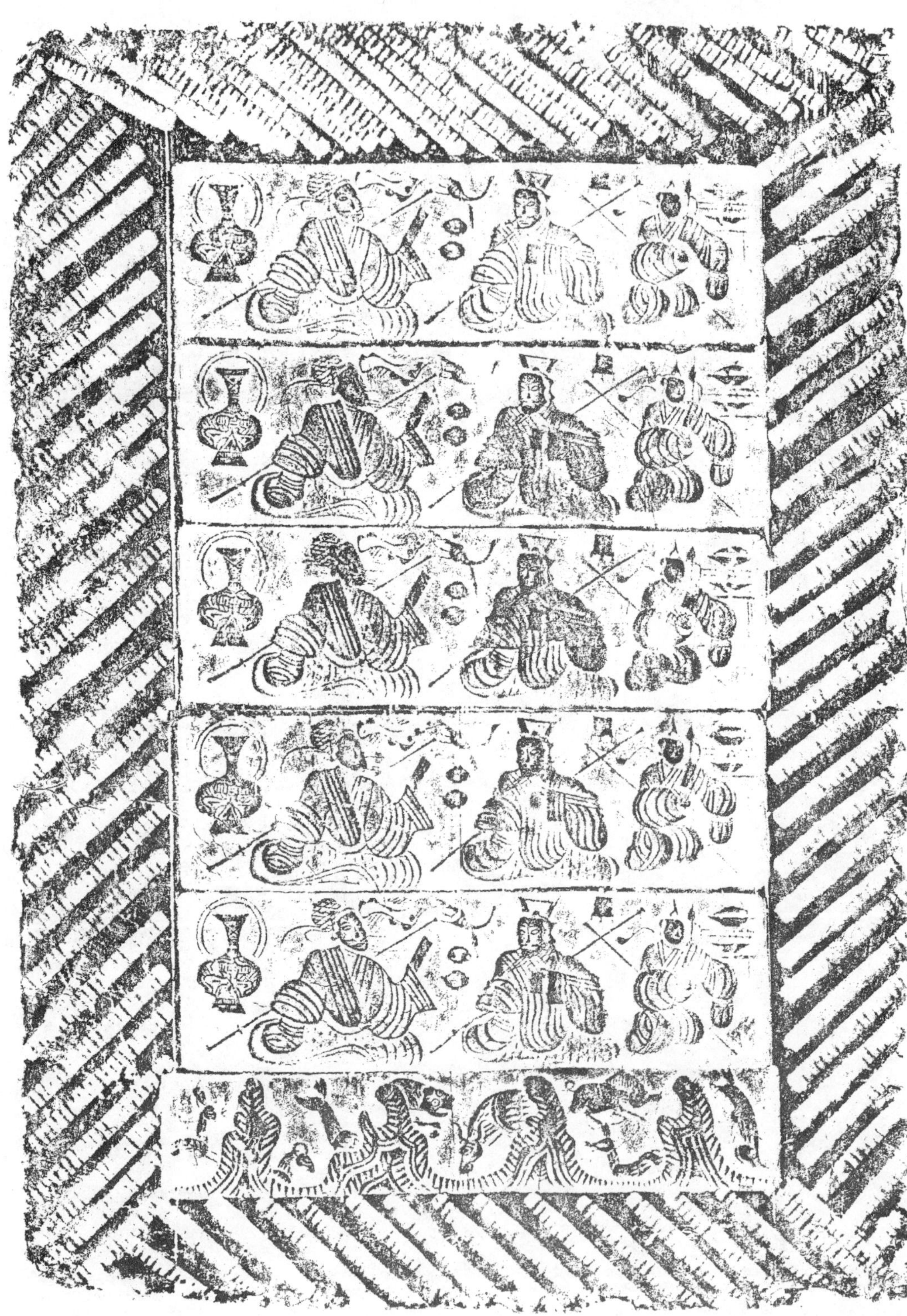
0
5釐米

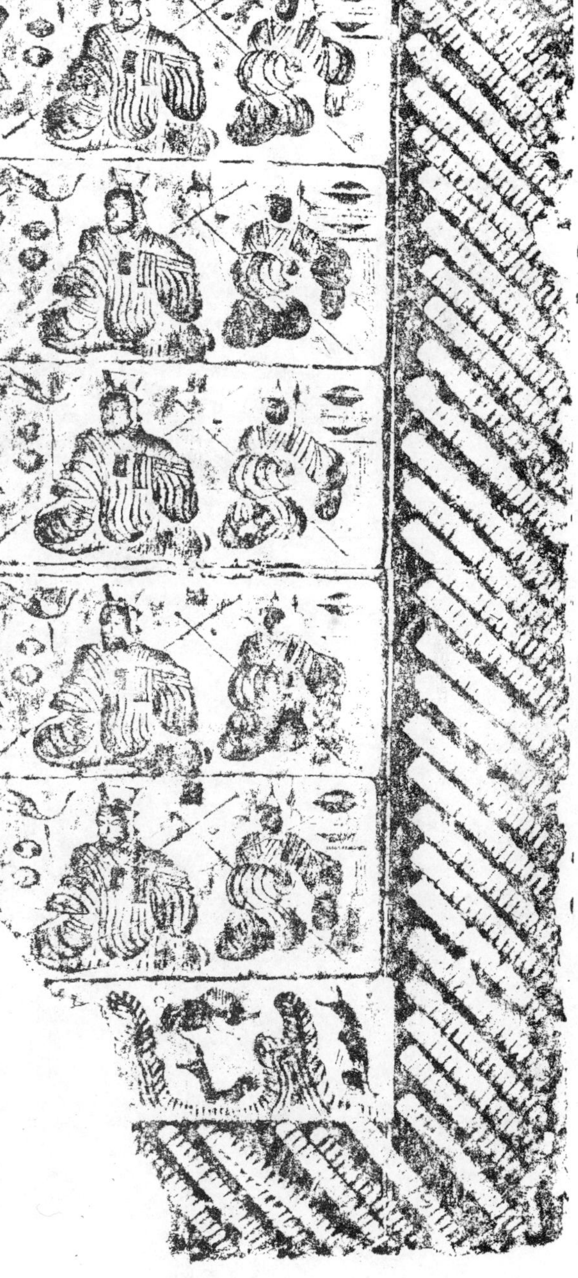

0　5釐米

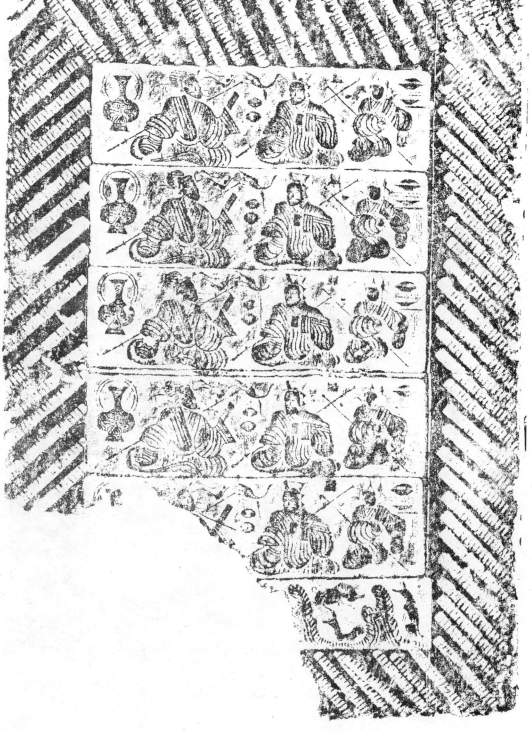

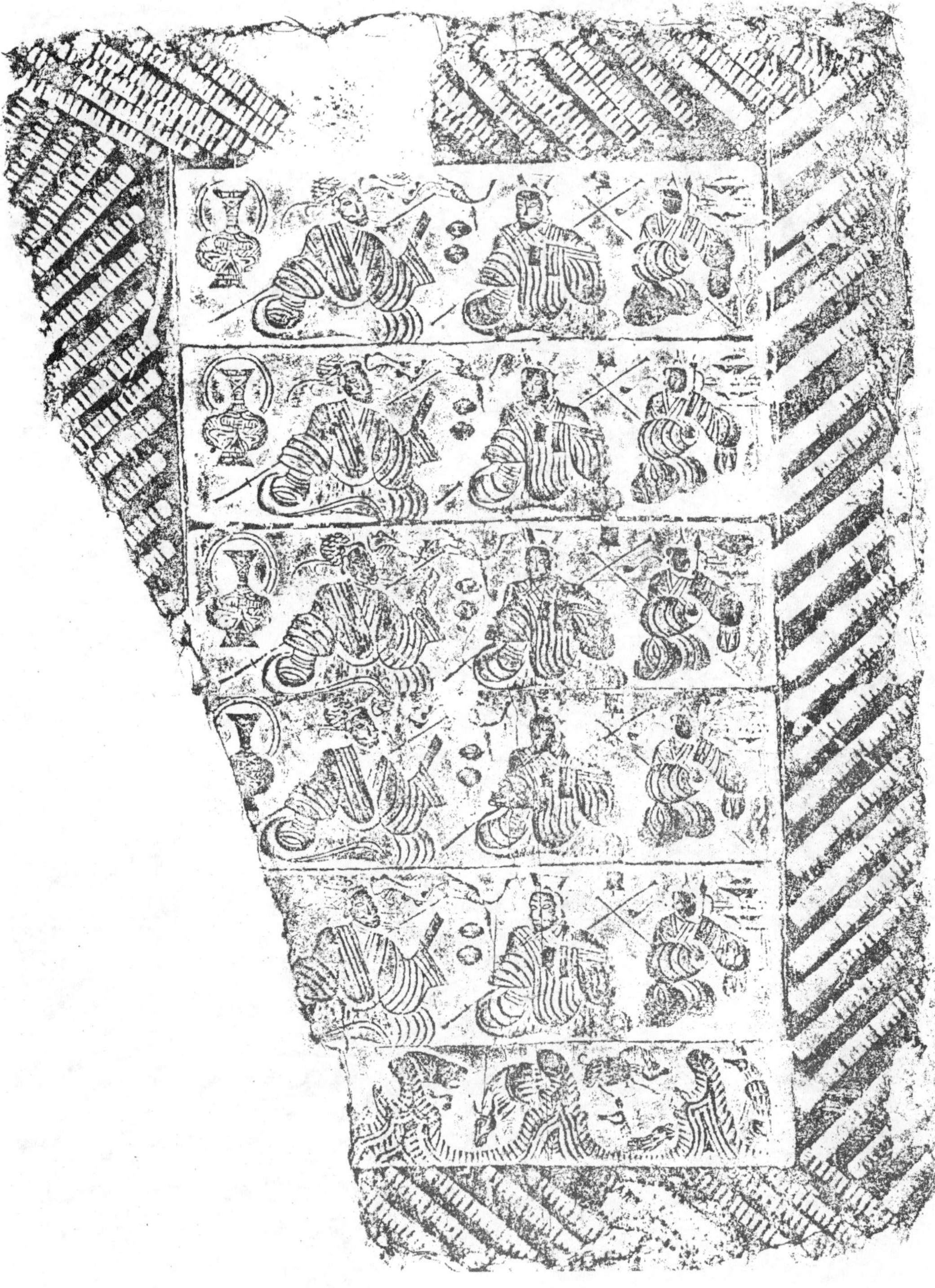

0　5釐米

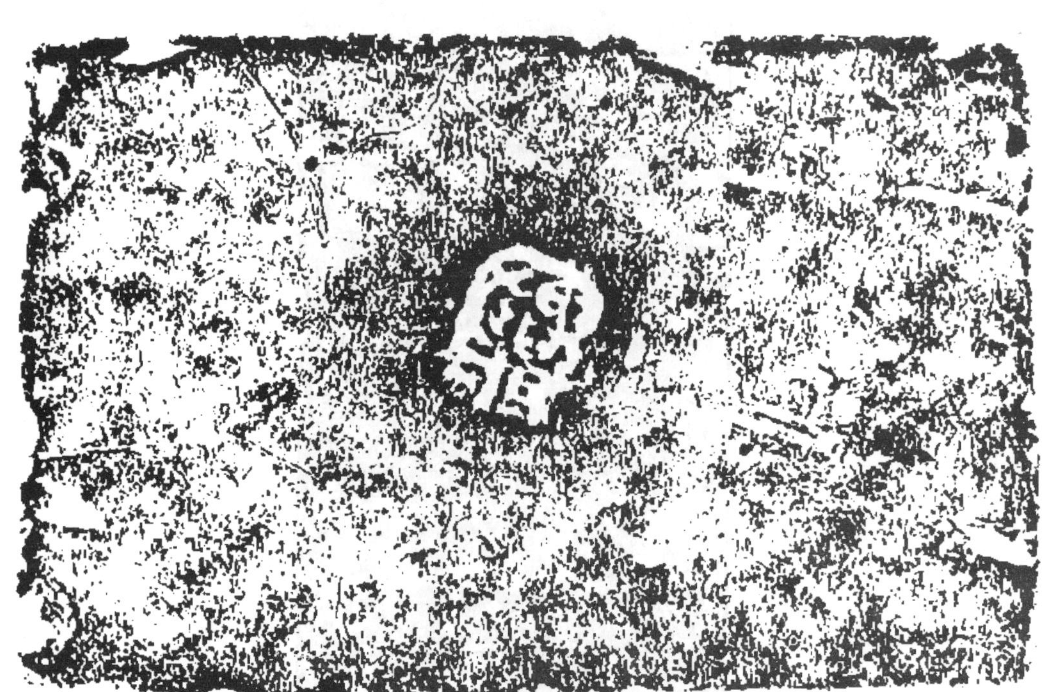

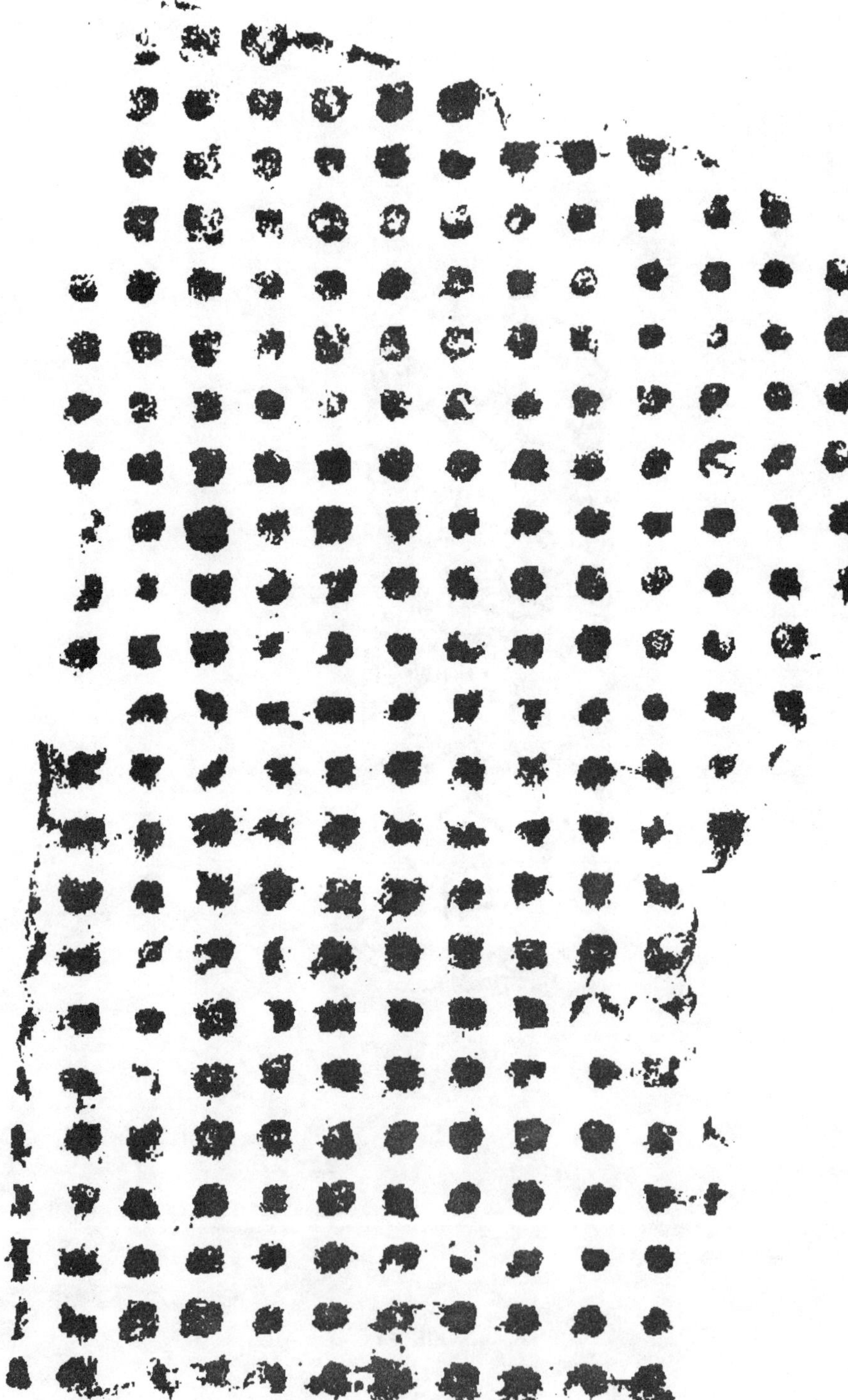

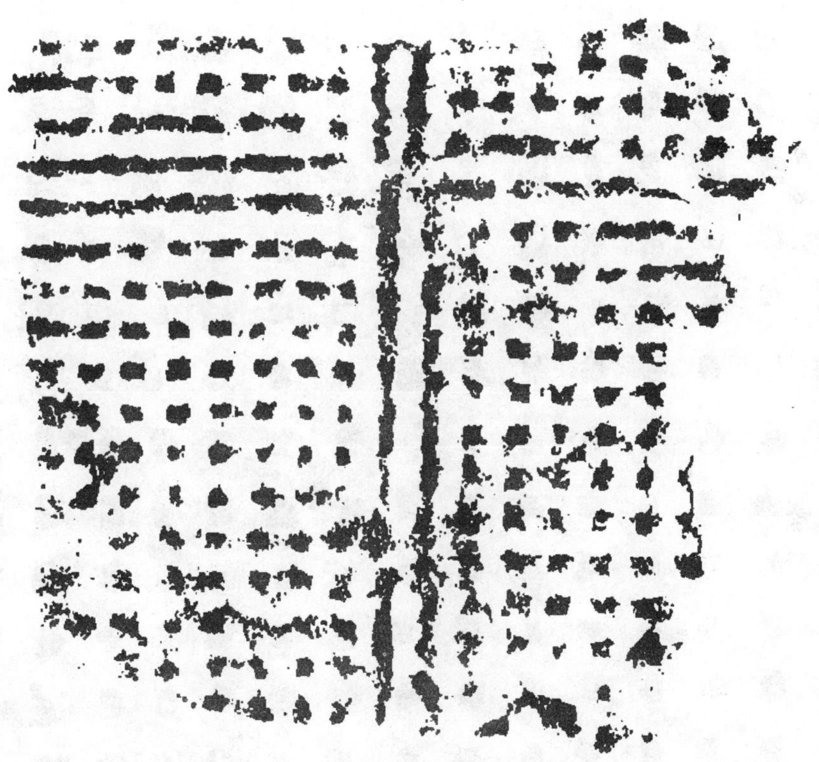

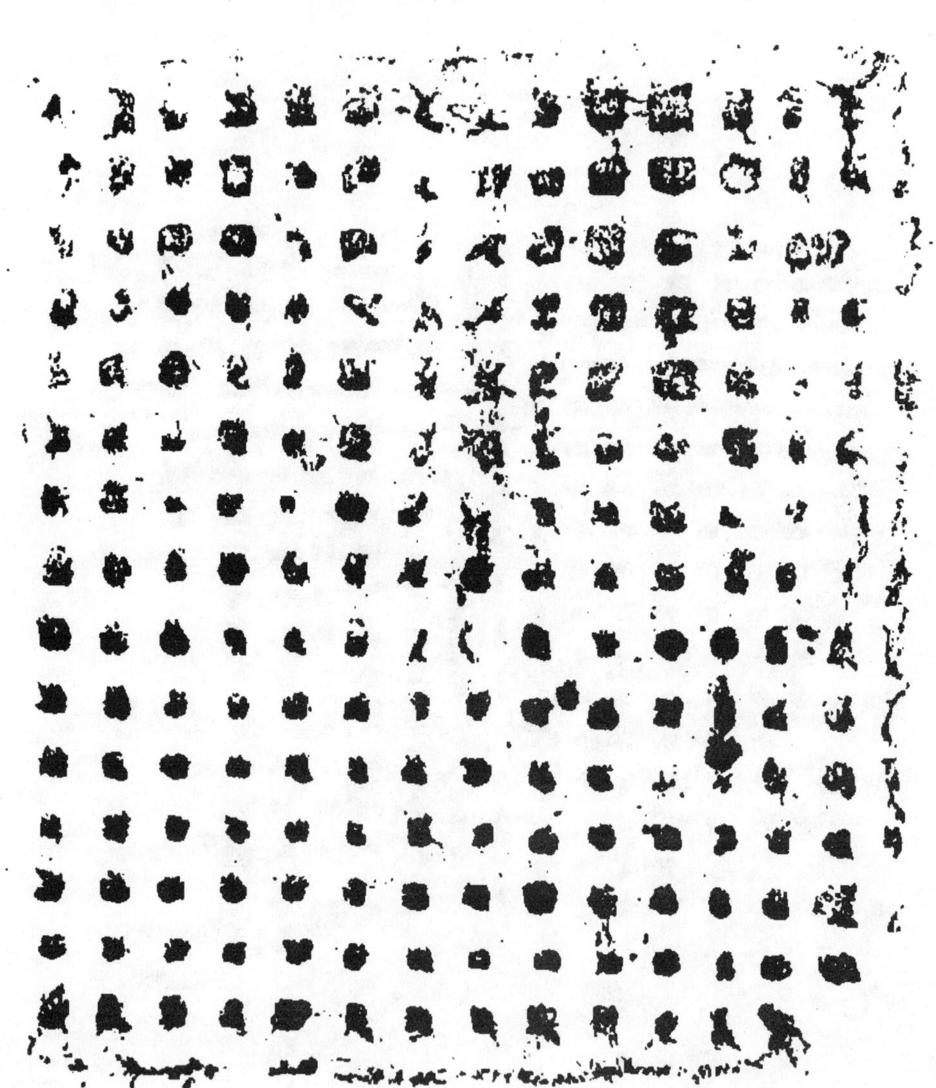

0 1 2 3釐米

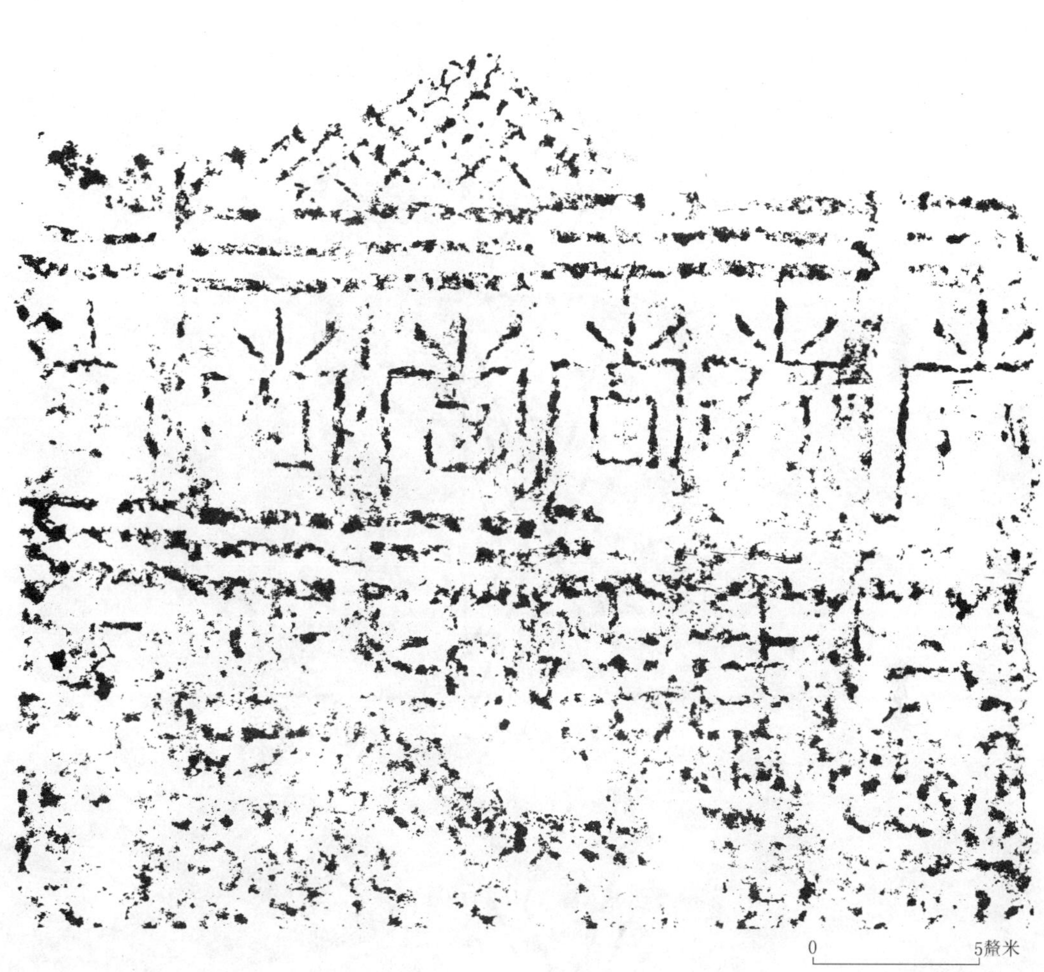
0
5釐米

0 1 2 3釐米

0
5釐米

0
5釐米

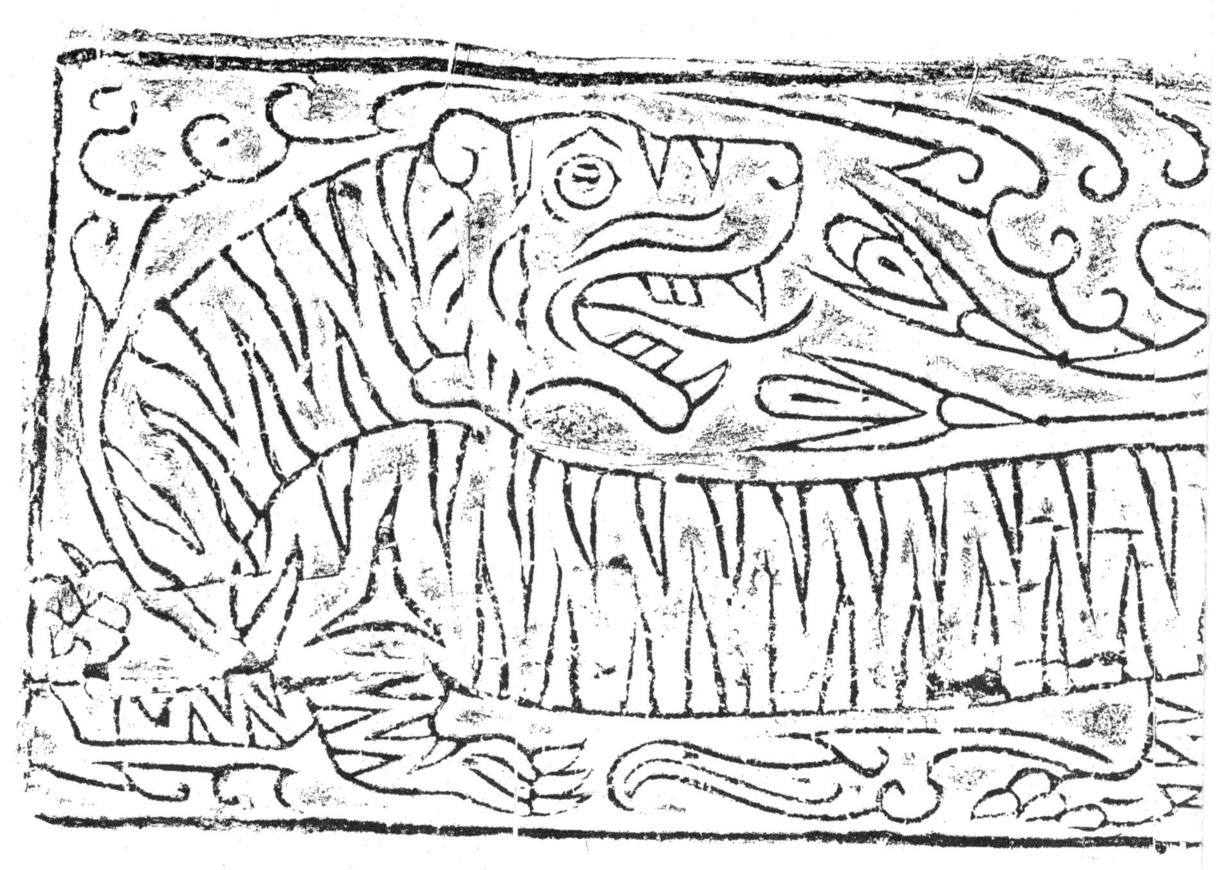

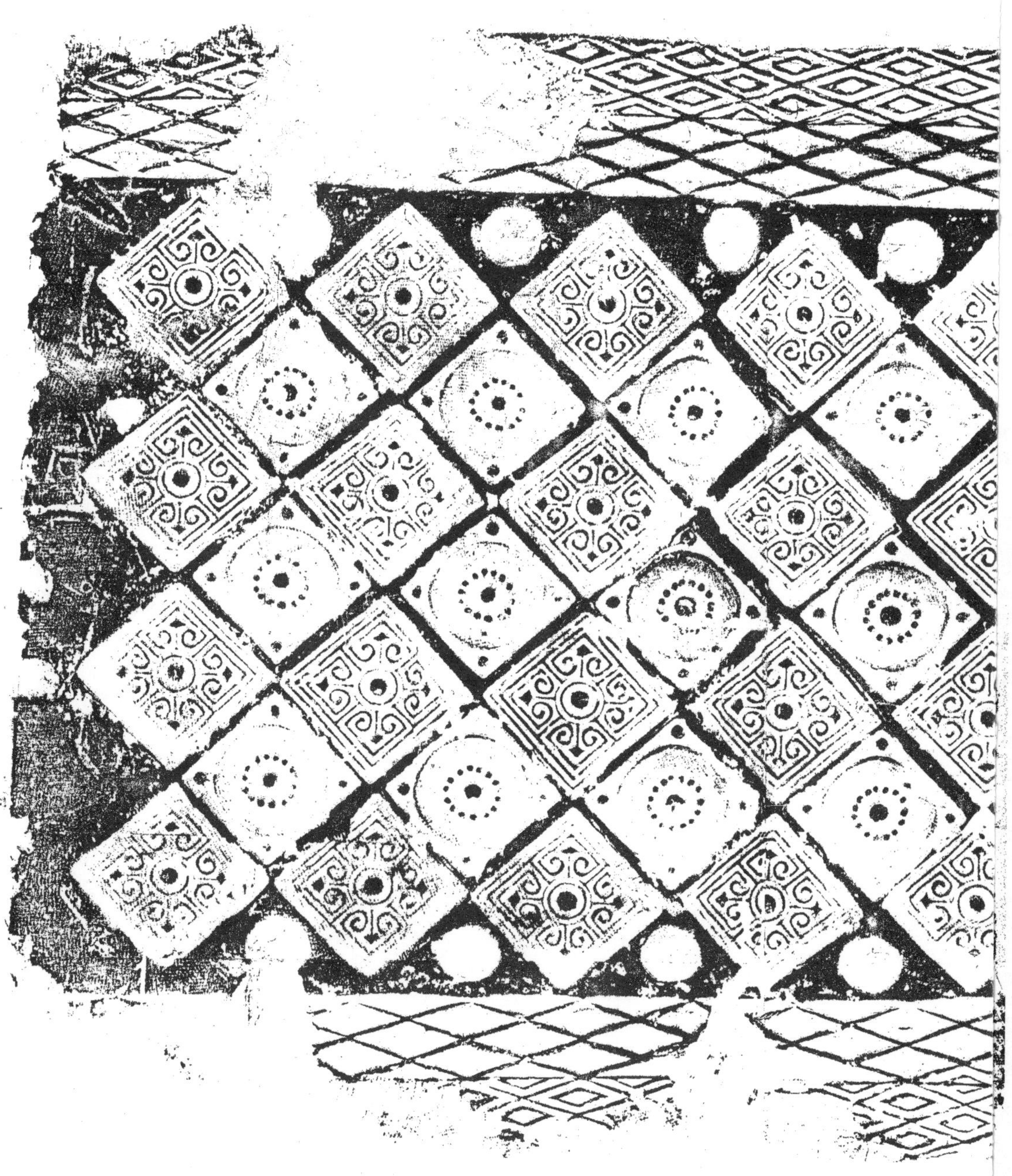

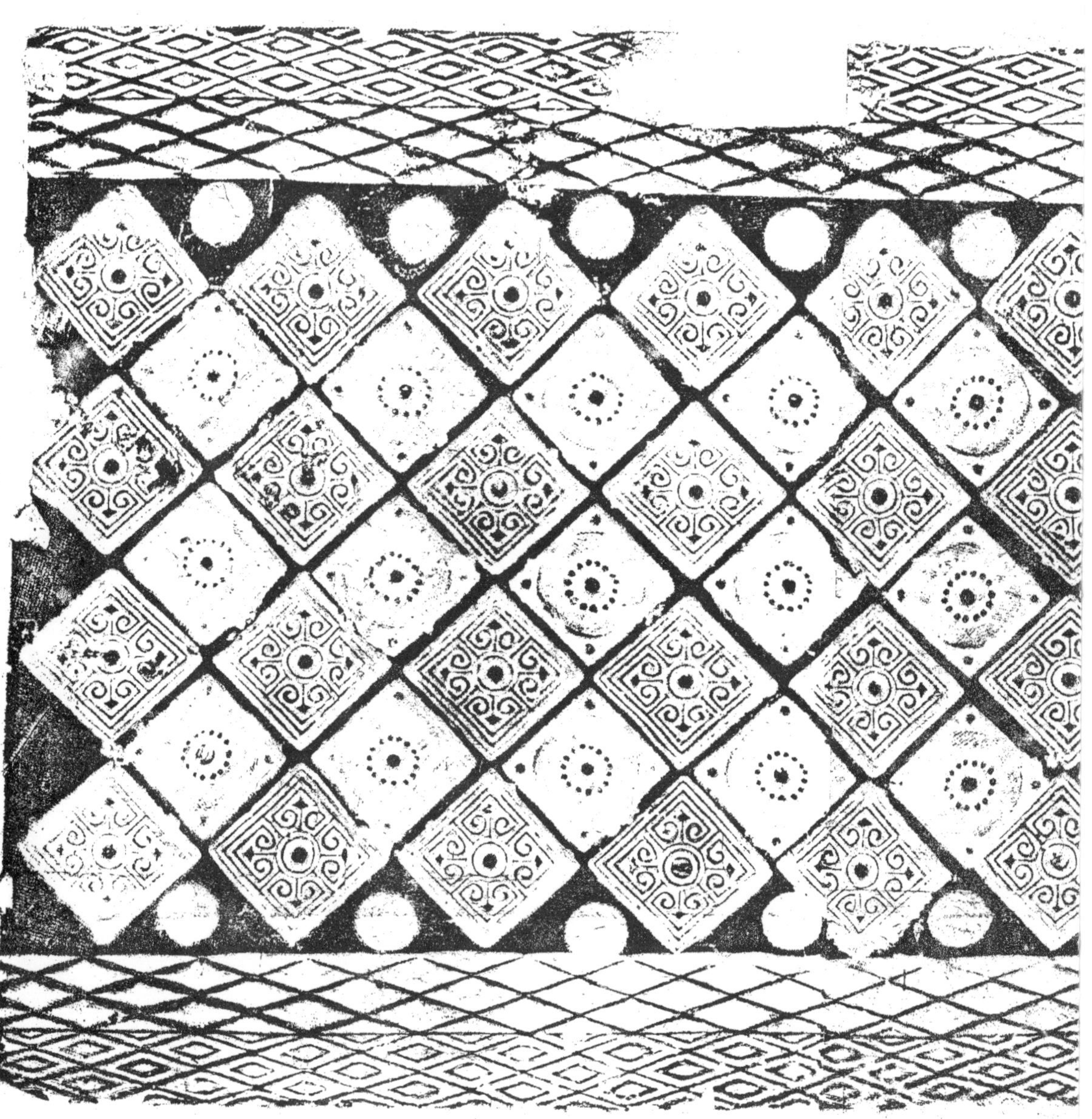

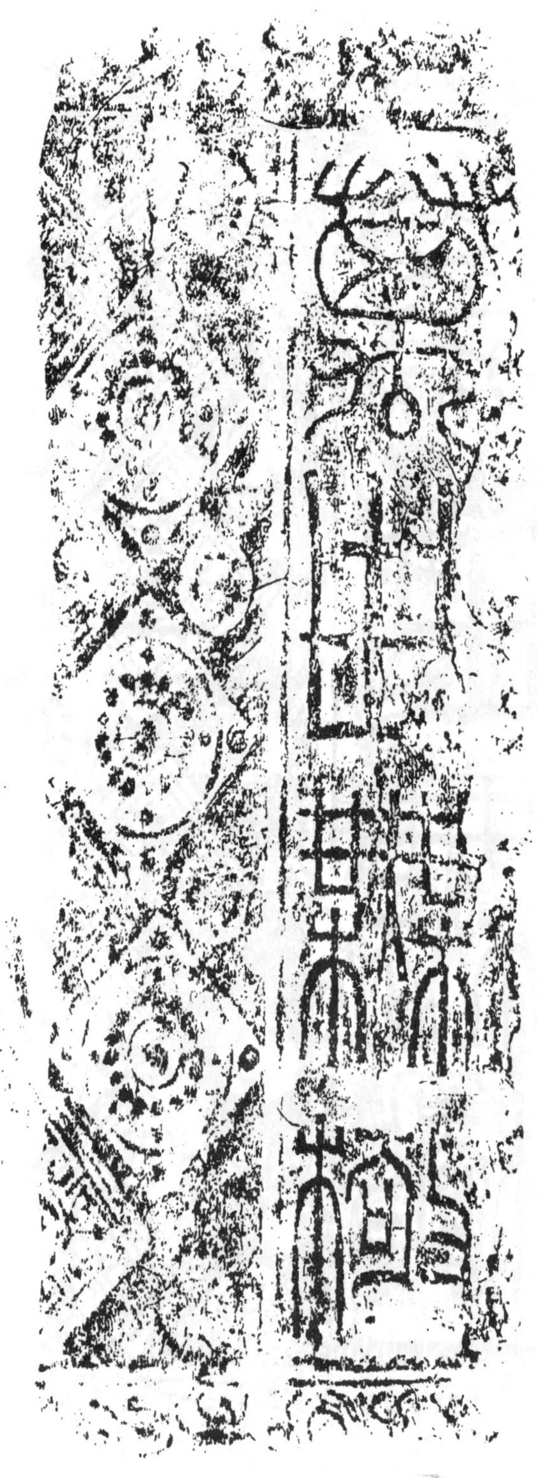

0 1 2 3釐米

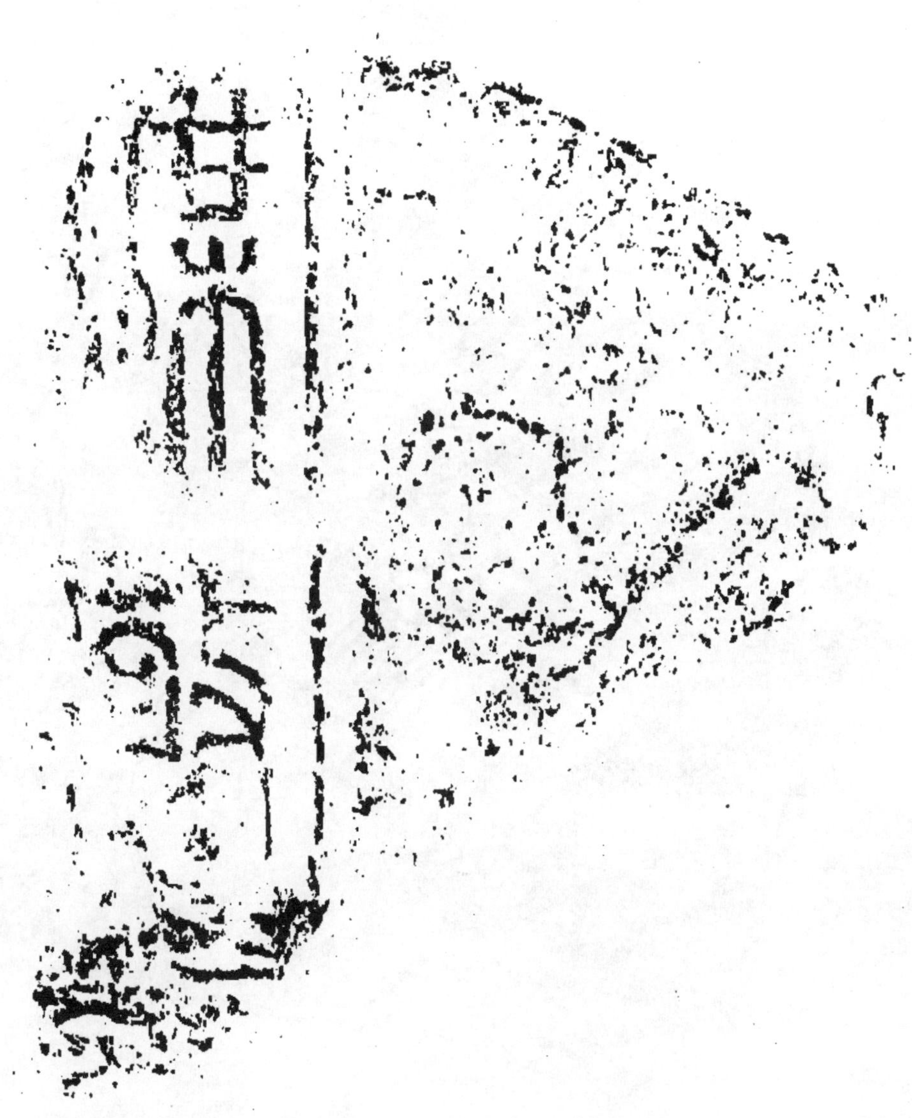

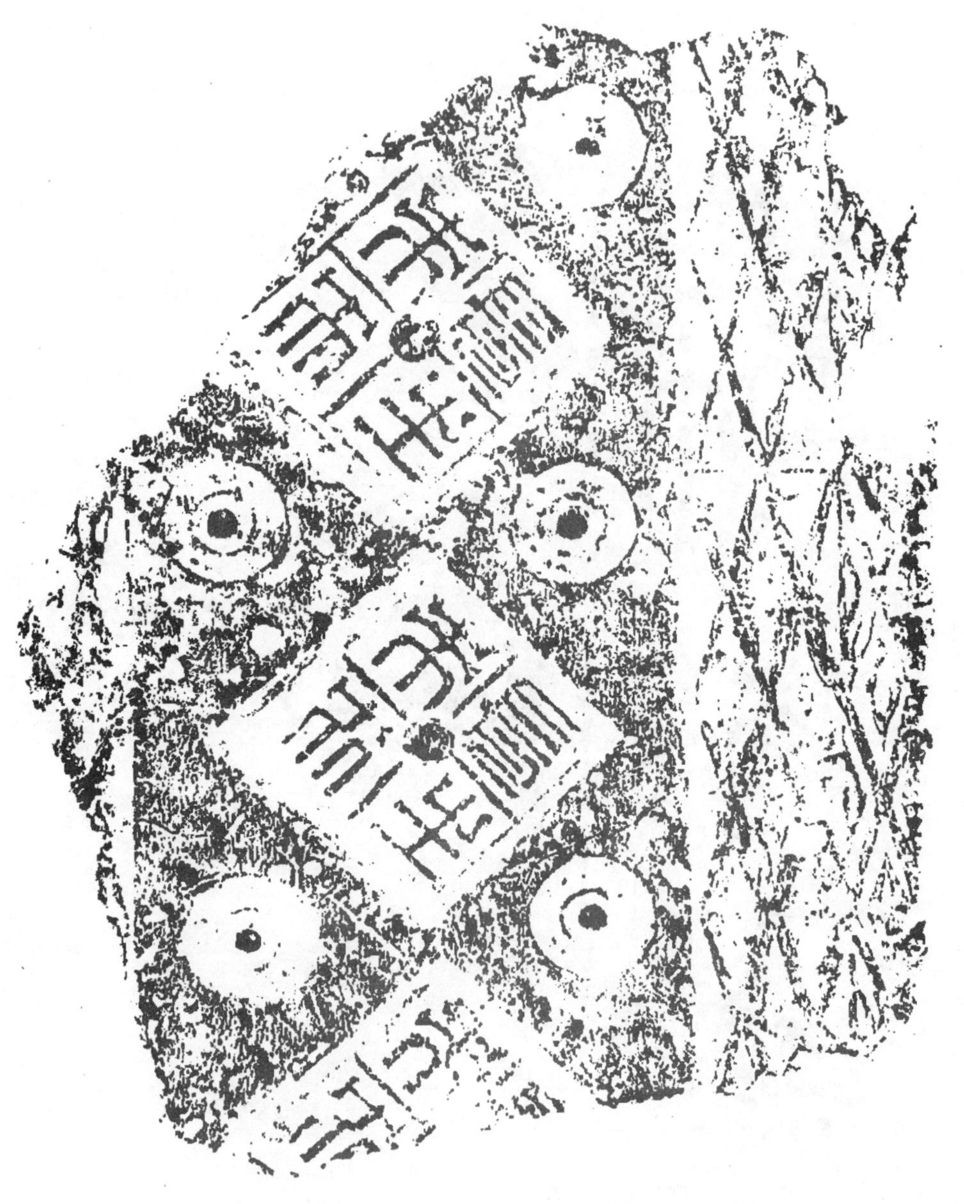

0 1 2 3 釐米

0　1　2　3 釐米

0　1　2　3釐米

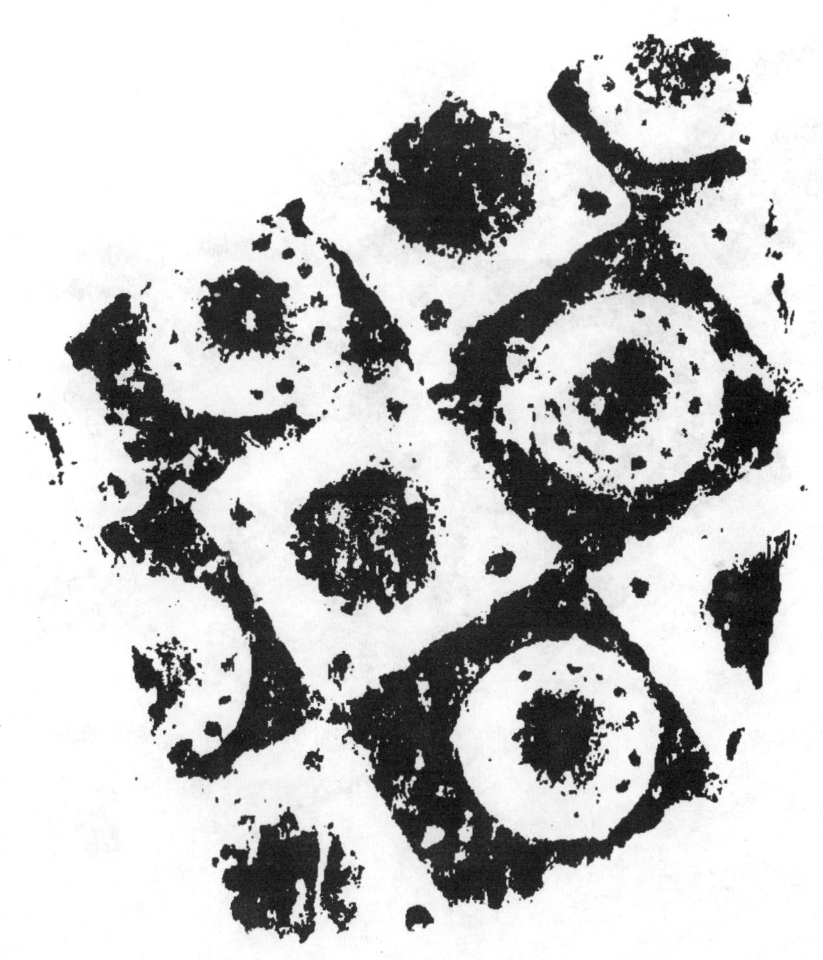

0 1 2 3 釐米

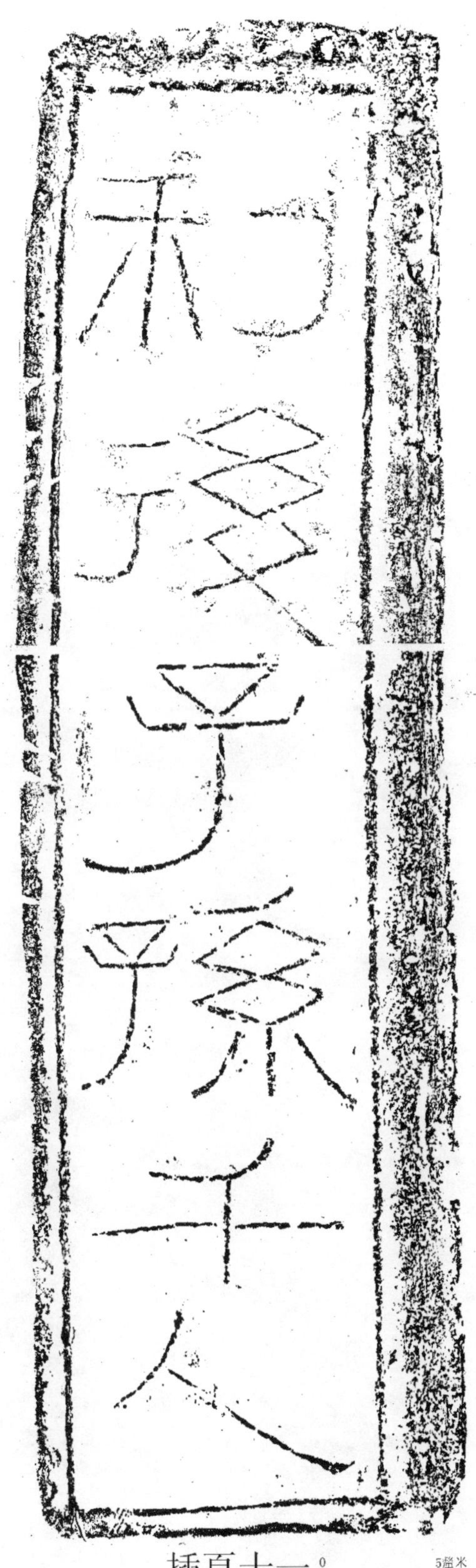

插頁十一

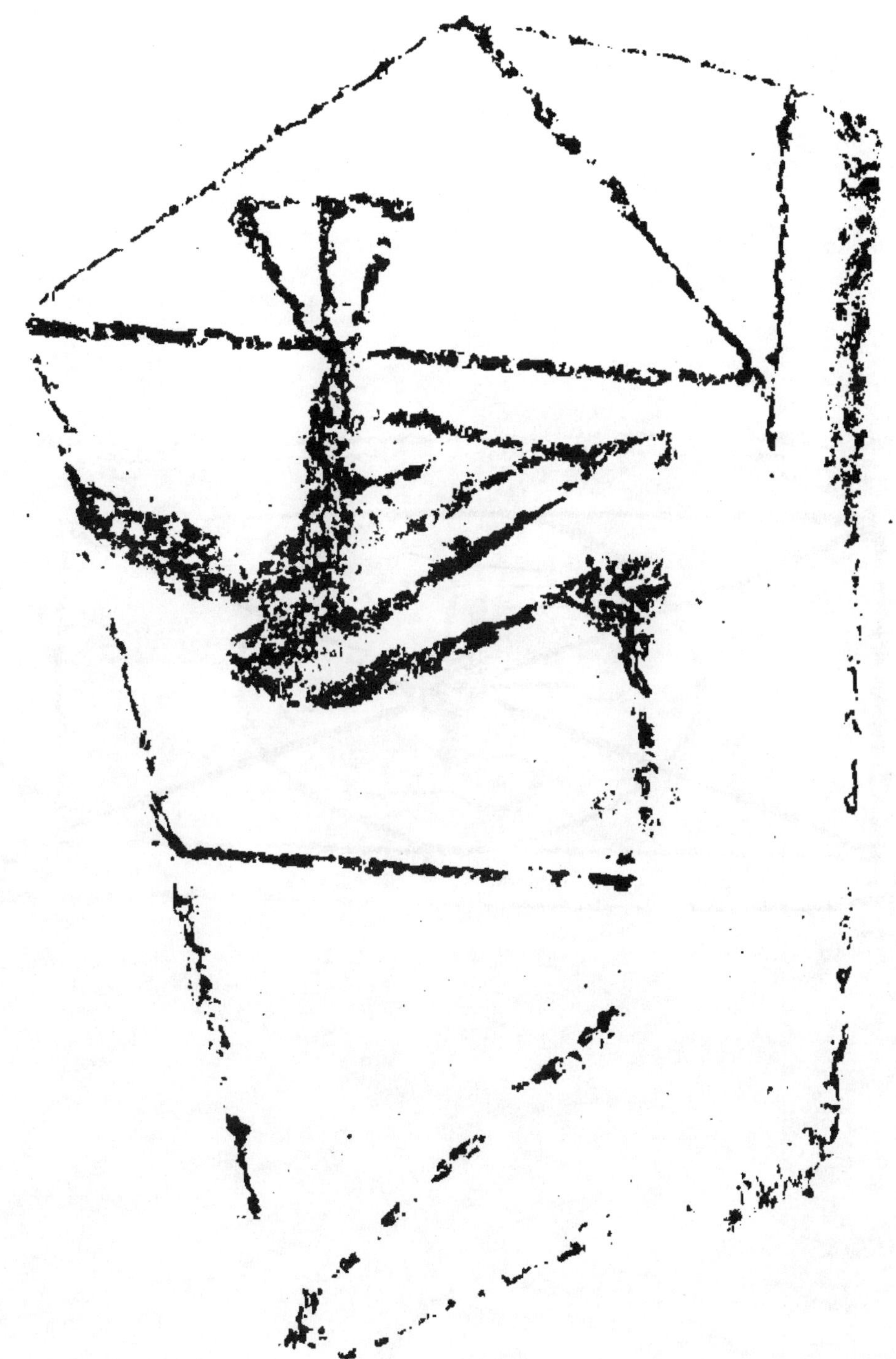

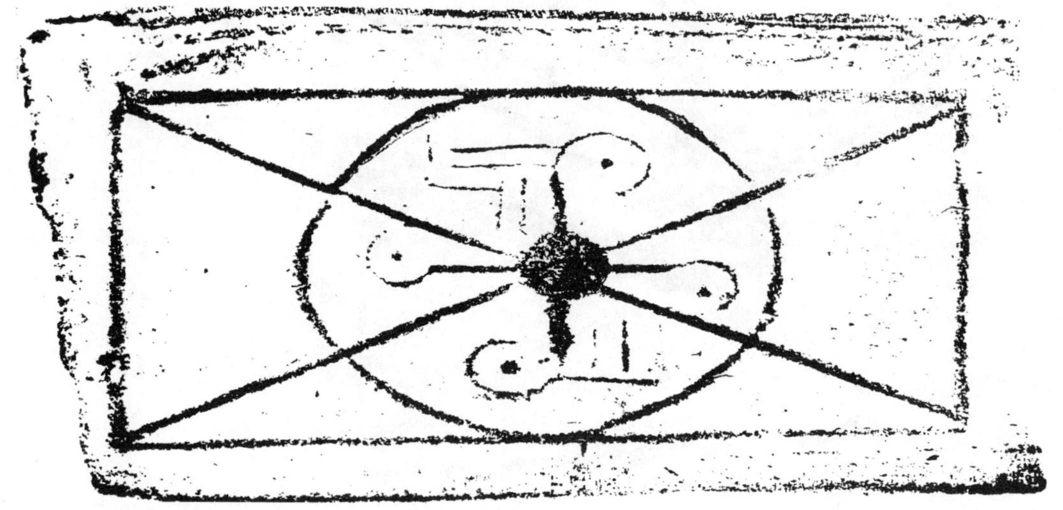
0 1 2 3 釐米

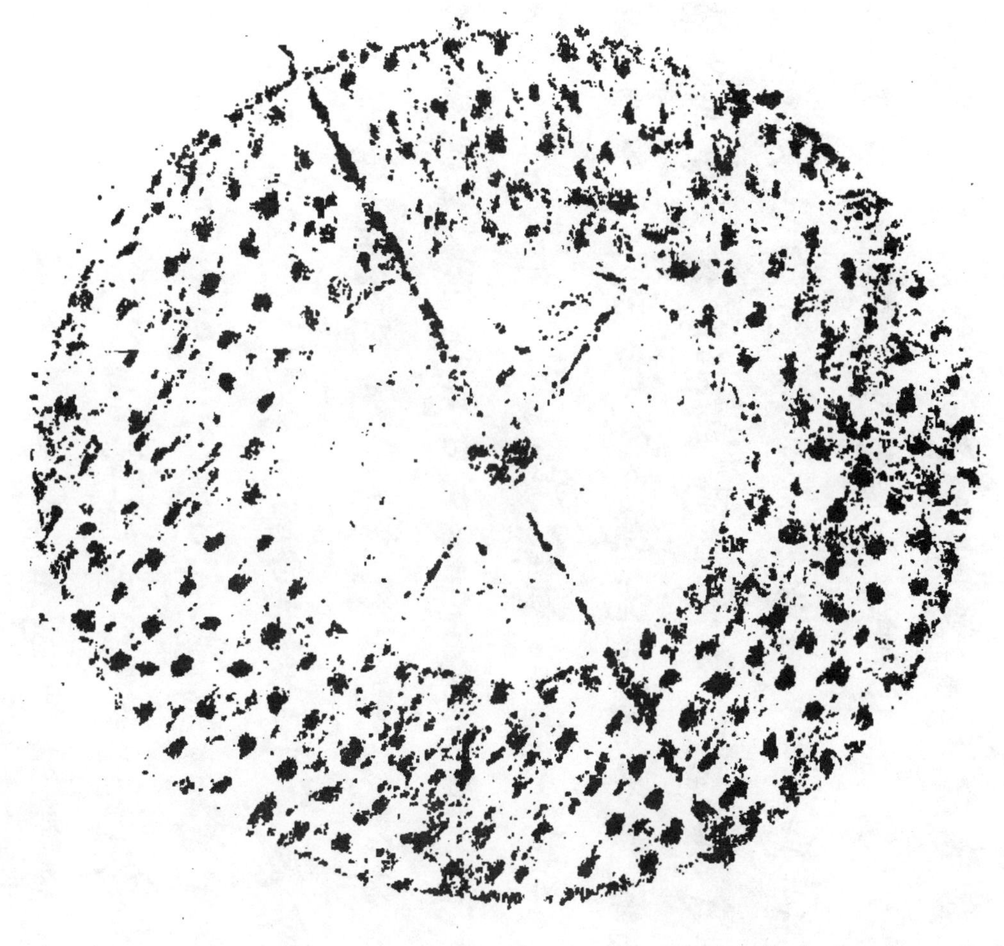

0　1　2　3釐米

一、二、三、秦人物大畫磚　一九三零年鳳翔虎脚鎮出土、磚色純青、花紋有三四種類型、計有三十餘方、商人鄭育文運至西安分售各估鋪、現東鱗西爪、完全散失、此磚第一品為西安白集五馬仲良合藏、第二品西大文物研究室藏、歸自劉漢基者、第三品為吴雲樵藏、同坑所出以三士磚為最大、俗名三良磚、初為西安周西山藏、繼歸夏儷生、再售於蔣宗義、今不知所在、拓本屢覓不得、各磚皆用陶模打印而成、不是范鑄、陶色花紋、均極精細、此磚初畫為燕飲圖、像兩王者並坐、旁一武士執弓護衛、用一種陶模、共打五層、最下一層、像峯巒起伏之狀、有狐鹿豬牛虎兔等獸、蓋亦狩獵紋之變相、進上花紋、係竹管式、用三寸一連打成、王者持杯武士執弓、俱用左手、知秦代尚左、酒壺由耳環貫梁、取其可以提携、蓋卣之演變、兩王坐隙以鳥鶴花紋為點綴、已啓武梁祠畫像作風、以出土地及花紋陶色三者綜合觀之、當為墓磚、時代當在孝公之後、始皇兼併天下以前、仍屬戰國時文物、

四五六、秦狩獵紋大墓磚、第四五兩品西安楊幼實藏第六品白集五馬仲良合藏、均鳳翔彪腳鎮出土、四五兩品、用兩種陶模分層打成、第二層花紋、與人物畫磚第六層完全相同、但不同範、第六品只用一種陶模印成、

七、八、秦始皇陵磚、臨潼驪山秦皇墓出土、陶色灰白、渾樸無花紋、第七品原為解貿文藏、移存中國銀行大樓圖書室、今不知尚存否、第八品劉漢基藏、文均四字、只有左司兩字可辨、余所見秦陵磚最多、有文字者僅此兩種、知道有文字而加以傳播者、亦自余始、秦陵另有閔字瓦片、亦屬創見之品、已補入第二集瓦片類下冊、

九、漢益延壽畫磚、西安未央鄉出土、陶色純黑、四面虎紋、中有益延壽三字、形如瓦當、與吳大澂所藏益延壽瓦相似、蓋同為益延壽館中所用、

十、漢龍鳳畫磚、西安未央鄉出土、陶色青灰、西安段紹嘉藏、花紋中嵌有千秋萬歲長樂未央八字、清代乾隆時曾出一品、金石索已著錄、其圖案題字與

漢代織錦大陂桐同。

十一、漢遊龍殘畫磚，陶色純青，白集五藏。

十二、漢南鄭宮磚，南鄭出土，為西漢最初宮殿中所用之物，與當王天下瓦同時所造。

十三、漢涼廿八磚，西安未央鄉出土，陶色純紅，三輔黃圖云，未央宮有清涼殿，夏居之則清涼，亦曰延清室，磚文涼字，即為清涼室之簡稱，沈次量藏有涼三十二圓磚，朱楓秦漢瓦當文字，橅清涼有憙瓦皆為清涼室中所用。

十四、漢大廿五磚，西安未央宮遺址，陶色純青，孝廬自藏，磚文瓦片，凡稱大幾及宮幾者，皆未央宮中紀數之用，余前年在未央考古時，在地面上檢得大四瓦片一枚。

十五、漢大寅磚，西安未央宮遺址出土，陶色青灰，沈次量藏。

十六至十九、漢方粟紋磚，西安未央宮遺址出土，陶色純紅，均李博古藏。

二十、漢幾何紋磚，西安未央宮遺址出土，陶色青灰，西大文物室藏。

二十一、漢長安朝一石磚，西安未央鄉出土，陶色青灰，科學院藏，原爲趙紫宸物，予代爲購致，紹興范壽銘亦藏一品，與此同範。

二十二、漢尚書磚，西安南鄉出土，陶色灰黄，西大文物室藏，此爲漢代磚刻尚書任文之標題，甚爲可貴。

二十三、漢張騫墓磚。城固張騫墓中出土，陶色灰黄，西大文物室藏。一九四五年西北聯大在城固時歷史系教師修理張騫墓時，從墓中取出，共幾何紋大磚四枚，又方印式陶模一枚，有「博望家造」四字。出土時甚清晰，現已模糊，亦藏在文物室。

二十四、漢五朱磚。城固出土，陶色青灰，西大文物室藏。銖字簡寫作朱，與五字相稱。

二十五、漢張達磚。西安北鄉出土，陶色純青，西大文物室藏。

二十六、二十七、漢墓磚。西安出土，陶色均灰黄，西大文物室藏。

二十八、二十九、漢龍馬墓磚。西安出土，藏家未詳。

三十、漢梁虞墓磚。西安出土，係用指頭在土坯上書字而後燒成者。

三十一、漢虎形墓门大畫磚。西安北鄉出土。藍田閻甘園舊藏。漢虎抱月。意態雄偉。武帝時作品。此等大磚。皆係墓門横脊所用。小虎係兩頭刻畫。八年前西安曾出巨蟒大畫磚。較此大三倍。當時匆迫不及拓。已爲某商家購以去。

三十二、三十三、漢墓门方格大畫磚。西安西北鄉出土。陶色純青。係用方印式陶模打成。此等手法仍沿秦代作風。但間有題字者。驗之則純爲隸篆。固定爲秦末漢初之物。余於五一年考古茂陵時。見農家竈突廠屋壁。牛舍雞棚之間。斷碎殘片。所在皆是。惟有文字者絶少。

三十三、漢益壽長樂大畫磚。西安西北鄉出土。陶色青灰。白祁藏。

三十四、漢長樂未央磚。西安西北鄉出土。陶色灰黃。西安李宏滐藏。

三十五、三十六、漢萬世無極大吉磚。西安西北鄉出土。陶色純青。文字分列左右。初為長沙夏伯生所藏。後讓售於秦某。第三十六品。祇存無極殘文。白祁藏。

三十七至四十一、漢長生未央殘畫磚。均西安未央宮遺址出土。陶色青灰。沈次量藏。

四十二至四十五、漢畫殘磚。均興平茂陵鎮出土。陶色青灰。從農民家拓得者。

四十六、漢利後子孫千人瓦棺題字。咸陽原出土。西安李道生舊藏。余寓秦十餘年見關中一帶所出漢代瓦棺不下百餘種，最精者以文字論有三種，一、買曹者後無後有大吉，二、後子孫吉，三、利後子孫千人，前兩種專門名家已著錄，鄒適廬先生誤題爲磚，以藝術論有兩種，一、咸陽鳳皇台所藏龍鳳瓦棺，現原物已佚，只存殘龍一段，二、夏侯生所得人物包含龍鳳瓦棺，已流海外，按瓦棺尺寸甚小，有人疑爲漢代埋葬小兒所用，或爲近理，買曹之曹當爲槽字省文，因瓦棺形式與馬食槽相似，故云然，

四十七至四十九，漢瓦棺花紋，西安西北鄉出土，陶色青灰，均白祚藏有鶴璧二形，

關中秦漢陶錄

第四集 錢范類

陳直摹輯

關中秦漢陶錄第四集錢範類目錄

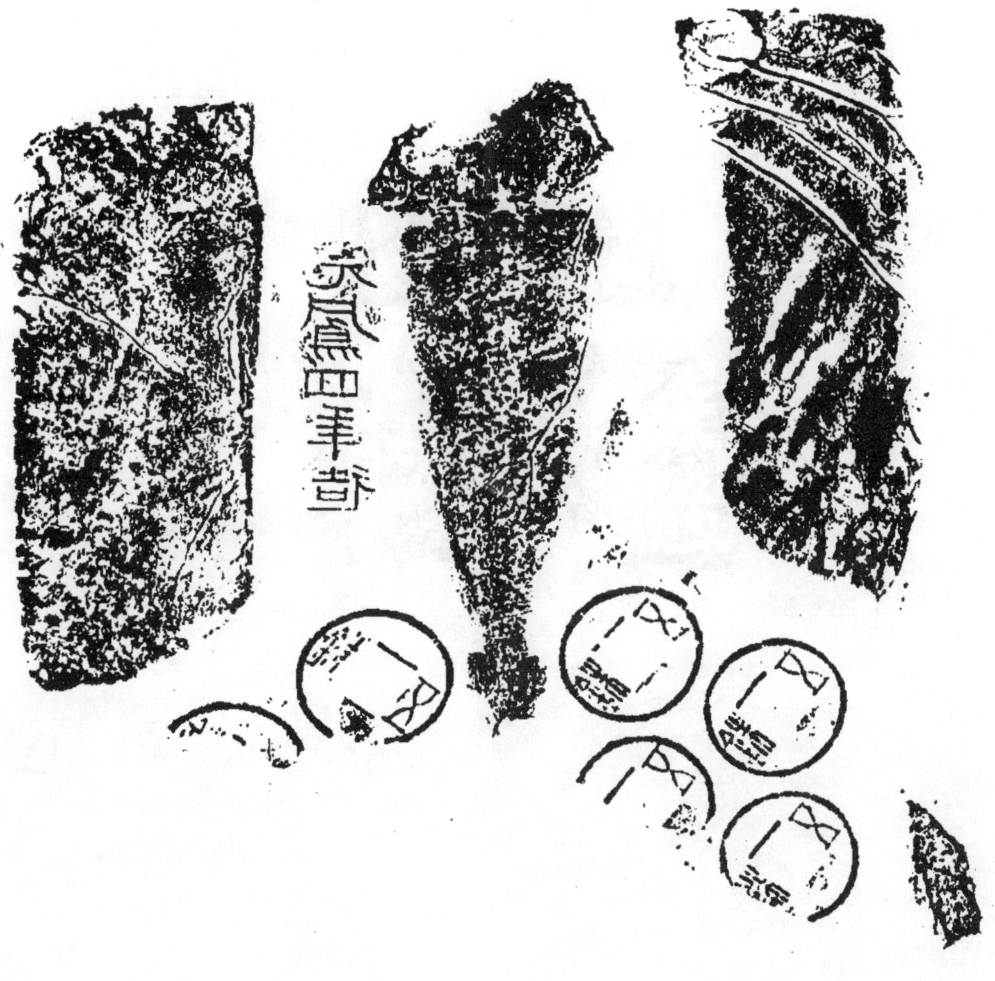

0　1　2　3釐米

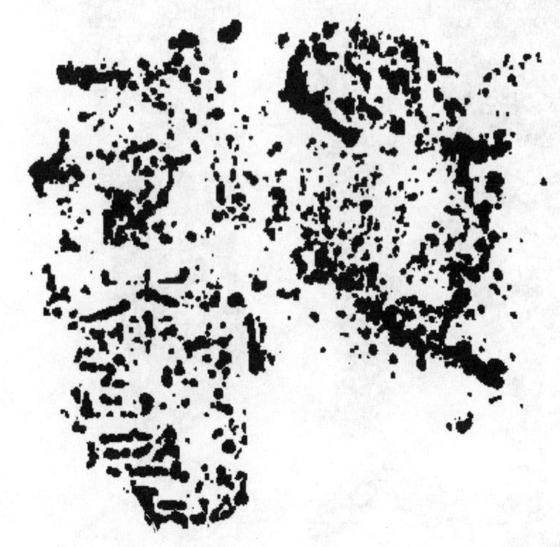

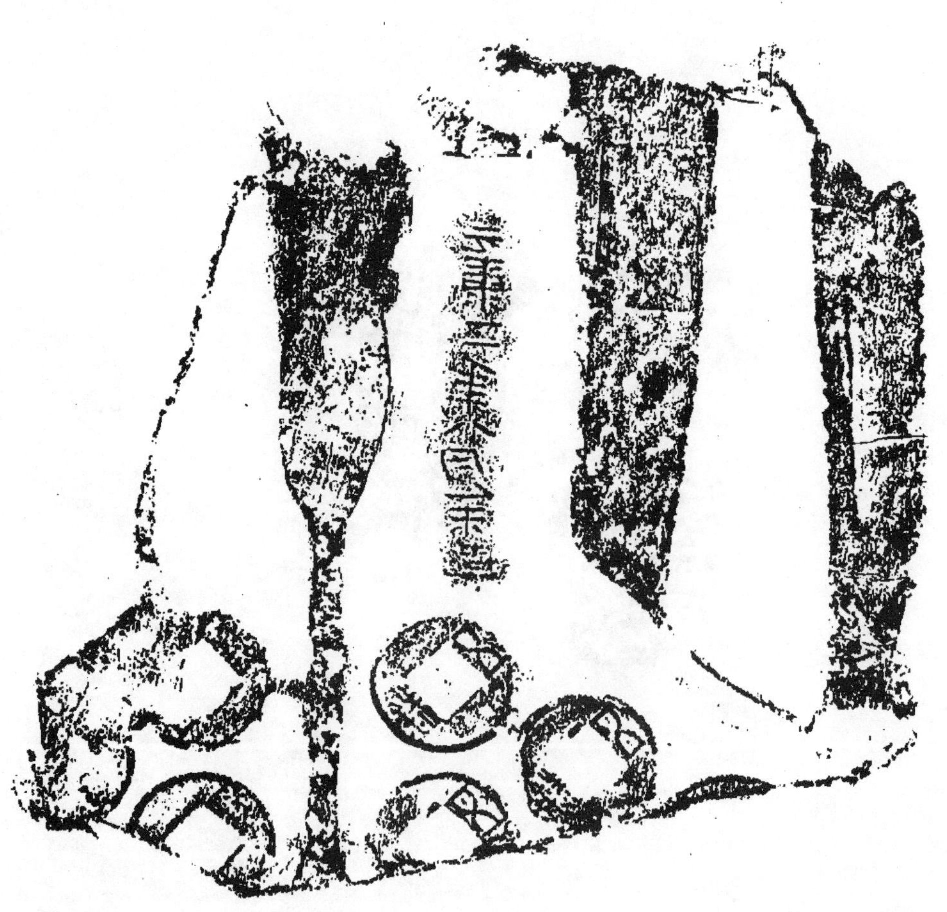

0　1　2　3 釐米

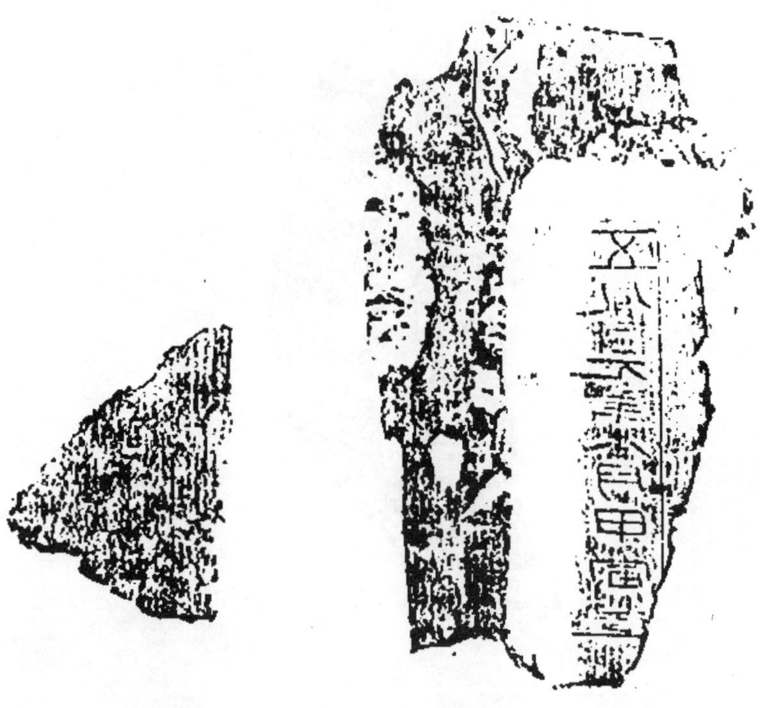

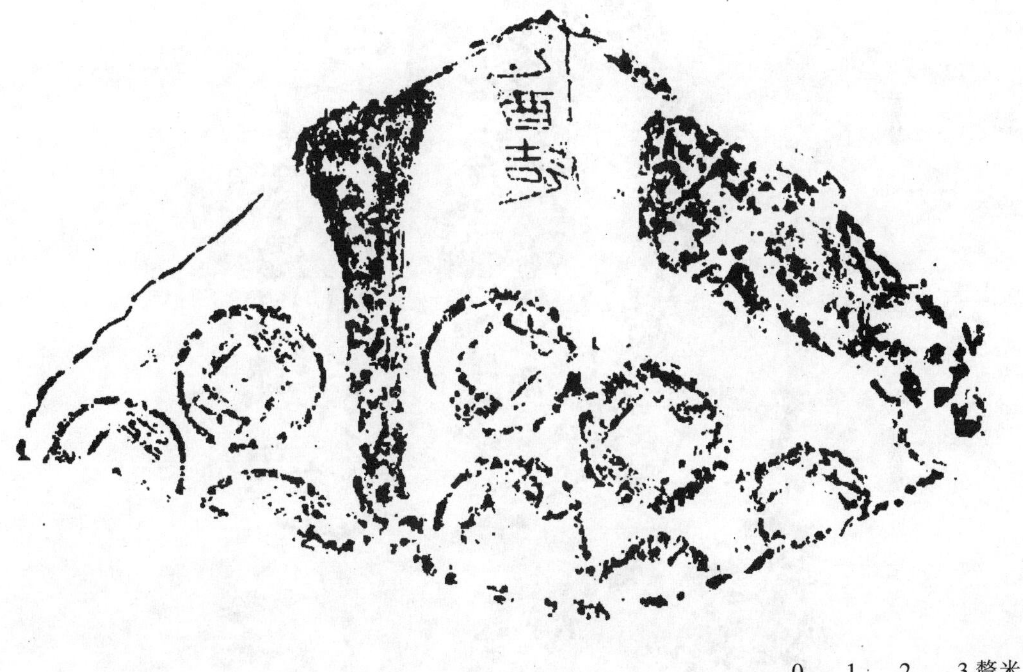
0 1 2 3 釐米

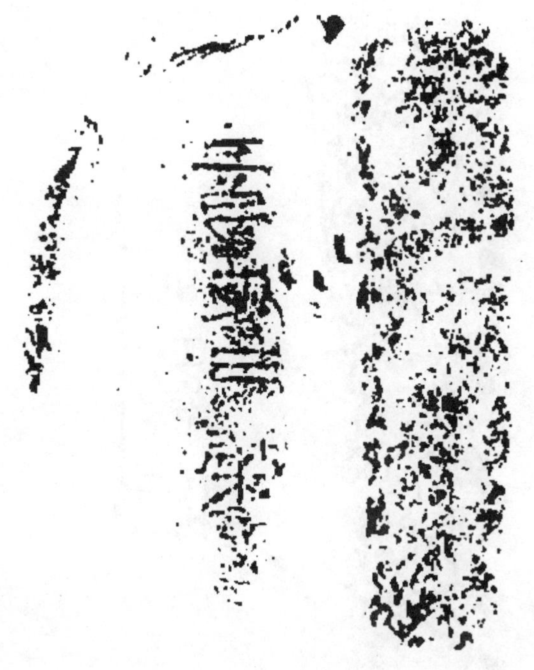

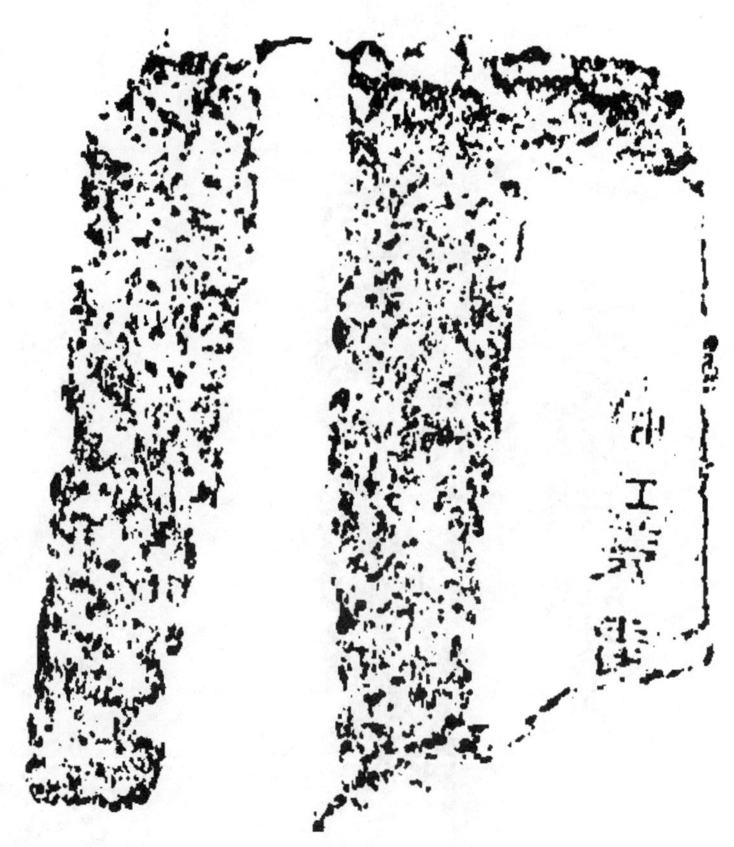

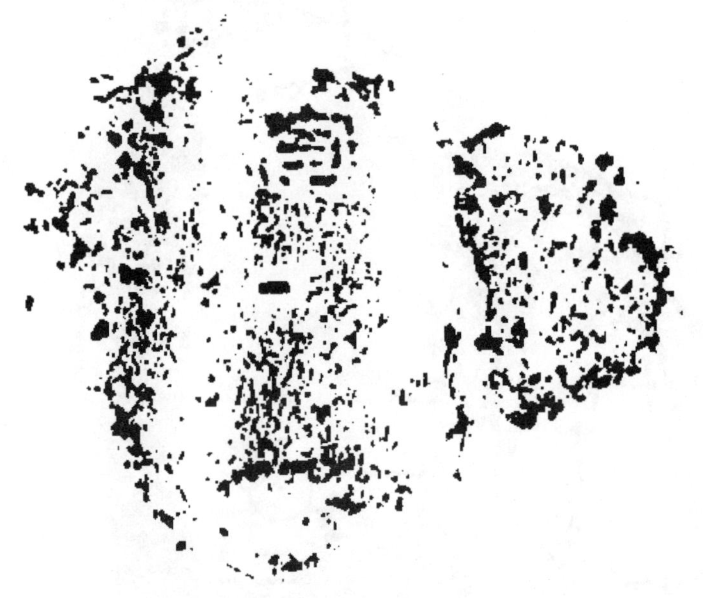

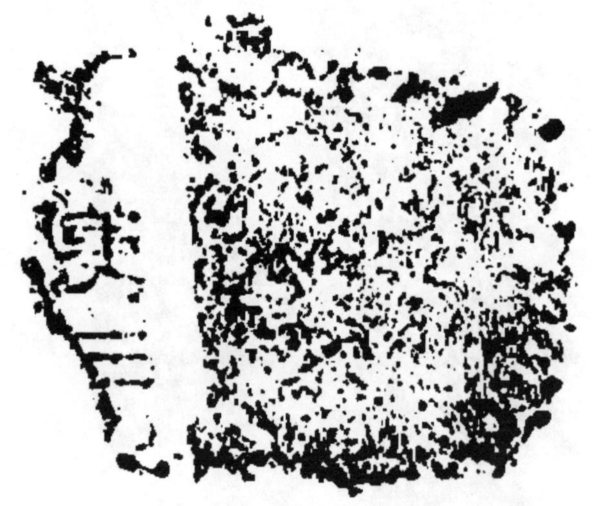

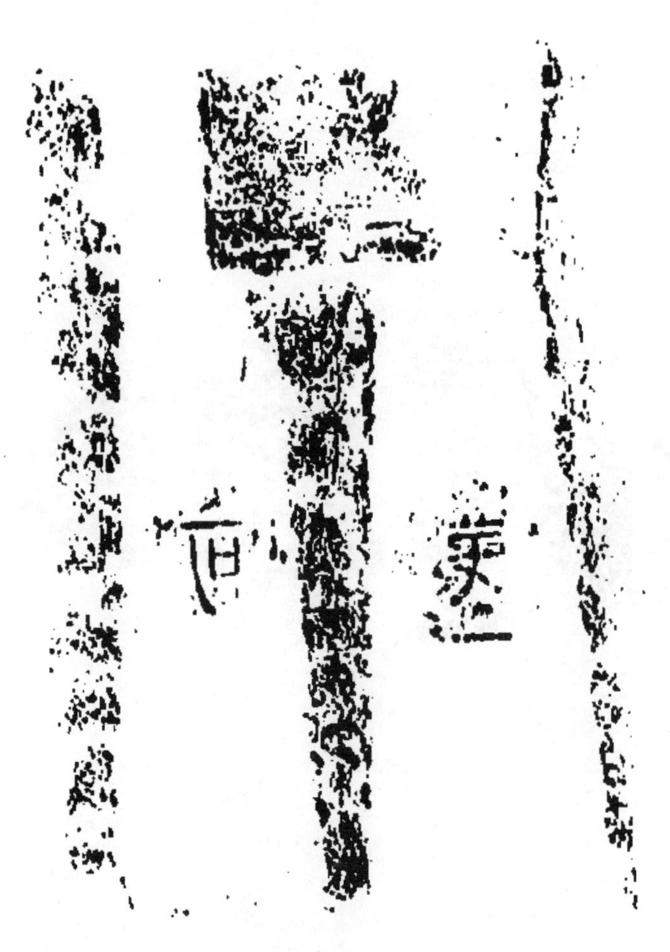

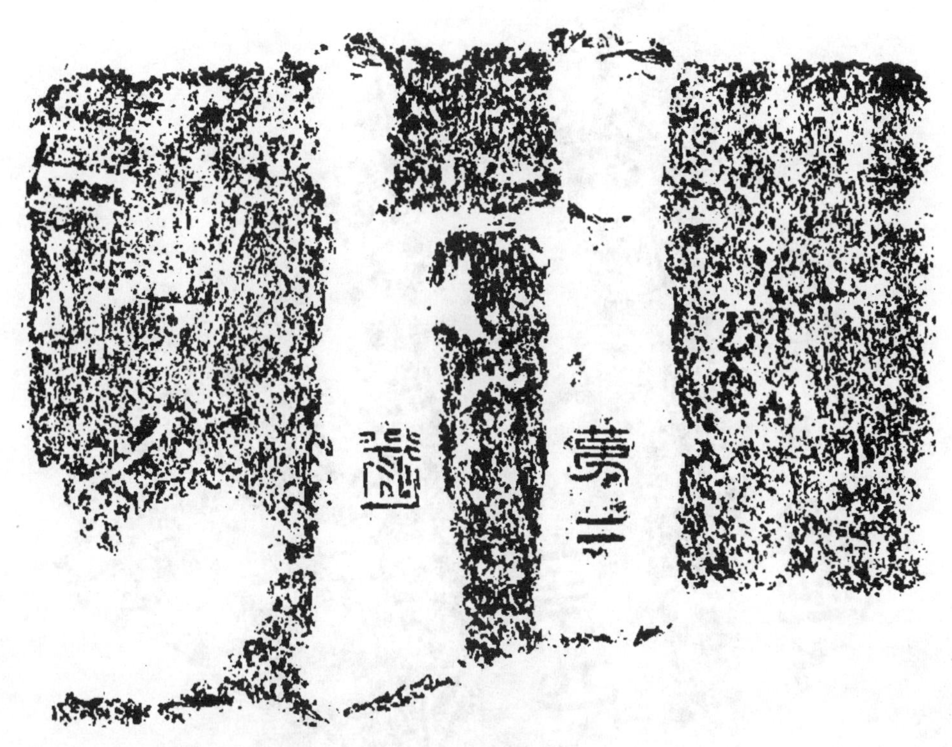
0 1 2 3 釐米

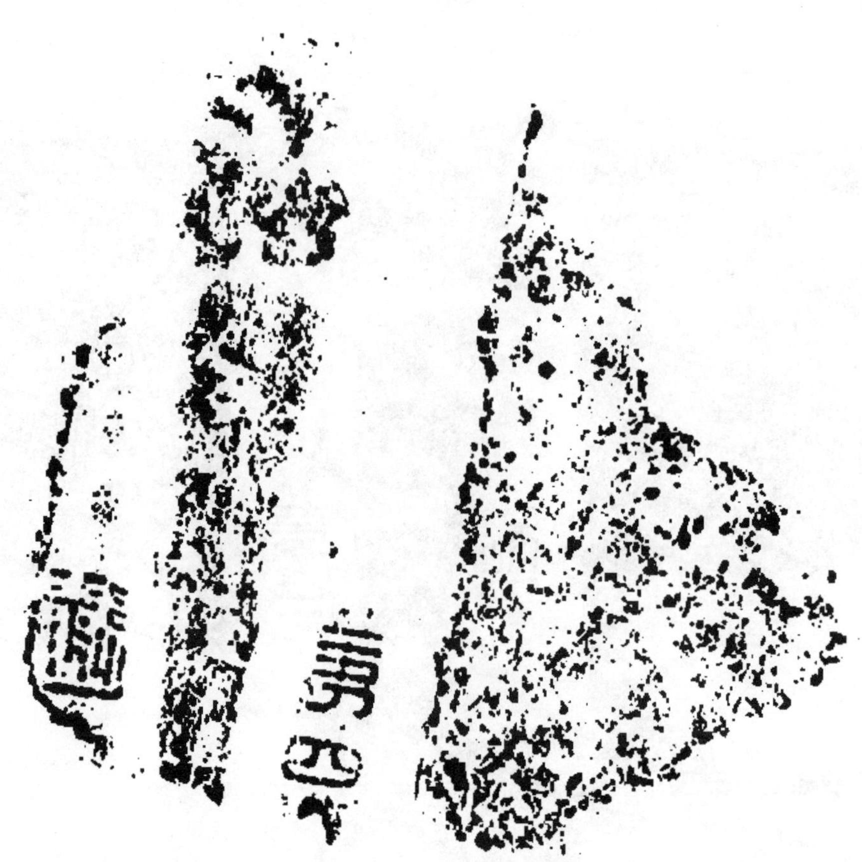

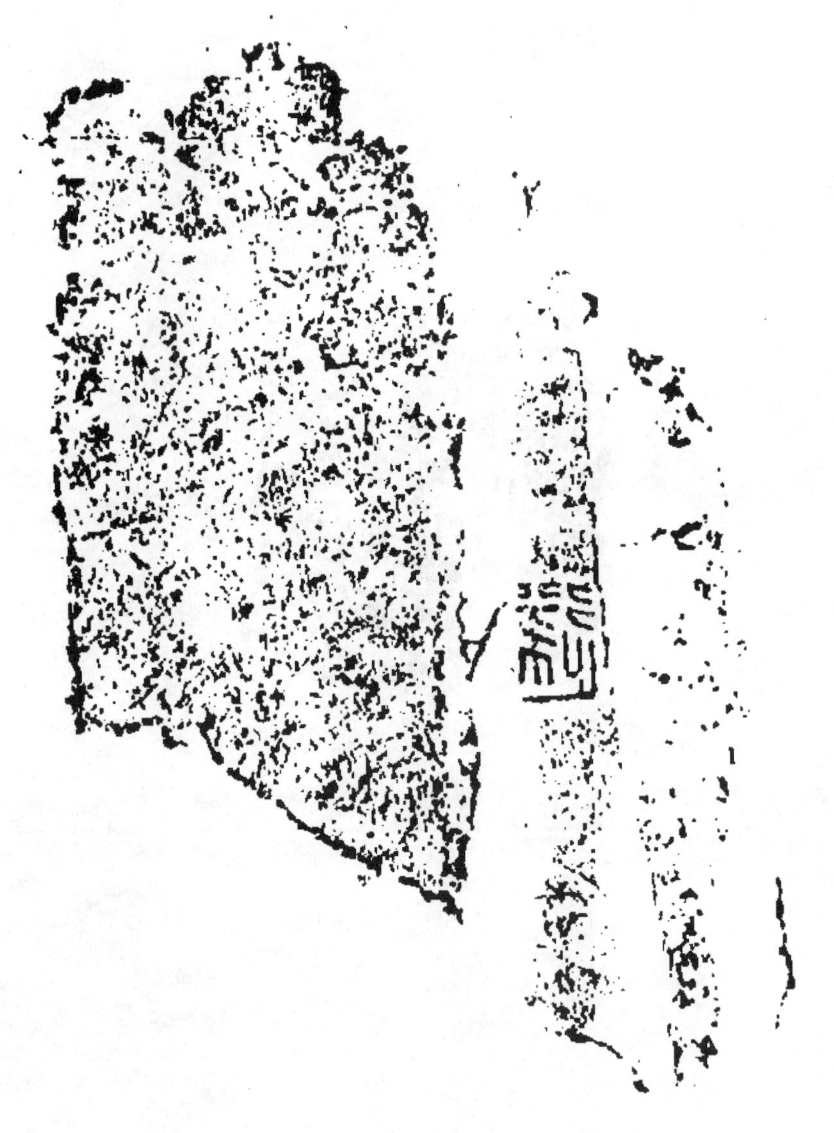

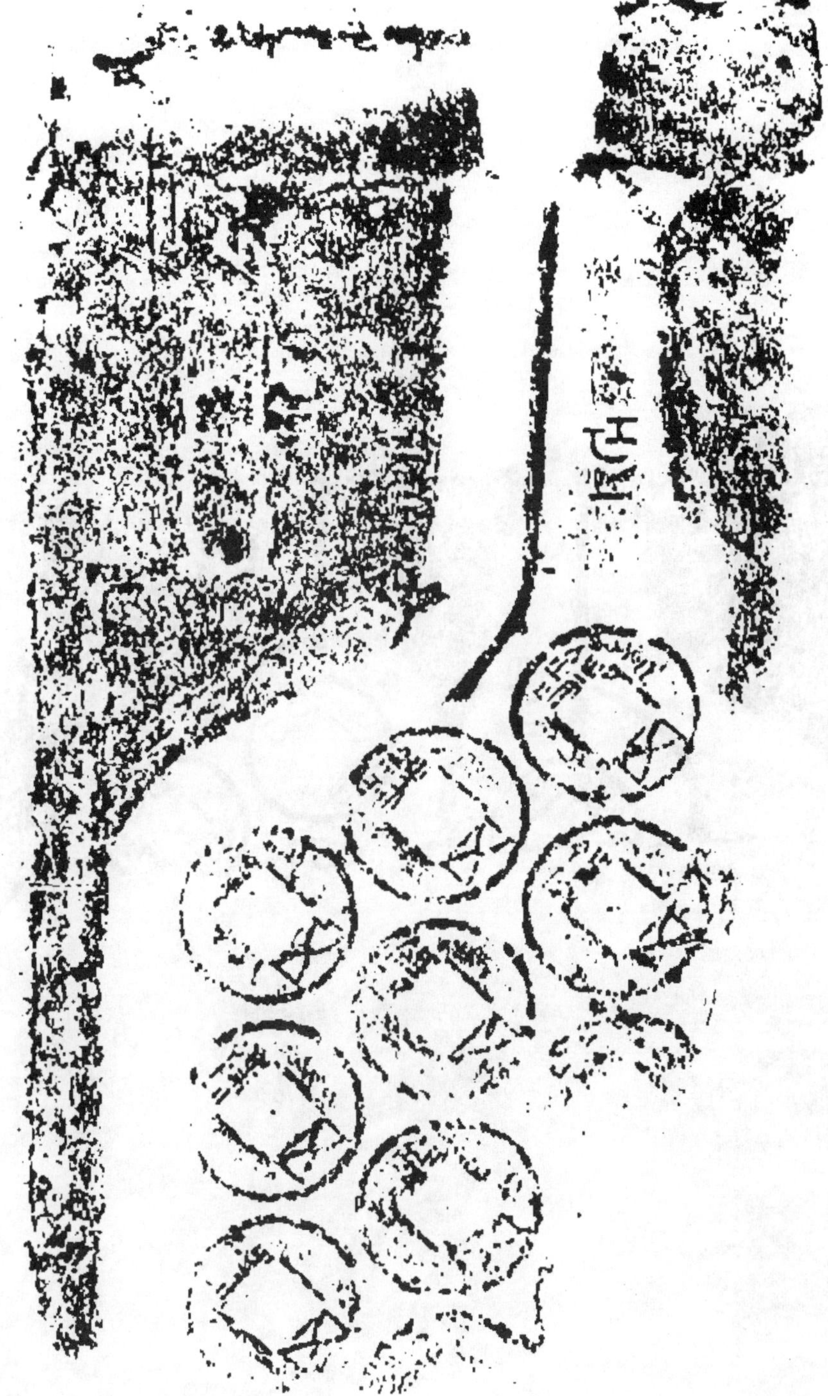

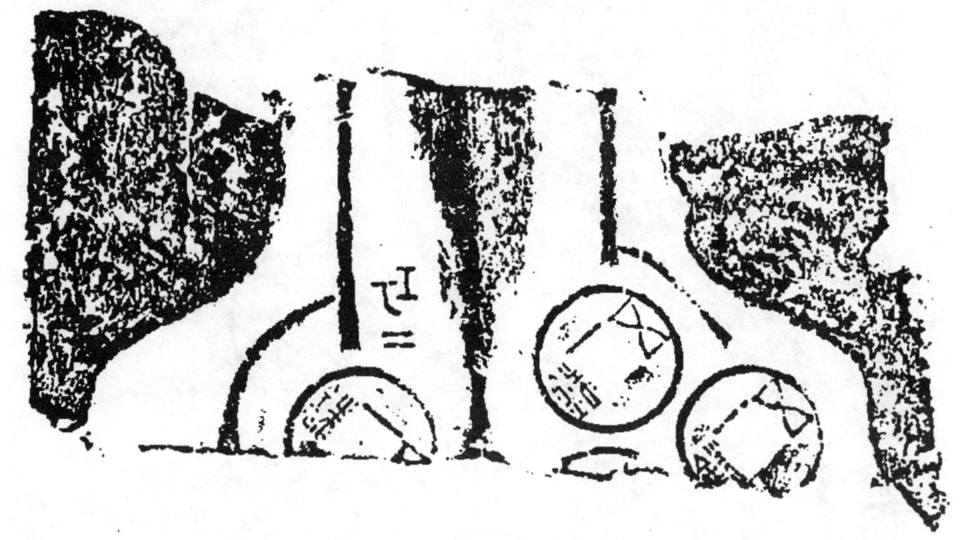

0 1 2 3 釐米

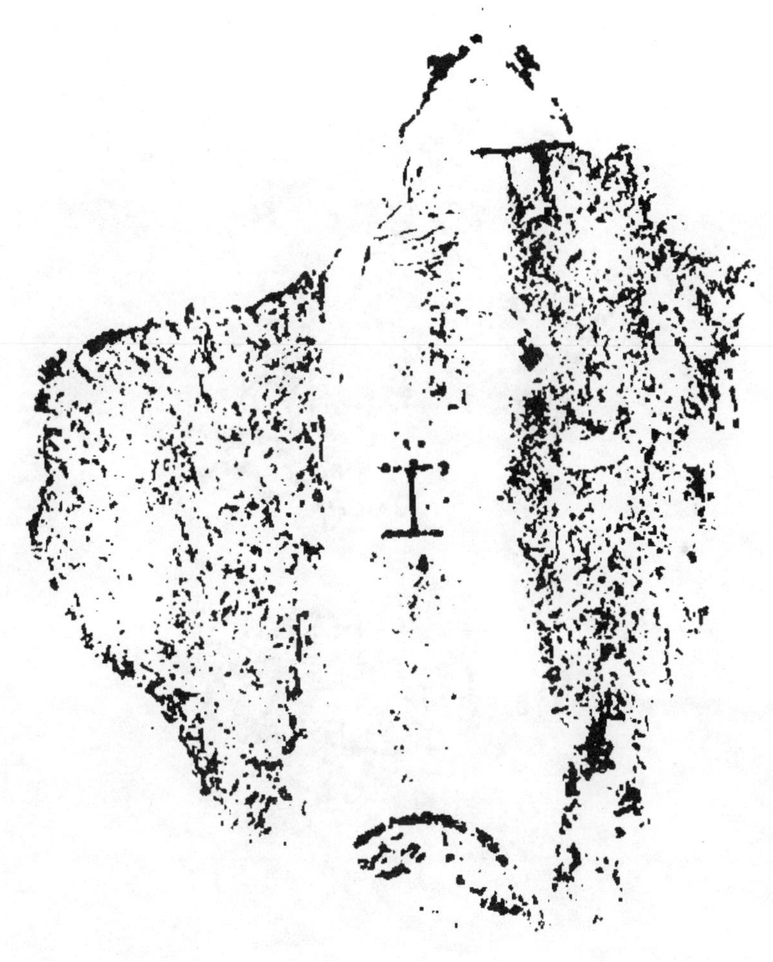

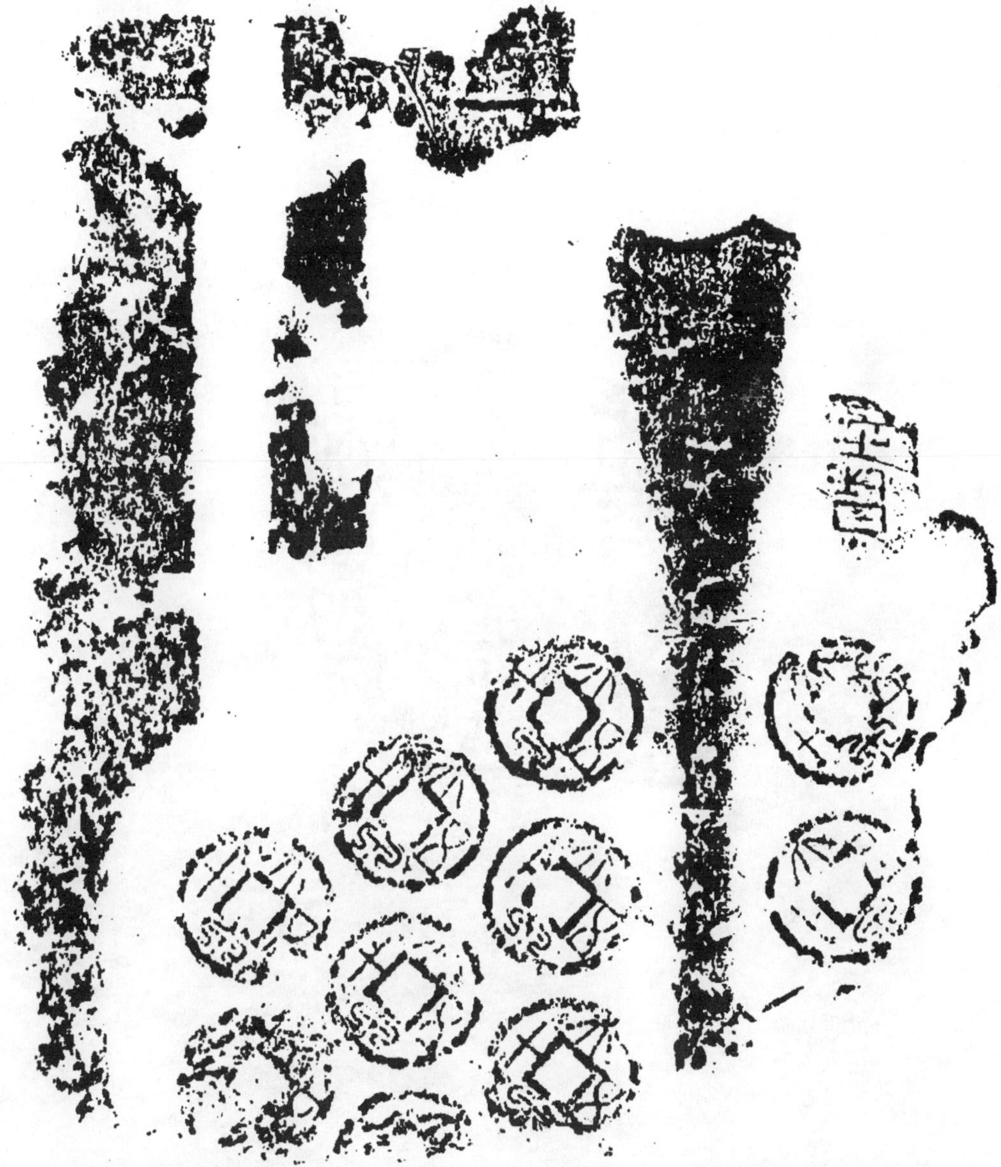
0 1 2 3釐米

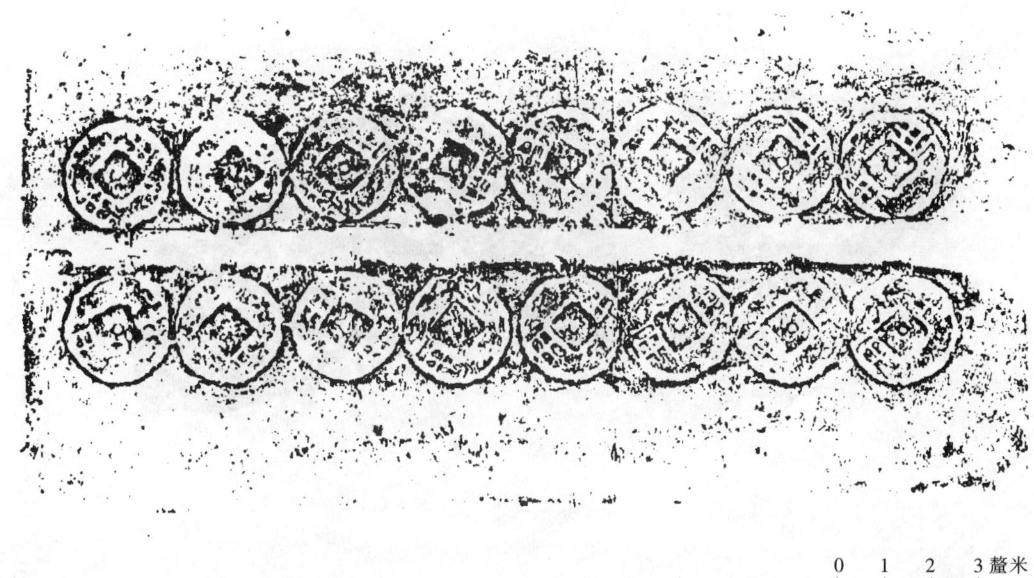
0 1 2 3釐米

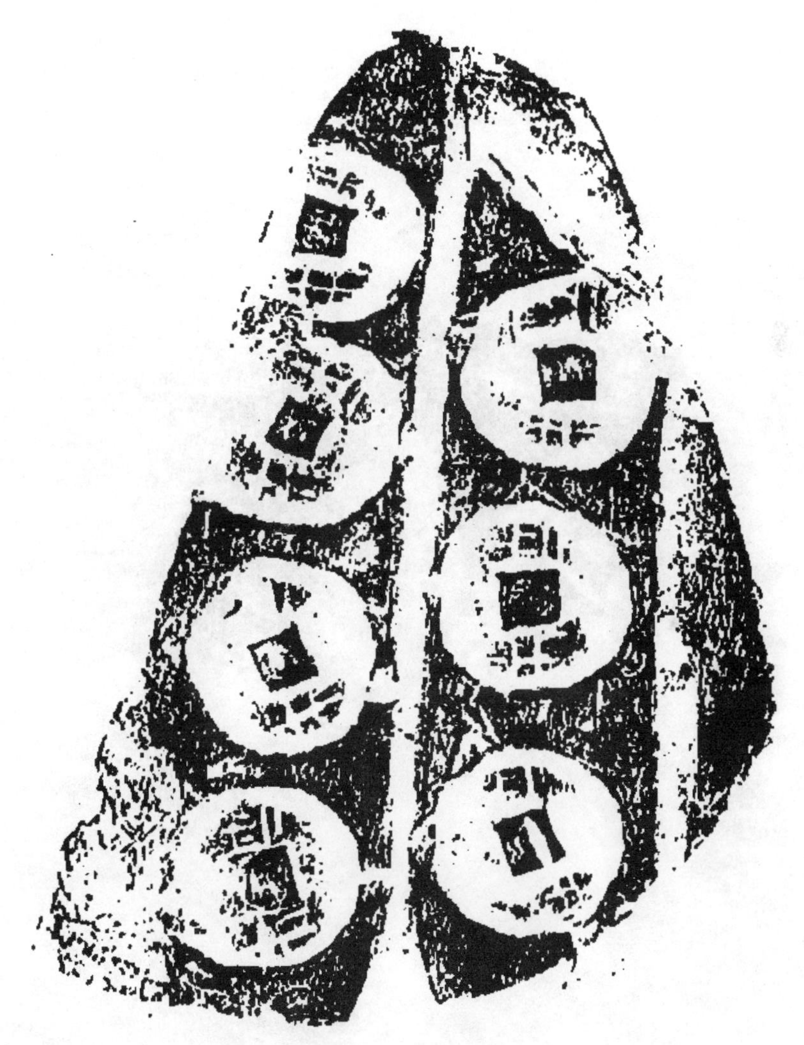

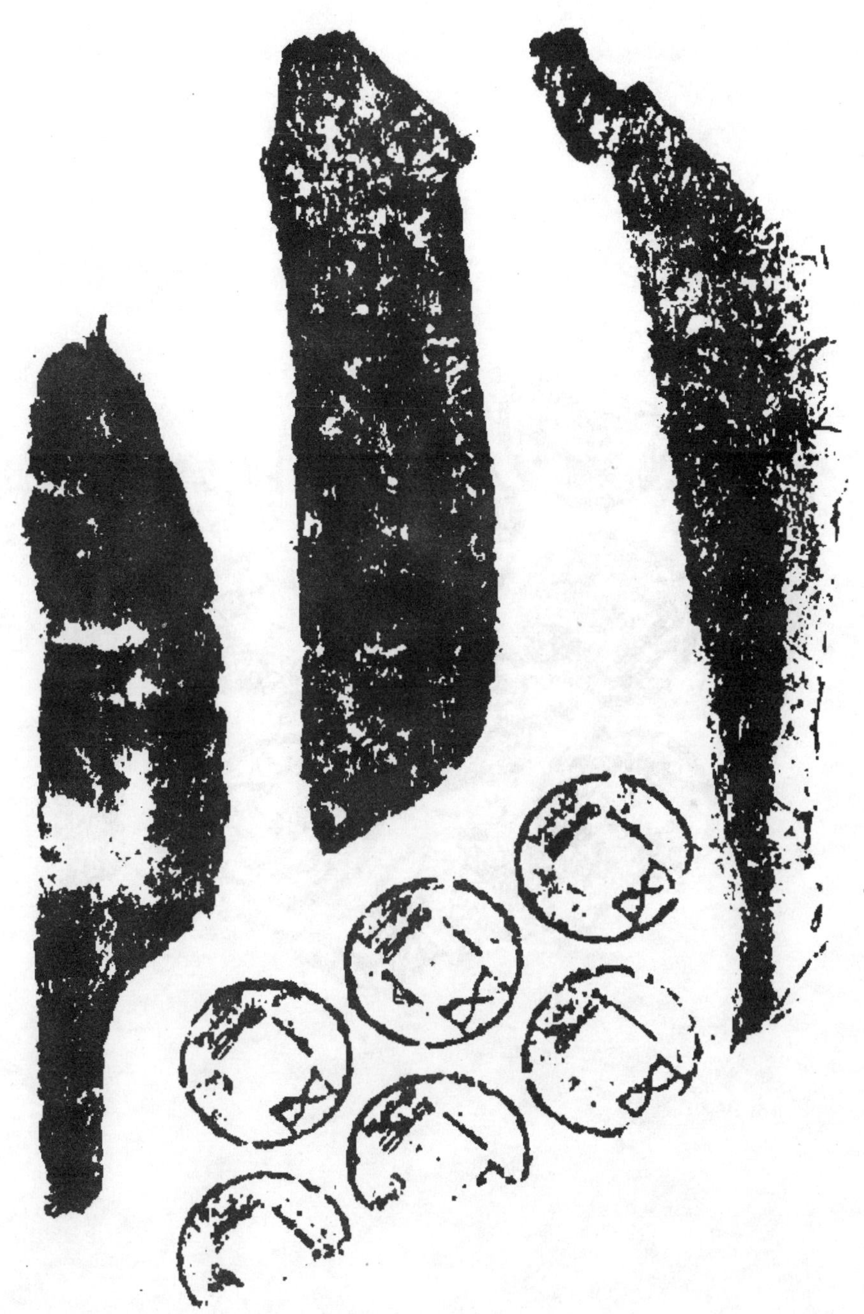

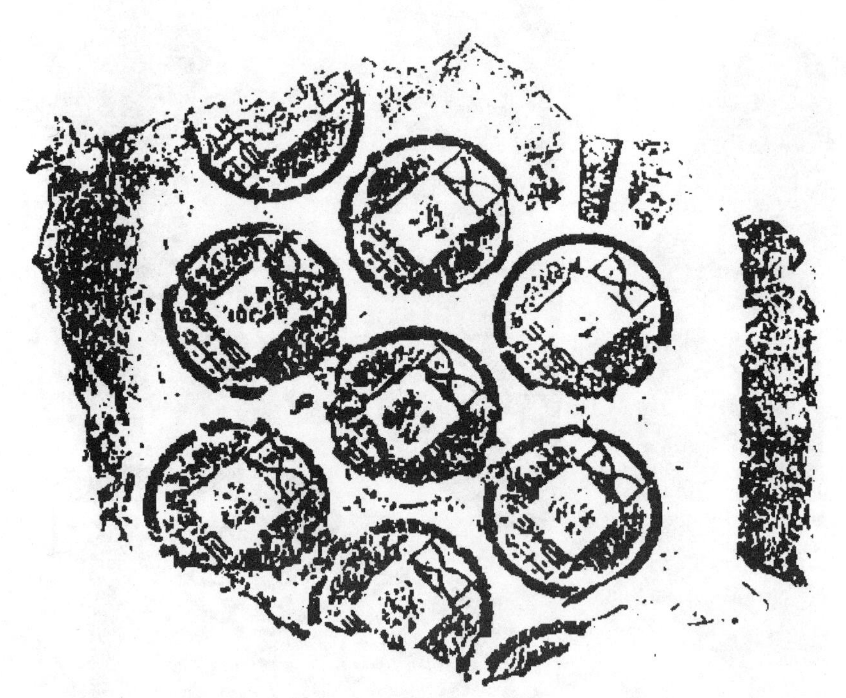

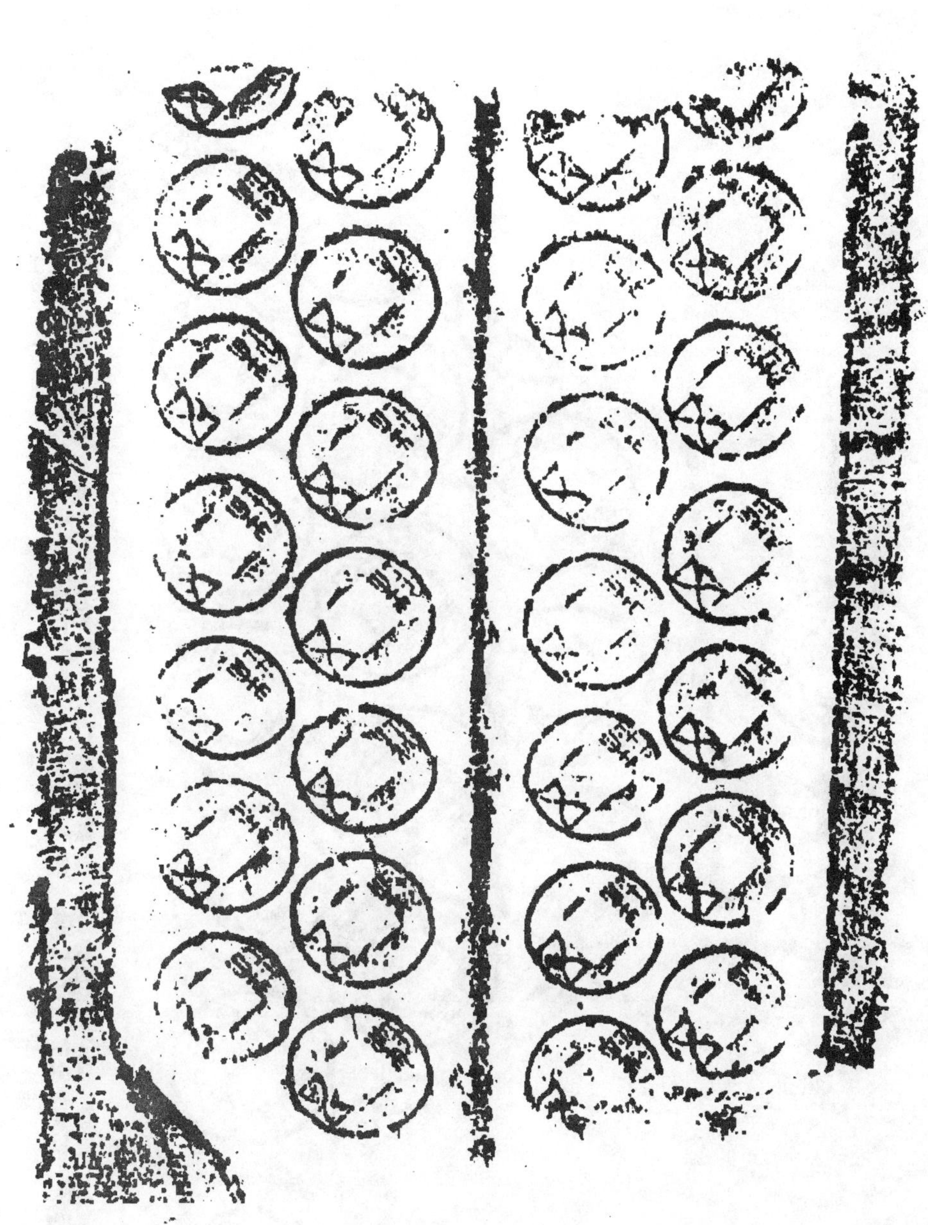
0 1 2 3釐米

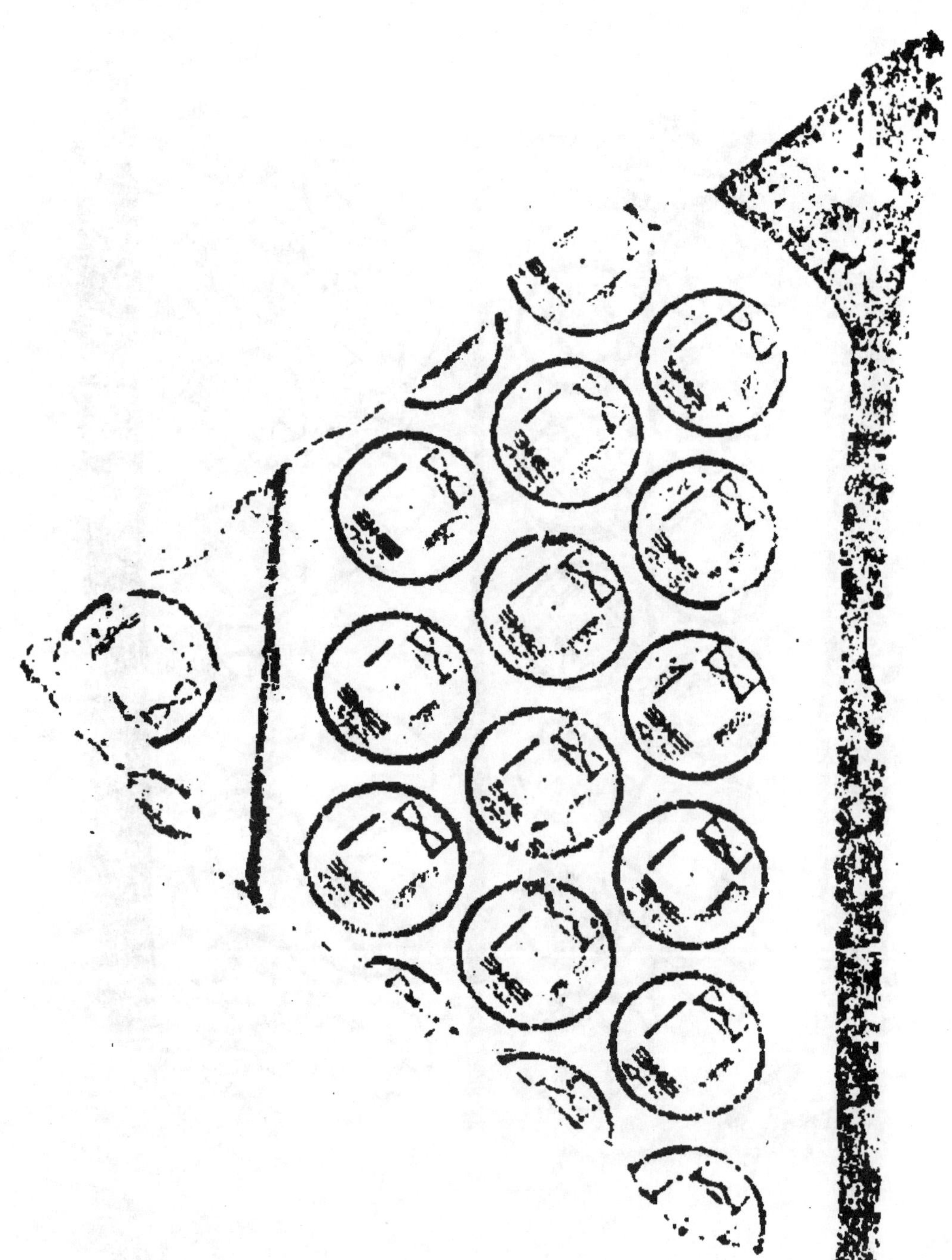

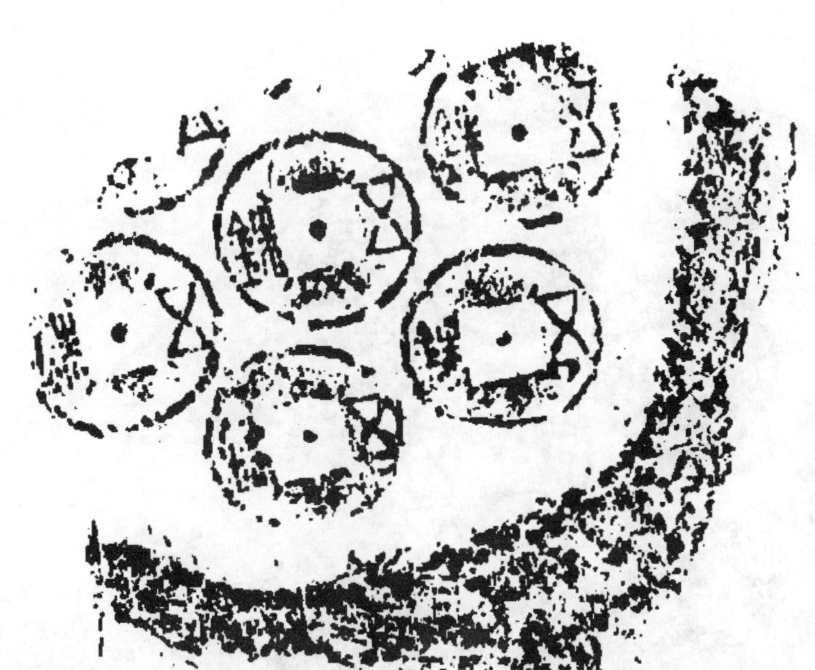

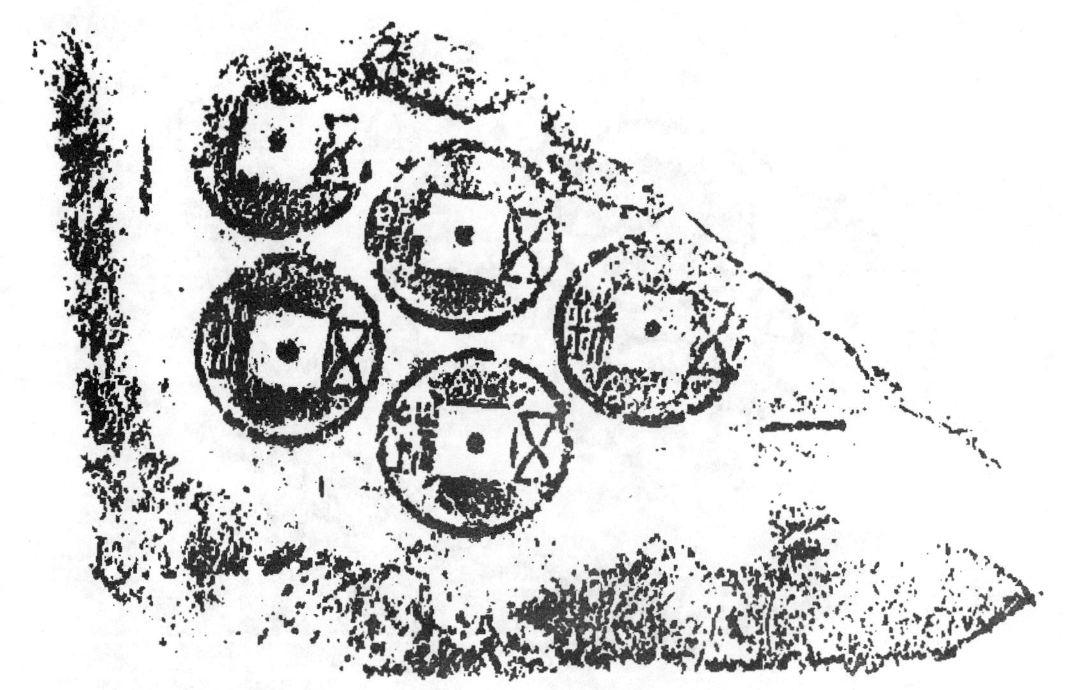

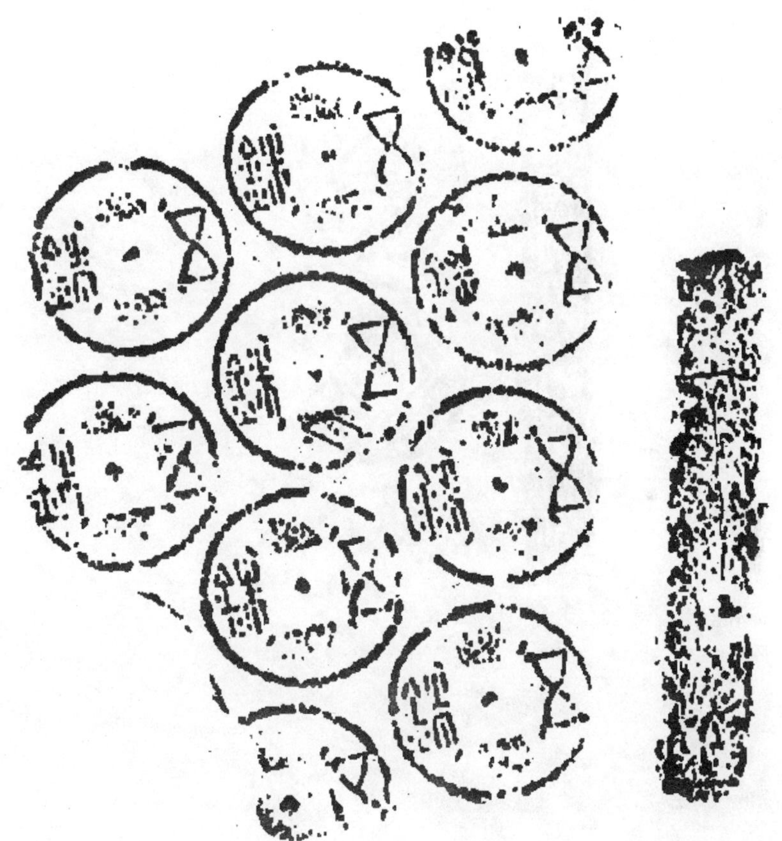

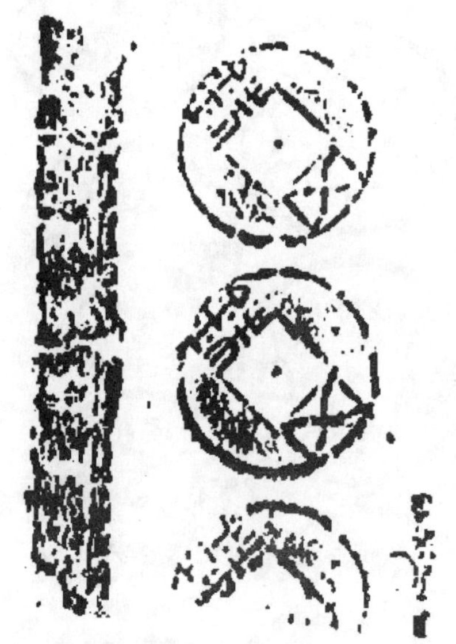

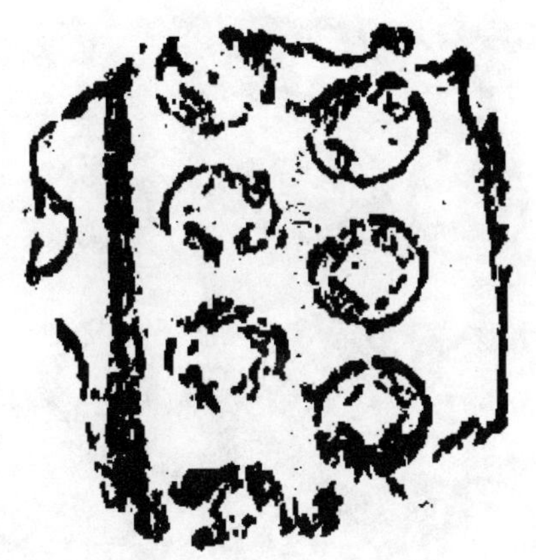

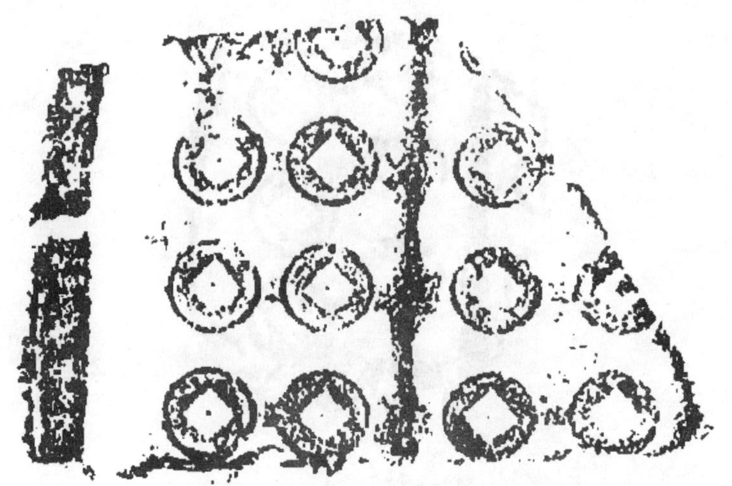

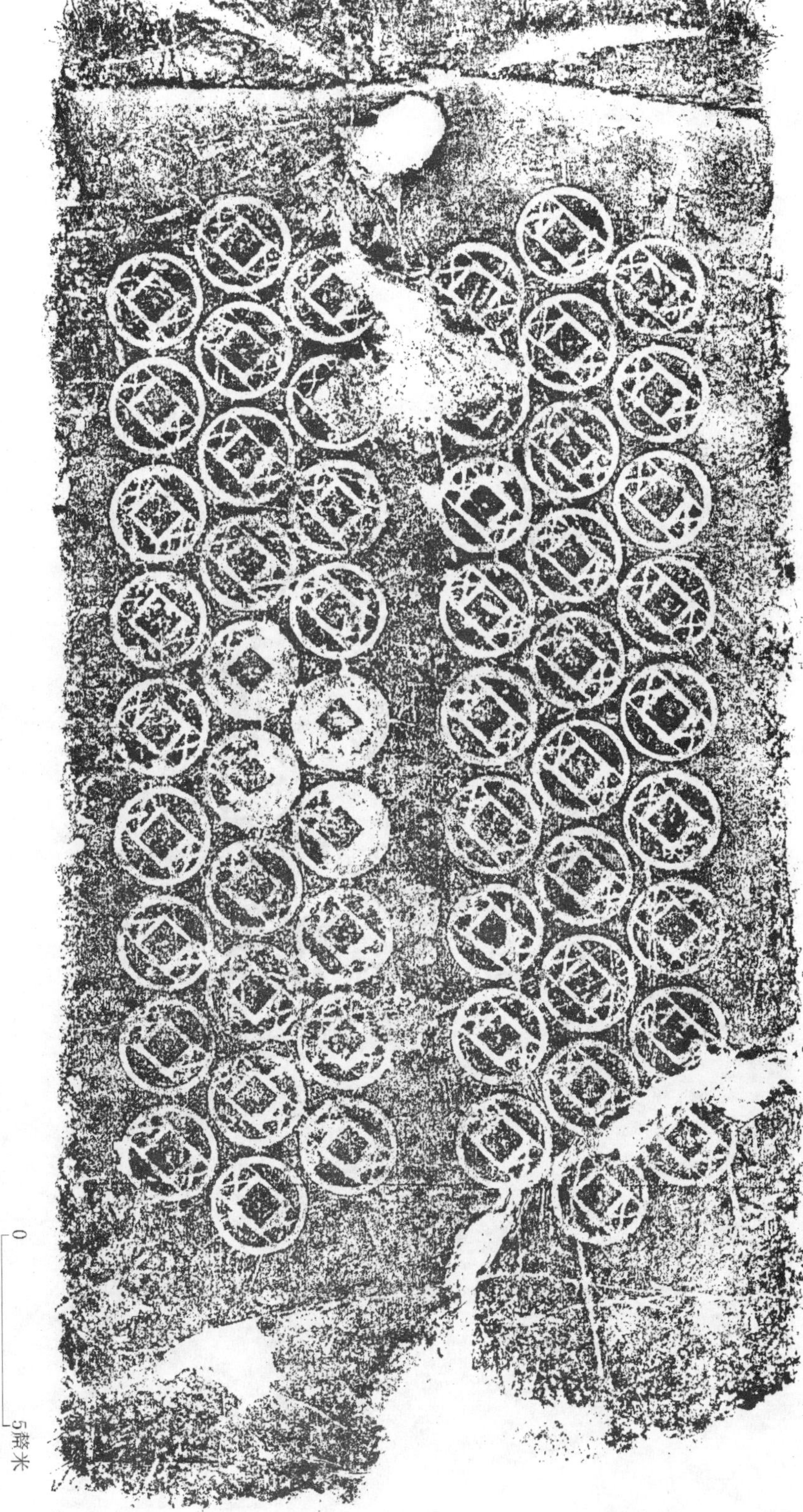
0
5釐米

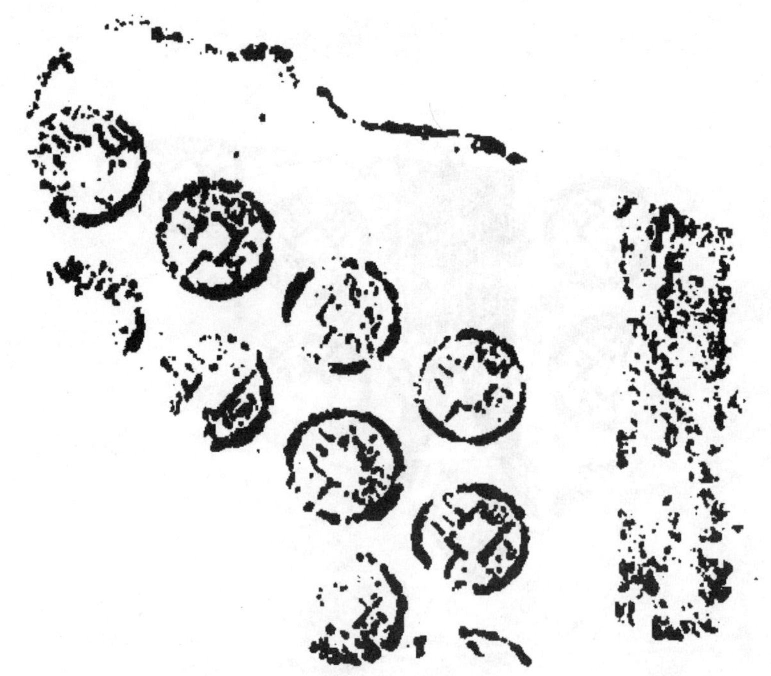

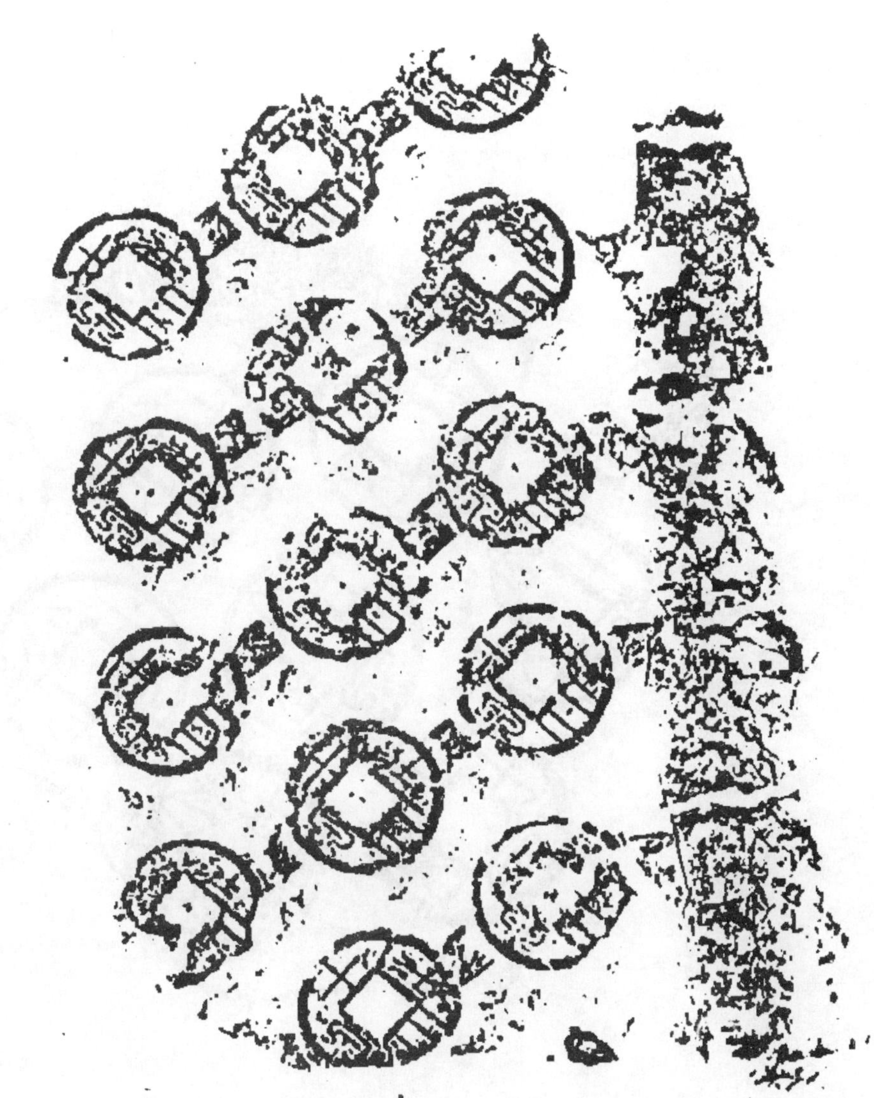

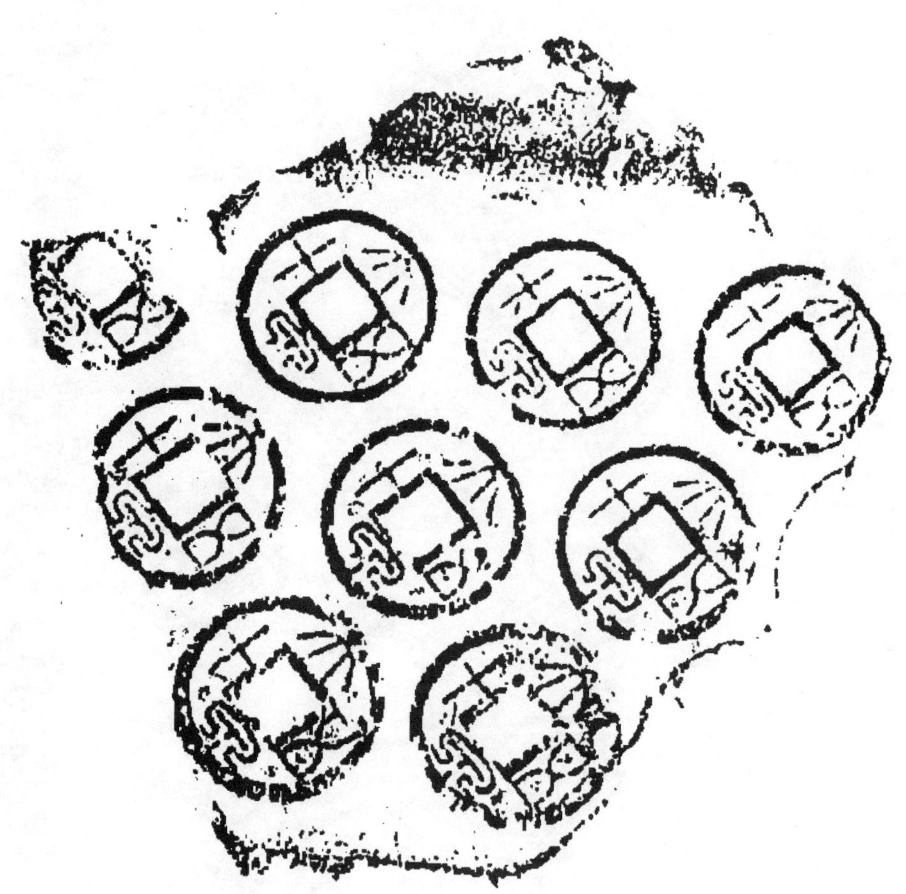

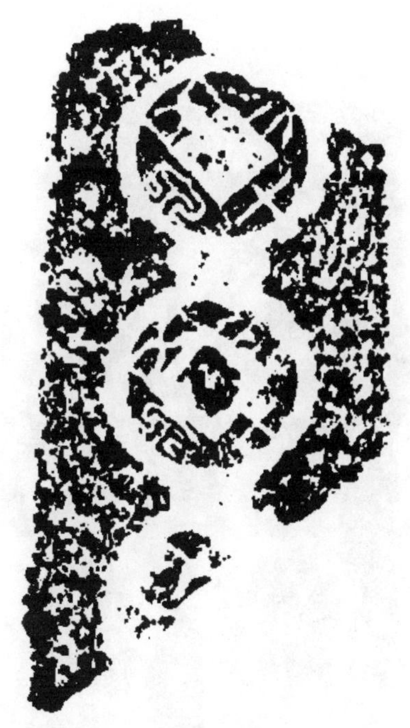

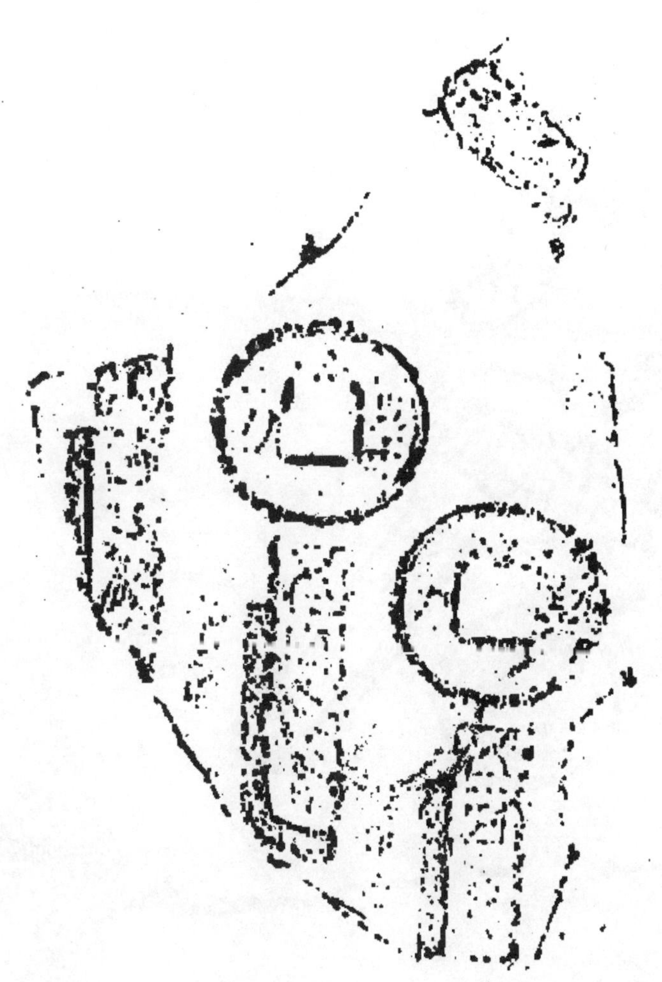

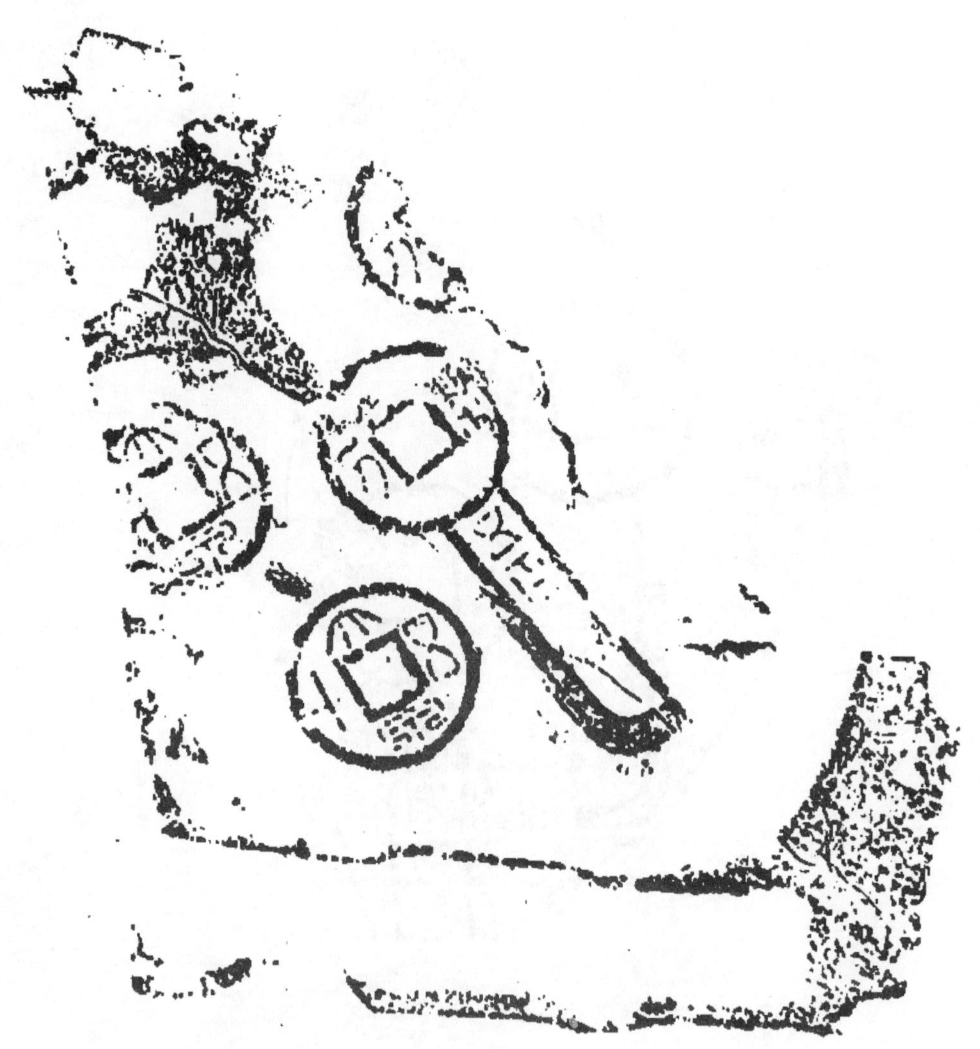

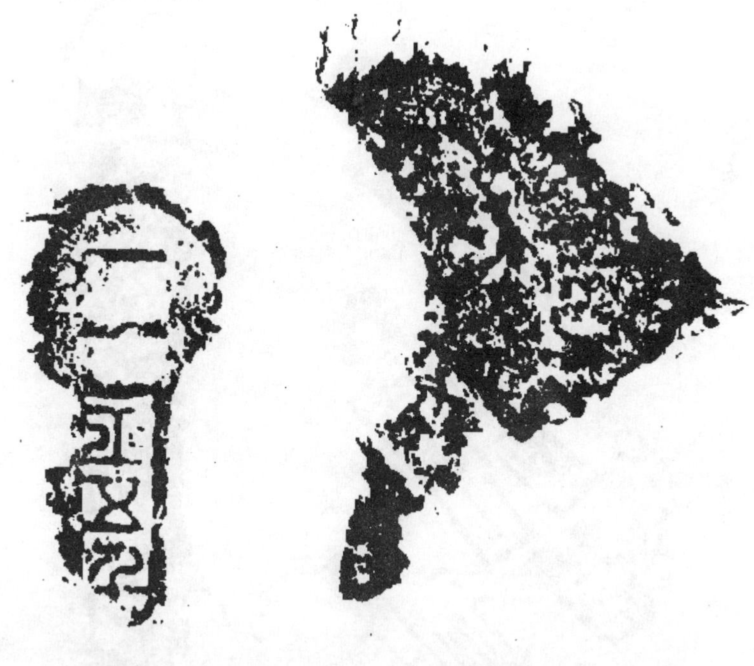

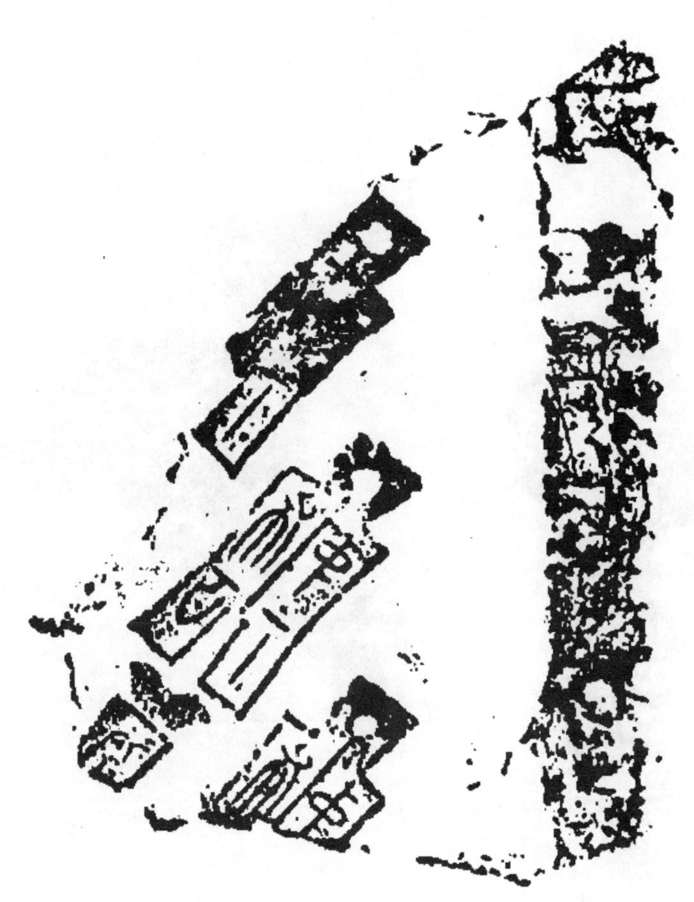

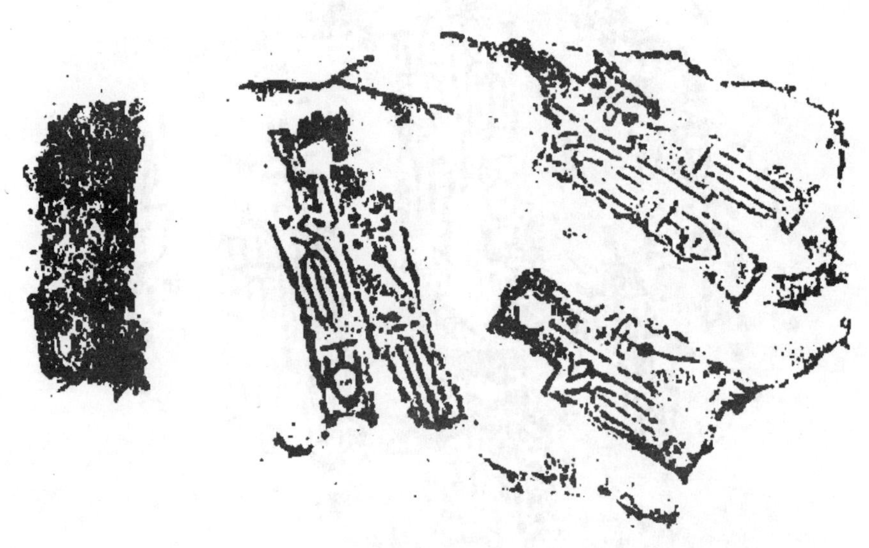

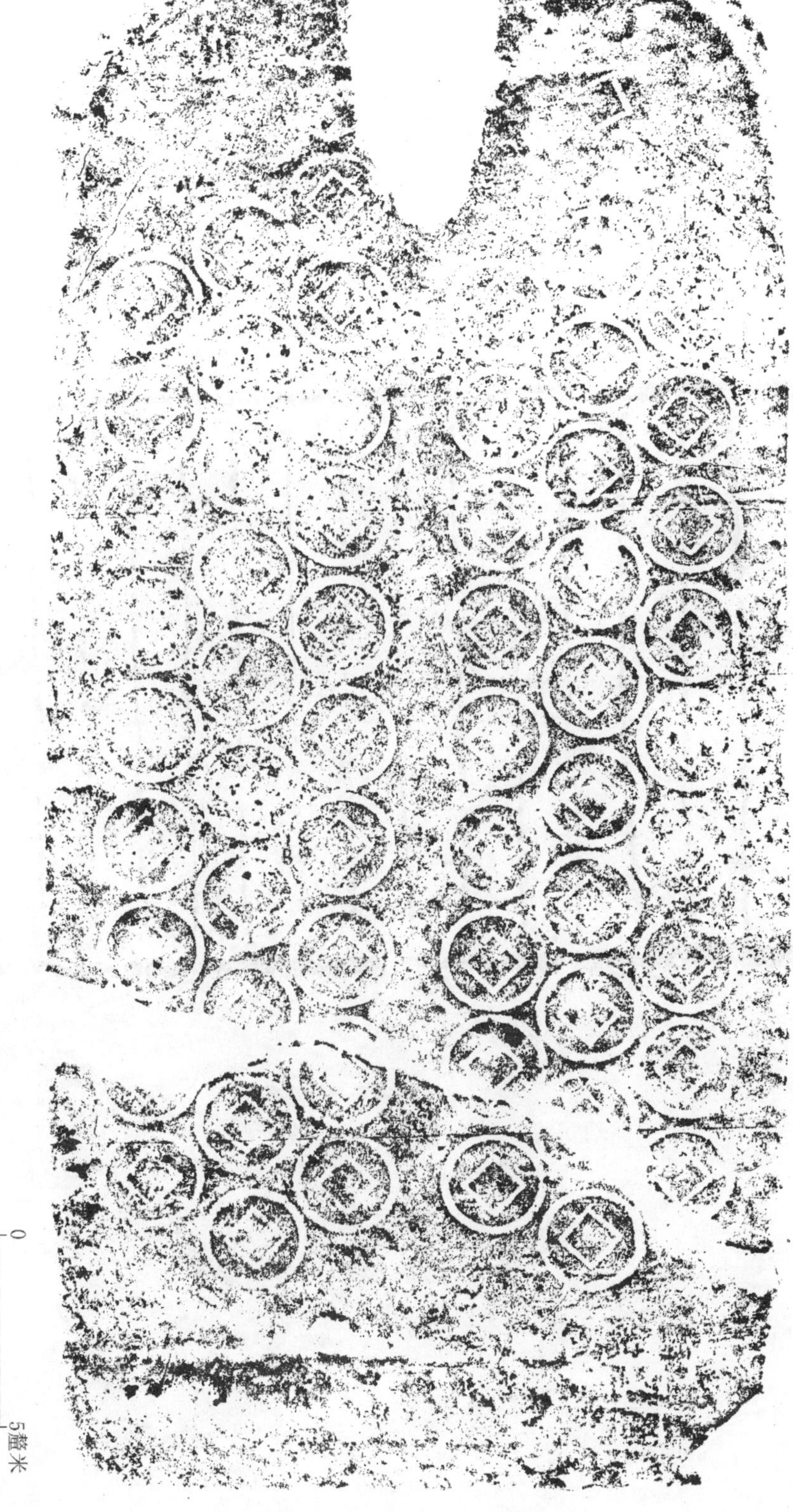
0
5釐米

0 1 2 3 釐米

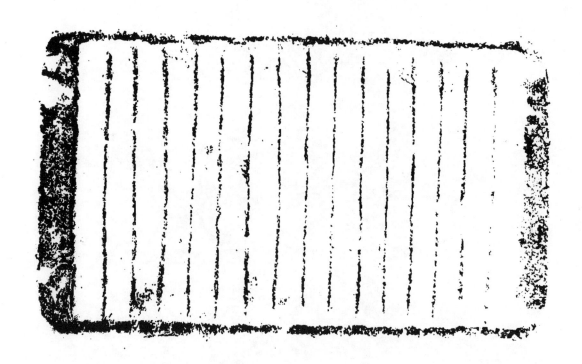

0　1　2　3 釐米

西漢陶錢范之出土、始於清代道光末年、李佐賢古泉滙首為著錄、鮑康續古泉滙、羅振玉古器物范圖錄、亦著錄多品、五銖錢范出土地點、在今西安未央鄉向家巷、為西漢上林三官鑄錢之遺址、十餘年前、西安三橋鎮北五里好漢廟附近、又發現王莽陶錢范一大坑、佔地十餘畝、當為王莽鑄錢之遺址、各考古書均未紀載、外間知者亦鮮、漢書食貨志云、自武帝元狩五年、初鑄五銖錢、至平帝元始中、成錢二百八十億萬餘、以現在出土之范證之、最早為昭帝元鳳四年、最遲為成帝永始三年、尤以宣帝本始地節元康神爵五鳳甘露六個年號為最多、則漢代五銖鑄造之多、當在宣帝時代無疑、可以補食貨志之未詳、予稽考各書及根據拓本，成「西漢陶錢範紀年著錄表」一篇，附于考證之後，對于陶錢範題字，俾有統系之研究。茲將搜集錢範各拓本分條說明如下

一、二、漢元鳳四年錢範，石膏質，范縣劉軍山藏。文五字「元鳳四年造」第二品西大文物研究室藏，與第一品同範，僅存三字，元鳳為昭帝紀年，為五銖陶範題字有紀年最早之品，昭帝五銖錢形，亦較宣帝時較小。

三、漢本始元年錢範，石質，文八字，「本始元年五月壬子」，此刻成不中選鑿毀之殘範。

四、漢本始三年錢範，陶質青灰，西安馬仲良藏，文存八字「始三年九月甲子造」

五、漢本始三年殘錢範，陶質青灰，西安白祚藏。

六、漢元康錢范。陶質青灰、劉軍山藏、文九字「元康二年八月乙未造」。

七、八、漢神爵元年錢范、第七品陶質純紅、吴興沈次量藏、文存「神爵元年閏」五字。第八品白祚藏、陶質青灰、文字略模糊、當為「神爵元年閏月戊午造」九字。

九、漢神爵二年錢范。陶質純紅、西大文物研究室藏。文七字「神爵二年四月築」。

十、漢五鳳元年錢范。陶質青灰、西安白集五舊藏、文九字「五鳳元年八月甲寅造」

十一、漢甘露元年錢范、陶質青灰、劉軍山藏、文存「甘露元年五月」六字

十二、漢永光五年錢范。陶質青灰、西安歷史博物館藏、文

存「永光五年九月壬」七字。

十三、漢乙酉造殘錢範。陶質青灰。西安薛定夫藏。文存「乙酉造」三字。全文當為本始四年四月乙酉造見古器物範圖錄

十四、十五、漢二月戊申錢範。陶質青灰。薛定夫藏。後一品白祚藏。文存「二月戊申築」五字。

十六、漢申工殘範。石膏質。馬仲良藏。文存「申工萇壽」四字。此為兩範黏合燒毀者。下層尚見有神爵二字但不可拓。萇壽人名。亦見本始三年範

十七、漢工乘山錢範。石膏質馬仲良藏。文存「工乘山」三字上有一圈係表示中選之品。此範係三範联合燒毀者牢不可破。中層尚見有本始四年十月等字

十八、十九、漢官一官二錢範、陶質青灰、白祚藏。

二十至二十三、漢第二範陶質青灰、第二十品中國科學院藏、二十一品西大文物研究室藏、第二十二品第三範科學院藏、二十三品白祚藏。

二十四、漢第一可錢範、陶質青灰、科學院藏、可字當係編號

二十五、漢第二遂錢範、陶質純紅、劉軍山藏、遂字係編號

二十六至二十八、漢第四遂錢範、陶質俱純紅、第二十七品夢廬自藏、餘均為白祚藏。

二十九、漢巧一錢範、陶質純青、西安歷史博物館藏、漢書百官公卿表、水衡都尉屬官、有技巧令丞、封

泥有「技巧錢丞」知技巧令丞專司鑄錢，錢範之巧一，即技巧令所造之第一号範。

三十、漢巧二錢範，陶質純青，華廬自藏

三十一、漢工字錢範，陶質青灰，白祚藏。

三十二、王莽始建國殘範，陶質青灰，白祚藏，莽範題字有紀年者僅此一見。

三十三至三十五、王莽大泉五十日利千万錢範，陶質俱青灰，華廬自藏，第三十五品白祚藏。

三十六、秦殘石泉範，咸陽出土，馬仲良藏，當為重一兩十四銖泉範未刻全鑿毀之品，秦代泉範傳世絕少，

三十七、漢半兩石範，隴西師範藏，一九五一年在師範學校後院出土，為漢人私鑄之範。

三十八至四十一、漢半兩石范、均吳興沈次量藏、四十二至四十九、漢五銖錢范、第四十二品文物研究室藏、第四十三品石膏質科學院藏、四十四品趙乾生舊藏、四十五品石膏質白集五藏、四十六品科學院藏、四十七品摹廬自藏、四十八、四十九兩品均白祚藏

五十、五十一、漢五銖石范、均沈次量藏、

五十二、五十三、漢小五銖錢范、石膏質、均劉峯山藏、小五銖舊說為沈郎錢、又說為董卓所鑄、西安出土極多、以色澤觀之、當為王莽居攝初年所鑄、

五十四、漢五銖大泉范、陶質純紅、劉峯山藏、此為完一整最大之范、計五十六个錢、本為陰文幕范、燒鑄不適用、經工人在每个錢上戲改刻五五兩字、現流傳有

五五錢、考古家認為係五銖之異文、實則工人取五五已毁之範而誤鑄者、

五十五、王莽五銖一泉範、陶質灰紅、臨潼董策三藏此範與王莽各泉範同在西安三橋鎮北五里之好漢庙一坑中出土、可斷為莽鑄、其時期當在居攝初年小五銖之後、小泉直一之前、漢書食貨志僅載莽鑄小泉至大泉凡六品、對於五銖一泉獨不紀載、蓋鑄時最短、鑄量最少、故班史略而不著、此範係李道生舊藏、後展轉歸董、此外沈次量藏有兩个錢者一枚、據劉漢基告予、曾經獲得最大者一枚、有十五个錢、從前售与滬商、又據白祚告予、曾在小泉直一錢堆中、檢得五銖一泉錢、文字甚精、以七十元售与北京

商人，不知此泉尚存天壤否。此範出土甚久，各書從
未著録，外人知道者亦鮮，誠爲憾事。又莽範坑中
有壓勝泉範一品，知壓勝一部份由官鑄，亦異
聞也。

五十六、五十七、王莽小泉直一範。第五十六品，石青質，家
保之兄藏。五十七品，陶質青灰，白祚藏。

五十八、王莽壯泉四十範，石青質，初爲劉漢基物，後
售與董策三。莽範坑中，壯泉四十，僅出此種。

五十九、王莽大泉五十範，陶質青灰，西安薛定夫藏。

六十、王莽大泉五十範，陶質紅黄，摹廬自藏。大泉
陰文範甚少。

六十一、王莽大泉大布合範，陶質青黑，摹廬自藏。
爲大泉五十及大布黄千合鑄範。

六十二至六十五 王莽契刀範、陶質淡黄、均白祥藏、第六十五品、與大泉五十合範、

六十六、王莽一刀平五千範、陶質灰紅、文物研究室藏、

六十七、王莽中布六百範、石膏質、劉軍山藏、

六十八、王莽壯布七百範、陶質灰紅、沈次量藏、

六十九、王莽第布八百範、石膏質、劉軍山藏、白祥另有次布九百黑陶範、曾經看見、售与滬商、未得拓本、

七十、王莽大泉五十幕文大錢範、陶質純紅、初為馬仲良藏、後歸康少涵、此範在三橋鎮沙口村郭姓田中出土、全範共五十七個錢、按錢之形式大小、定為大泉五十背範、漢五銖錢範、大宗出於未央鄉向家巷、王莽

各錢范、大宗出於三橋鎮好漢廟、已有定論、而沙口村偶出莽范、此關外老君殿附近亦偶出五銖范、數量甚微、老君殿所出五銖范、係少涵告予、但未見過

七十一、王莽錢盤、陶質純紅、西安李博古藏、亦好漢廟出土、察其形式、定爲置小五銖之錢盤、

七十二、王莽石范材料、西安馬某藏、好漢廟莽坑各范中、間有石范材料、予曾獲一石范、上刻有「常樂」二篆書、此系材料、經工人隨手戲刻者、有「二年萬」三字可辨、（馬仲良藏有次布九百全石范未得拓本、

西漢陶錢范紀年著錄表

鎮江陳直撰

年號	范文	質色	錢別	出土地址	著錄書名	附註
昭帝元鳳	元鳳四年造	石膏青綠	五銖	長安未央鄉劉家寨北五八里之向家巷	陳直關中秦漢陶錄	范縣劉軍山藏 向家巷又名項家村
	元鳳四	石膏青綠	五銖	又	又	西北大學文物研究室藏 與第一品同范
	元鳳六年九月戊寅造	陶	五銖	又	吳大澂愙齋磚瓦錄	
	元鳳六年九月戊寅造	陶	五銖	又	羅振玉古器物范圖錄	吳縣蔣伯斧舊藏
	元鳳六年造	陶	五銖	又	西安西北歷史博物館藏拓	長安李道生藏
	□鳳六年造	陶	五銖	又	又	又
宣帝本始	本始元年二月	陶	五銖	又	李佐賢古泉匯	
	本始元年五月壬子	陶	五銖	又	又	
	本始元年	陶	五銖	又	又	
	本始三年九月甲子造	紅陶	五銖	又	關中秦漢陶錄	長安馬仲良藏旋已他售

	本始三年九月甲子造 中工長壽	陶	五銖	又	端方陶齋藏石記	
	本始三年	青陶	五銖	又	關中秦漢陶録	長安白梓藏
	本始四年四月乙酉造	陶	五銖	又	古器物范圖録	蔣伯斧舊藏
	本始四年十月丁	陶	五銖	又	鮑康續古泉滙	
	本始四年	陶	五銖	又	西安西北歷史博物館藏拓	長安李道生舊藏
	本始四年	陶	五銖	又	又	又
宣帝地節	地節二年十月口口造	陶	五銖	又	續古泉滙	
	地節四年十月代	陶	五銖	又	又	
宣帝元康	元康二年八月乙未造	青陶	五銖	又	關中秦漢陶録	劉軍山藏
	元康三年三造 二月丙子口	陶	五銖	又	續古泉滙	
	元康三年六月乙亥造 五月丙申就成	陶	五銖	又	古泉滙	
宣帝神爵	神爵元年閏	紅陶	五銖	又	關中秦漢陶録	吳興沈次量藏

	神爵元年閏月造	紅陶	五銖	又	又	馬仲良藏旋又他售
	神爵元年閏月戊午造	陶	五銖	又	西北歷史博物館藏拓	長安李道生舊藏
	神爵二年四月壬午造九月乙酉築	陶	五銖	又	古泉滙	蔣伯斧舊藏
	神爵二年四月壬午造九月丁巳築	陶	五銖	又	續古泉滙	
	神爵二年四月築	紅陶	五銖	又	關中秦漢陶録	西大文物研究室藏
	神爵四年二月丙辰造三月癸巳築	陶	五銖	又	續古泉滙	
	神爵四年五月辛丑造	陶	五銖	又	西北歷史博物館藏拓	李道生舊藏
	神爵四年五月辛丑造	陶	五銖	又	陶齋藏石記	
	神爵四年	陶	五銖	又	又	
宣帝五鳳	五鳳元年八月甲寅造	陶	五銖	又	關中秦漢陶録	長安白集五藏旋又他售
	五鳳三年八月甲寅造	紅陶	五銖	又	又	西北歷史博物館藏
宣帝甘露	甘露元年五月乙丑	陶	五銖	又	古器物范圖録	蔣伯斧舊藏

	甘露元年五月	青陶	五銖	又	關中秦漢陶錄	劉軍山藏
元帝永光	永光五年九月壬口	青陶	五銖	又	又	西北歷史博物館藏
	永光五年九	陶	五銖	又	陶齋藏石記	
元帝建昭	建昭五年三月乙酉	陶	五銖	又	古器物范圖錄	蔣伯斧舊藏
	建昭五	陶	五銖	又	又	又
成帝永始	永始三年五月甲子造	陶	五銖	又	陶齋藏石記	
	二月戊申築	陶	五銖	又	續古泉匯	以下年號殘缺
	二月戊申築	青陶	五銖	又	關中秦漢陶錄	長安薛定夫藏
	二月戊申築	青陶	五銖	又	又	白祚藏
	九月壬午造	青陶	五銖	又	西安歷史博物館藏	
	九月丁巳築	陶	五銖	又	續古泉匯	當爲神爵二年
	年八月甲寅造	陶	五銖	又	又	當爲五鳳元年

乙酉造	青陶	五銖	又	關中秦漢陶録	薛定夫藏 疑為神爵二年
工乘山	陶	五銖	又	續古泉滙	
工乘山	石膏 青緑	五銖	又	關中秦漢陶録	馬仲良藏拓又他傳 三範燒毀連合為一第二層 尚見本始四年十月等字
中工長壽	青陶	五銖	又	又	馬仲良藏拓又他傳
工	青陶	五銖	又	又	白祚藏
巧一	青陶	五銖	又	又	陝歷史博物館藏
巧二	青陶	五銖	又	又	鎮江陳直藏
第一可	青陶	五銖	又	又	中國科學院藏
第二	紅陶	五銖	又	又	又
第三	紅陶	五銖	又	又	又
第三	青陶	五銖	又	又	白祚藏
第六遂	青陶	五銖	又	又	劉箕山藏

	第四遂	紅陶	五銖	又	又	陳直藏
	第四遂	紅陶	五銖	又	又	白祁藏
	遂	青陶	五銖	又	又	又
	官一	青陶	五銖	又	又	西大文物研究室藏
	官一	青陶	五銖	又	又	白祁藏
	官二	紅陶	五銖	又	又	
王莽始建國	始建國	青陶	未詳	長安三橋鎮西北五里之好漢廟	又	白祁藏
	日利千萬	青陶	大泉五十	又	又	陳直藏
	日利千萬	紅陶	大泉五十	又	又	陳直藏

陶齋藏石記載有居攝二年都司空及始建國四年保拂（拂爲城字之誤）兩錢范，審係瓦片文，並非錢范題字，故删而不錄。一九五三年一月廿九日即農曆壬辰年臘月十五日進宧呵凍寫記

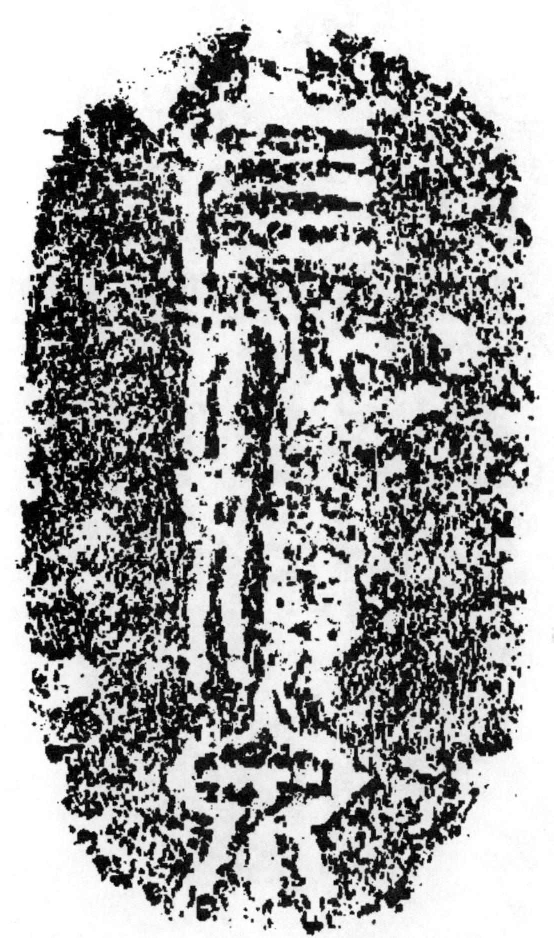

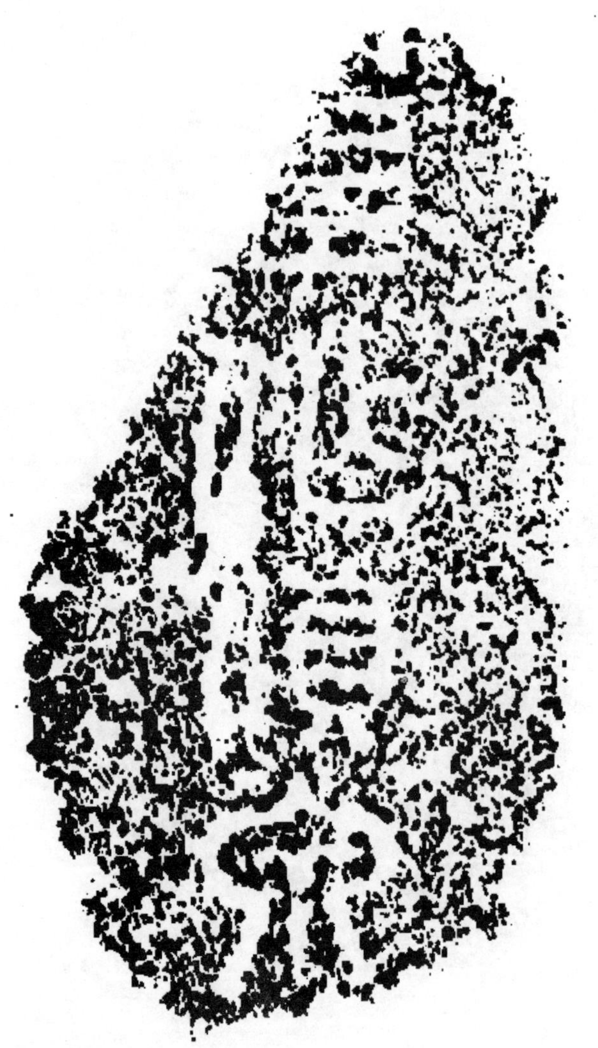

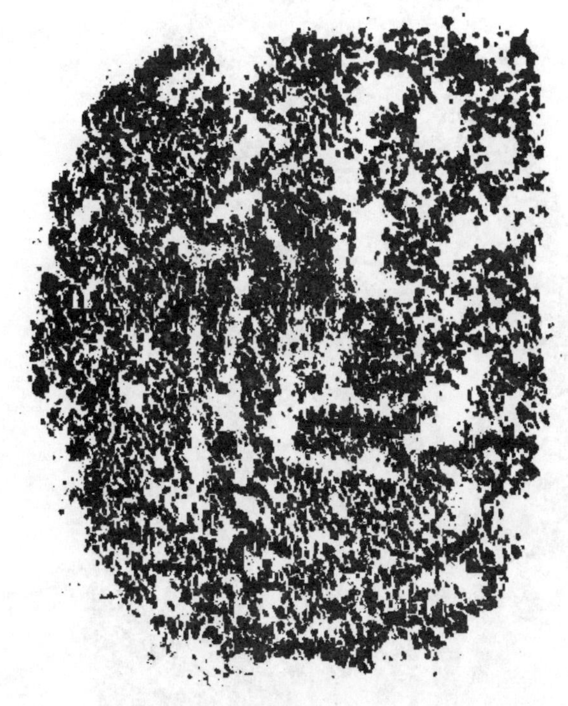

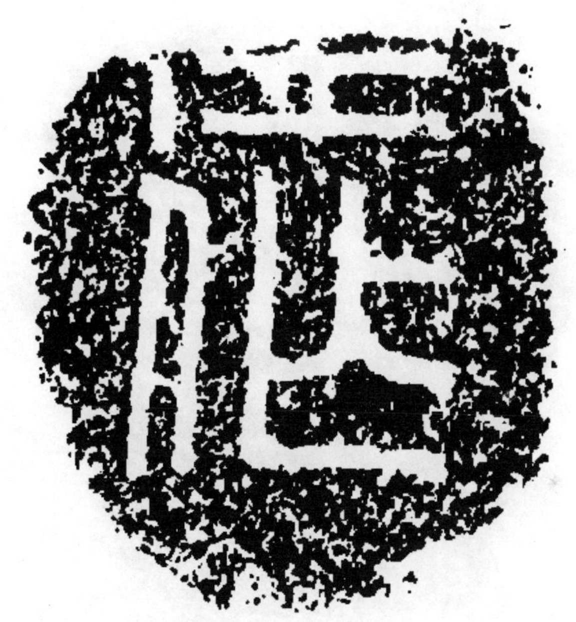

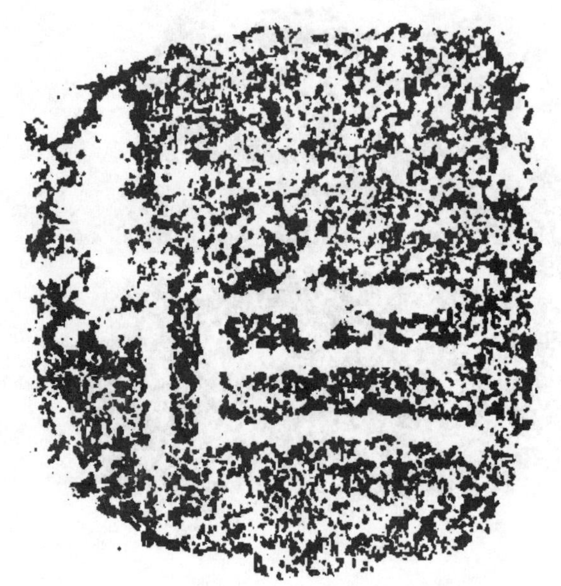

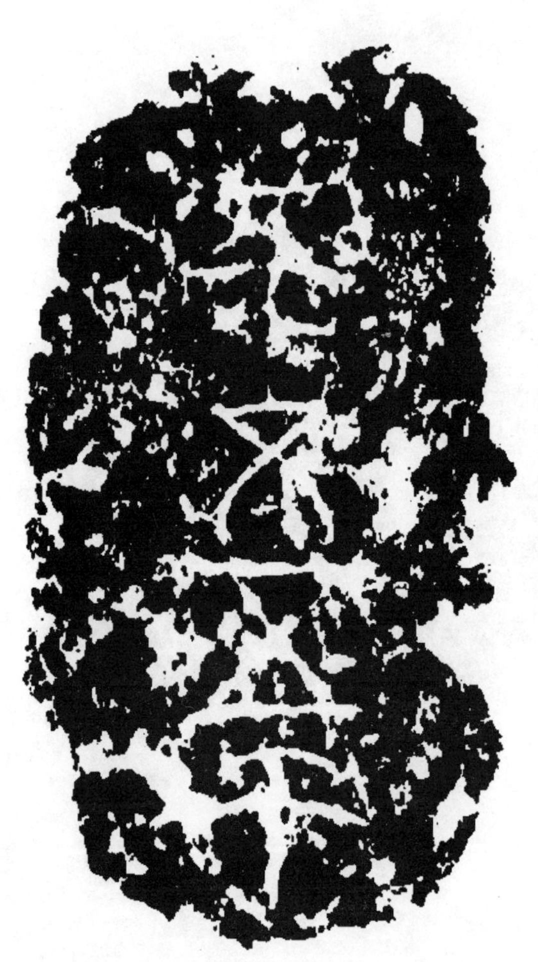

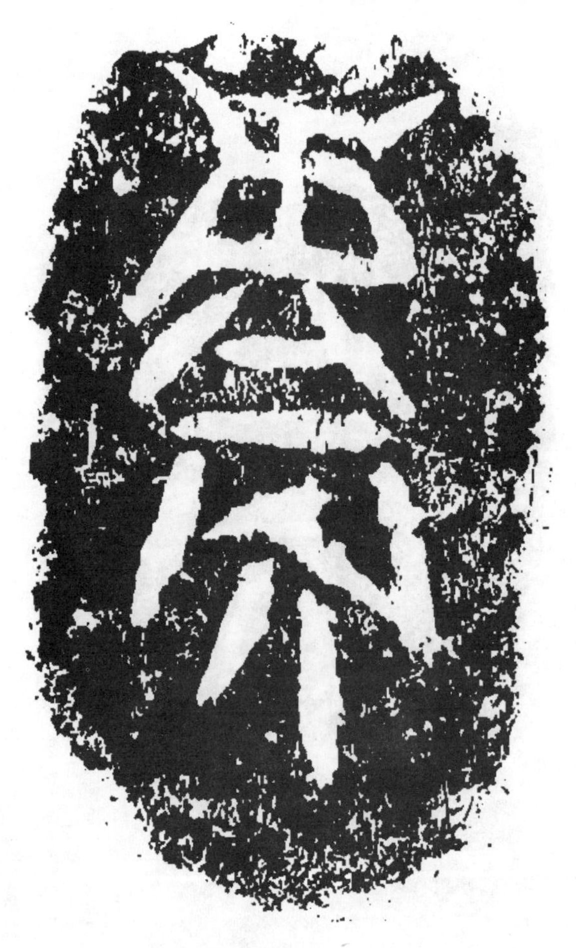

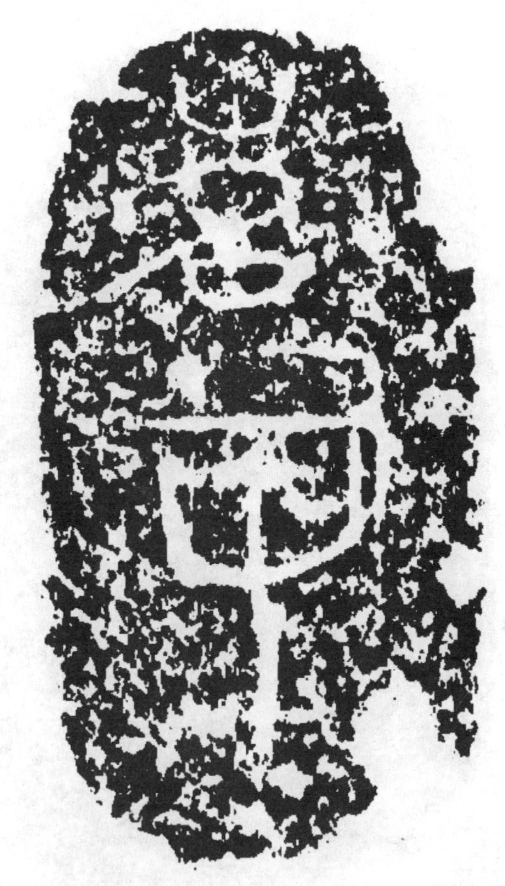

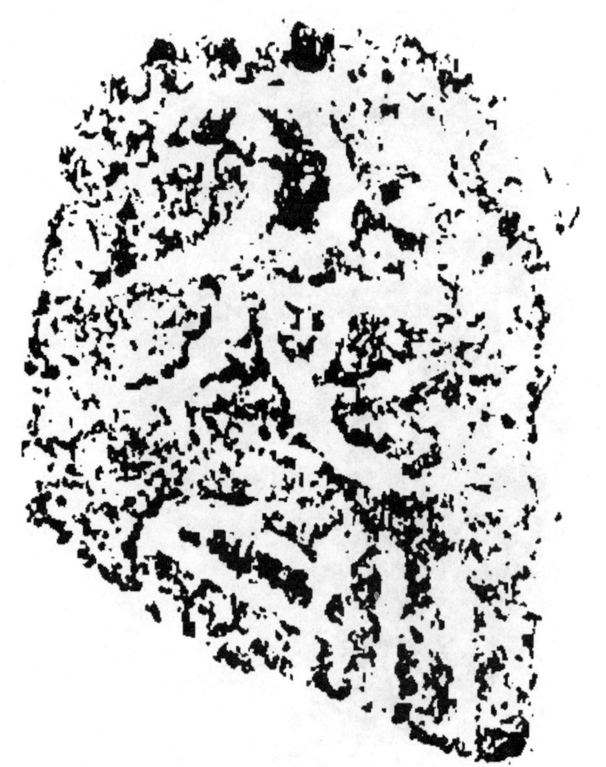

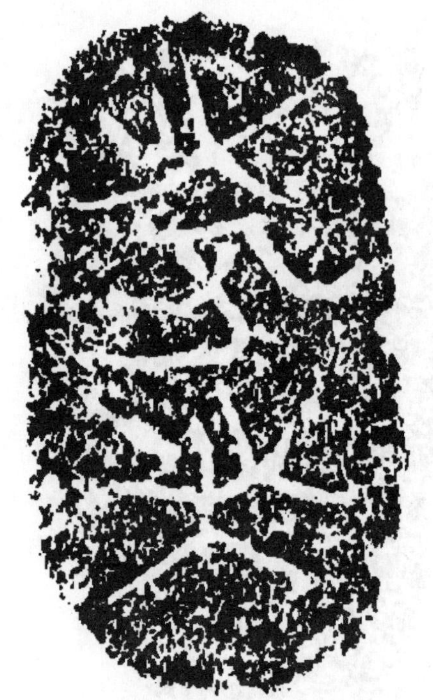

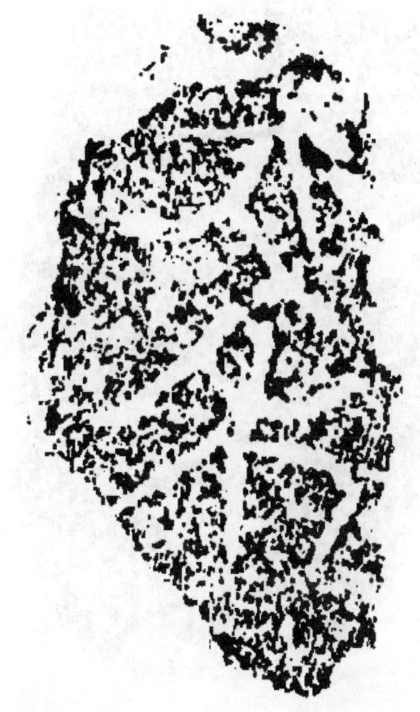

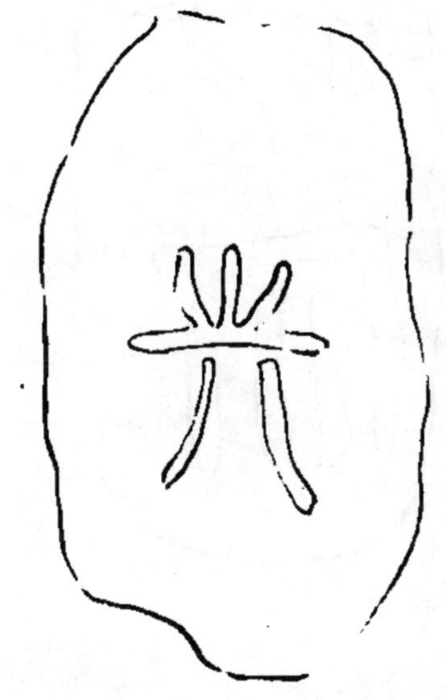

0　1　2　3釐米

0 1 2 3 釐米

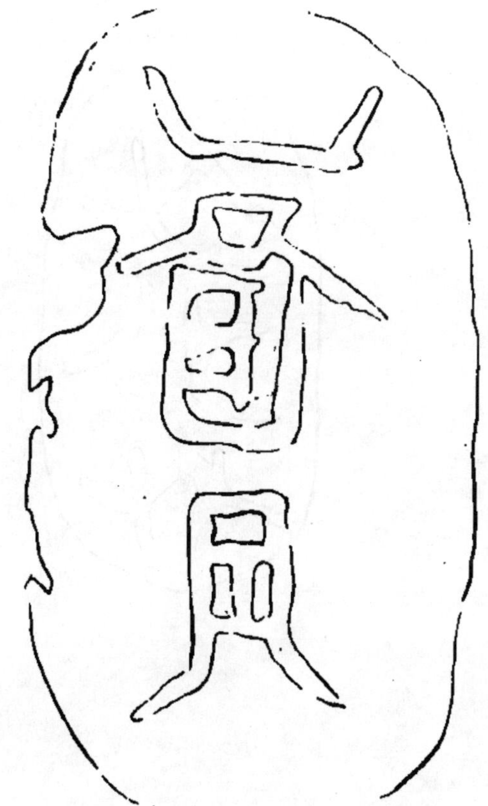

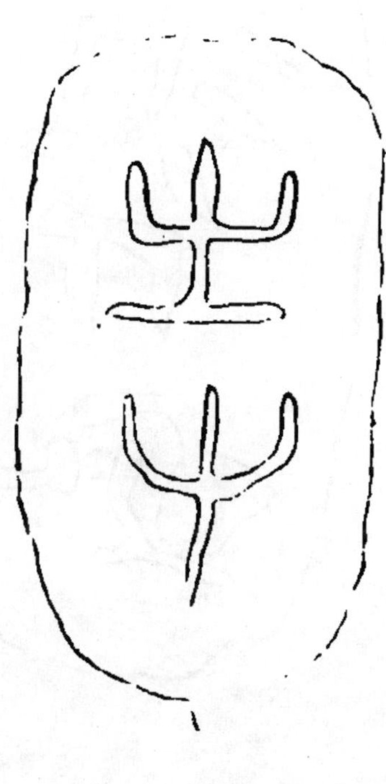

0　1　2　3 釐米

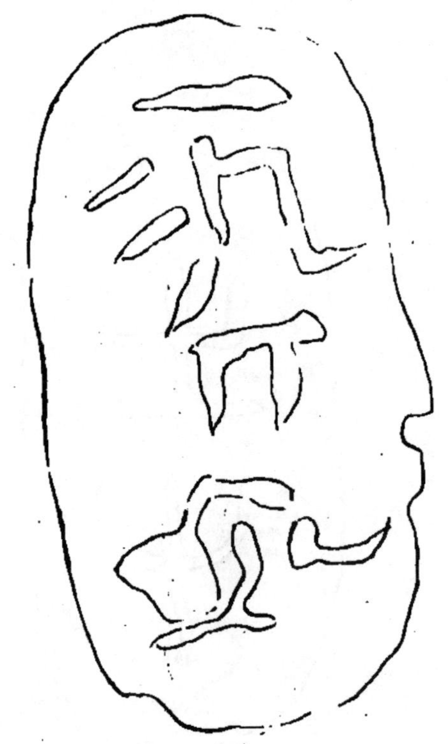

0 1 2 3 釐米

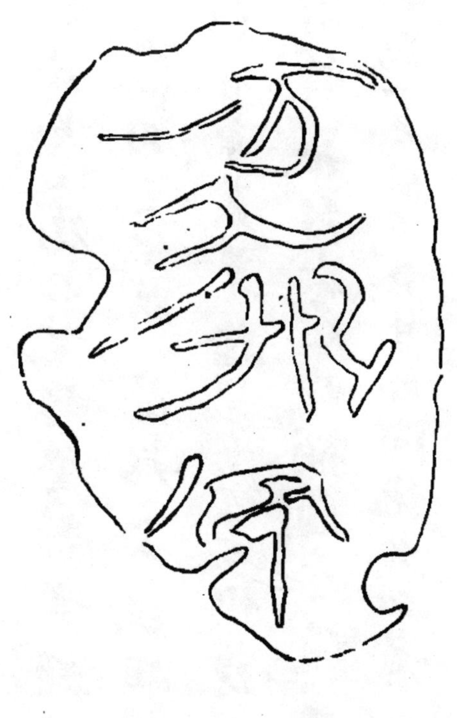

0　1　2　3釐米

西安三橋鎮好漢庙附近所出王莽錢范坑中，另出有左作貨泉等陶片百餘枚，土人以其形似鞋底，因呼為鞋底片，計有左作貨泉，及左作隸書篆書共三種，皆係范欵，蓋造貨泉時各窑之標幟，置於窑中，類於現代各機関辦公室门口之懸牌，其餘盡皆鑿欵，臨時隨用隨鑿，有係記銅之斤數者，有係記鑄泉之年月者，有係記泉別名稱者，有係記錢范之屬於某種質料者，類於現代司會計者所用之水牌，范欵文字規矩雄渾，鑿欵文字則有草篆草隸，千變万化，殊形詭態，至難解釋，祇能會心於觸類旁通，不能拘定於字形點畫，出土多年外間絶少知者，由於好古者喜秘藏，又不注意於考証著錄，而商人則志在圖利，若將陶器運帶至遠方，一則價賤質重，二則易於損毀，以故泯然無聞，良深浩歎。予昔年曾輯有新莽右作集拓一卷，搜羅大略完備，陶片出土後，盡為白祚所得，白居西安化覺巷，年幾八十，猶時時鬻古物以自給，性索價奇昂，嗜古者每向其析購一二，歷年既多，存者不及半數，茲從篋中檢覓舊拓本卅八紙，藉可窺豹一斑，但異文亦大部份完全，最後坿八片，因無副本，摹寫卷後，以備一家之言，一九五三年二月鎮江陳直記於西大宿舍新東排九號之摹廬，

一至九，右作貨泉陶片，各陶片皆青色，僅匋字一片，

係純紅色、各片皆白祚所藏、由白祚分售於各藏家者、不必細舉、漢書王莽傳、天鳳元年罷大小錢改作貨布、同時鑄貨泉、貨布一枚、直貨泉二十五、陶片為天鳳時物無疑、

十至二十、左作陶片篆書有同范者、有異范者、文字疏密不同、

二十一至二十五、左作陶片隸書、共用兩范、

二十六、天文五年陶片、當為天鳳五年四字之省筆、用極簡單之筆畫、取其四字勻稱、亦鑄造貨泉室中所用、

二十七、作三泉陶片、當為造中泉三十室中所用

二十八中泉陶片、當為造中泉三十室中所用、此為仿

葉形草篆。

二十九、造布陶片、第一字疑為造公二字合文、第二字則為布字、金文則為造公布三字。

三十、匋字陶片、是表示窑中為陶錢範貯藏之地。

三十一、同八三陶片、是表示銅八十三斤之結餘數、

三十二、九卅千陶片、是表示次布九百存三十千之結餘數、

三十三、五二三陶片、是表示五百二十三之數字、

三十四、從作陶片、作字反文、

三十五、王石陶片

三十六、竒字草篆陶片、不可識、

三十七、□禾陶片、第二字是禾字、為年字省文、王莽

有居攝年瓦片亦作居攝禾、

三十八、平一吉陶片、當為平一造之省文、即造一平之倒文、為造一刀平五千室中所用、解作平吉二字便不可通、

三十九、四泉陶片、當為造壯泉四十室中所用、

四十、光字陶片、當為造七二字最簡單之合文、為造壯布七百室中所用、決非光字、

四十一、四十二、造九陶片、當為造次布九百室中所用

四十三、㞢屮陶片、疑為造黃二字最簡單之省筆、為造大黃布千室中所用、決非之屮二字、

四十四、乙貫貝陶片、是表示一貫貨貝之結存數、

四十五、化廿陶片、第一字不可識、貨黃者指大黃布千

貨圜而言。

四十六、二万斤同陶片，是記銅錯存之數量。

四十七、一万九千斤同陶片，九字与久字漢代通用，亦爲記銅錯存之數量。

四十八、天作五囗陶片，與天鳳五年陶片大政相同。

關中秦漢陶錄後記

余十三歲時、始從先君子治考古之學、稍長與家墨逸（邦禎）保之（邦懷）兩兄互相切劘、時時請益於鄒適廬徐積餘黄濱虹丁仲祜諸先生、庚辰春初、應友人沈次量翁之招、遠游天水、為中國銀行掌筆札、越二年行移西安、余亦旅食入秦、歲月不居、於今十二年矣、金石固所夙好、西安蘊藏最富之區、簿書之暇、喜摟購陶文及拓本、（陶文原器約二百種寄存重慶親戚家）庋藏篋中、日久漸夥、比歲應科學院院外工作之徵、稍加整理、約得拓紙四五百種、大都李義山所謂今無其器存其辭者、爰採為關中秦漢陶錄、略加解釋、編成四集、分裝五冊、第一集為陶文類、第二集為瓦當瓦片類、第三集為磚文類、第四集爲錢範類、皆以前人未經著録之品爲斷、瓦當已見羅氏秦漢瓦當文字及書道者、磚文已見於專門名家者、錢範已見於古泉滙及古器物範圖録者、則不復甄採、敝帚自珍、不覺見聞之隘、良可哂矣、陶文類之特色、則有馬獸範題字、及咸里各陶器、各種撲滿、瓦當類則有佳漢三年梁宮涌泉混流等品、瓦片類則有永三年始建國天鳳四年等品、磚文類則有鳳翔人物狩獵紋大畫磚、秦始皇陵磚、錢範類則有五銖一泉範、右作貨泉陶片等、皆未經考古諸書録道者、抉奇擂芳、咸從隗始、搜集苦心、費時一紀、其弱點在未附原器照片、因各器均已佚散、拓紙且不易、更何論於攝影、其拓本屢求而不得者、如秦右庶長歜封邑陶券，漢鮮神所食瓦（存王子獻手中，王頊已病逝）秦三士大畫磚（俗名三良磚）漢龍鳳大瓦榶（舊存咸陽鳳凰台，今佚）王莽劍範題字（背有莽詔十餘字）等，訪求不得，殊爲悵惘，第五集本擬加編爲封泥類，友人陳堯庭所，存有柯莘農翁所藏封泥搨本全份，屢請竟不獲讓，此尤衷心耿耿者也，茲四集開始於一九五一年七月，蕆事於本月，困難重重，或作或輟，費時一歲有半，併記於此，一九五三年二月即農曆壬辰年臘月鎮江陳直進宧記於西大宿舍之蓼廬時年五十一歲

關中秦漢陶録補編

鎮江陳直撰輯

一九五四年五月

關中秦漢陶錄補編序言

予於一九五三年夏間，完成關中秦漢陶錄四集，計五册，一年以來，續有所見，一方面是新出土者，另一方面是以前訪購未得而現得之者，分别整齊，撰輯成補編一卷，前後共装六册，著錄有五百餘種，原物大半散佚，收集叢殘，逮十年之久，私人著述，困難重重，憶向王子獻君乞求涌泉混流瓦拓一紙，炎風烈日，城郊往返至七八次然後得之，其他屢求而不得，足繭唇焦者不可悉數，區區自視，遺漏孔多，日後有談關中文獻者．咸有所取資焉．方今建設關始．西安發掘漢唐墓羣．必有雋永之品．耀現人寰．他日賡續一再增補．諒亦鴻達所樂聞．鯫生最所欣企者也一九五四年六月五日即農曆甲午歲端陽節．鎮江陳直進宜撰於西安南鄭之摹廬

關中秦漢陶録補編目録

鎮江陳直撰輯

以上補第二集

漢花紋磚……八三〇

漢龍鳳花紋瓦棺 以上補第三集……插頁十二—十三

王莽大泉五十背文磚錢笵十 以上補第四集……八三四

0 1 2 3釐米

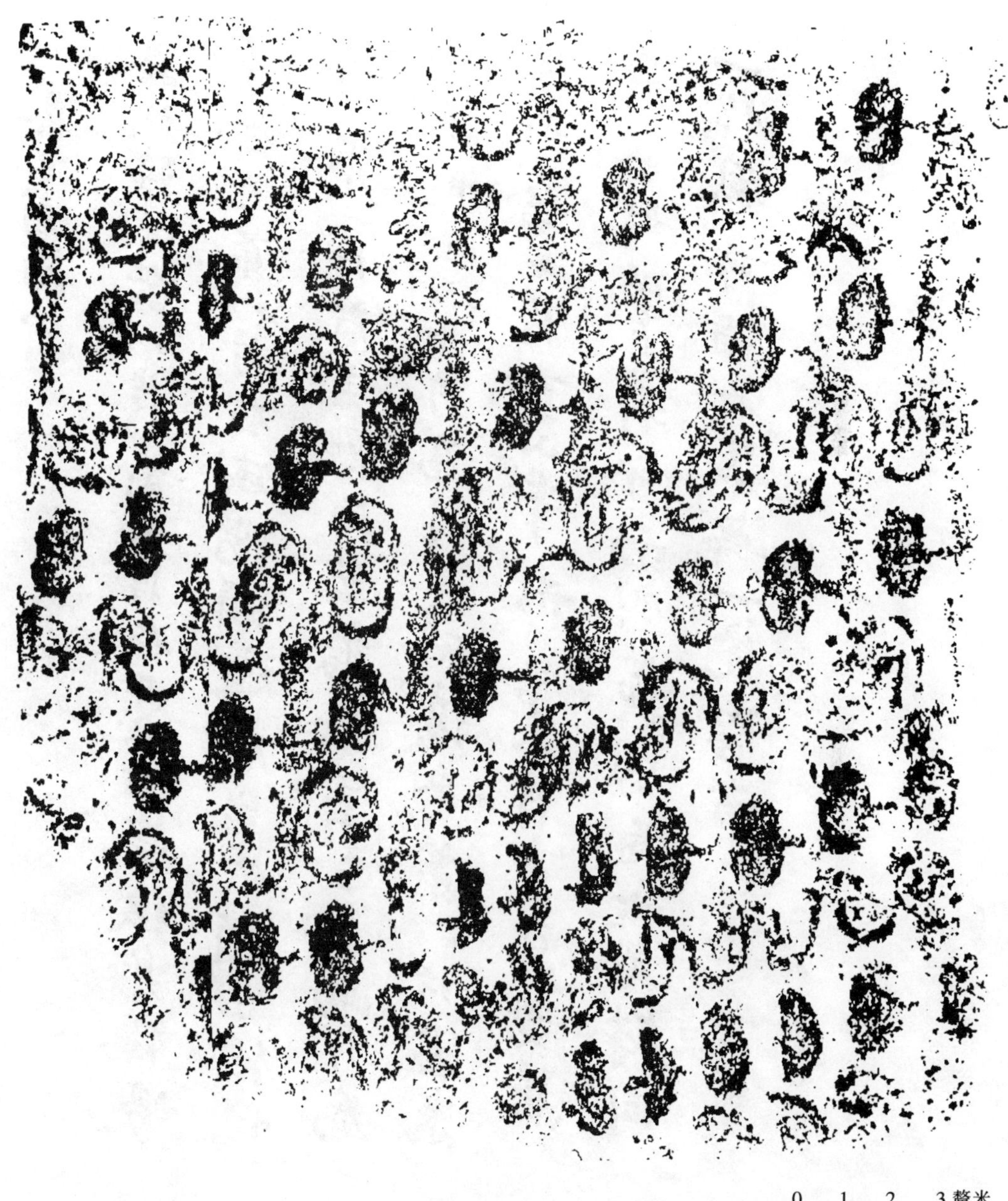
0 1 2 3釐米

秦殘陶器八

秦代殘陶器八片，前七片在西北大學後身戰壕
中撿出，第八片在咸陽頭道原出土，顏色俱純
青，第一片有三鶴形，姿態最美，二三兩片為
月牙形，四五兩片為月牙形夔文，第六片畫葉
寶形，第七片畫山峯形，第八片畫葉寶纍
藤蔓形，皆是打印而成，與鳳翔大畫磚同
一作風，可惜各器無一完整者。

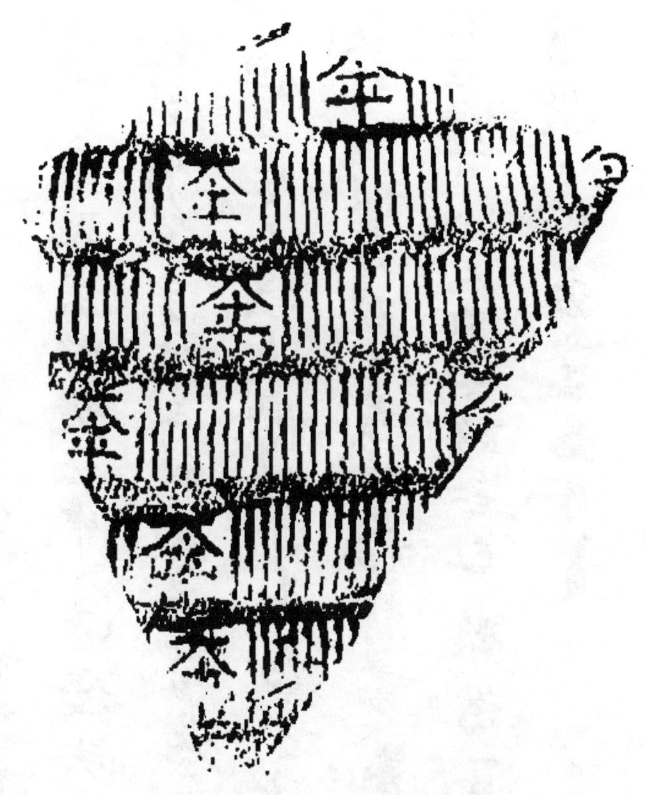

漢太平殘陶器片

陶片顏色純青，五四年四月，寶雞祀雞台下出土，文二字「太平」印戳夾於繩紋中，連殘缺共有八印，從繩紋陶質手法三種觀之，皆為秦末漢初作風，但文字已接近楷隸，最為奇特，秦代用小篆，又作隸書，現又發現楷隸書，秦漢之際文字衰化之速，令人驚訝無已，雖為片殘陶，能見到書體之演衰，至為可貴

漢咸原少嬰殘陶器

殘陶顏色純青、一九五四年四月、在咸陽東渭城出土、文四字「咸原少嬰」、打印在裏面、外表為繩紋、當作咸原小罌解、咸原者咸陽原也、至今仍稱為頭道原二道原三道原、少為小字之假借、漢代少府即小府、嬰為罌字之假借、說文罃長頸缾也、史記梁惠王魏罃、戰國策魏策作魏嬰、說文通訓定聲云罌與罃略同、是罃嬰罌三字在戰國時皆可通用、陶器雖為殘片、倘非敲口罌類、則文字無法打印入內也

漢咸里完夫陶瓶

陶瓶顏色純青。一九五三年五月咸陽窯店出土，文四字「咸里郑夫」，西安歷史博物館藏。咸里陶器俱出土在窯店一帶。西漢人稱咸陽為咸里，說已詳本書卷一陶器類。案完字姓甚少見。續通志卷八十六氏族略云：完見姓苑。明代完彥文官南豐縣丞，完愚官歸善知縣。據此陶器，知在西漢時已有此姓。從完加邑，猶咸里屈驕作⿰屈阝驕耳。

漢咸亭完里丹器陶鼎

陶鼎顏色青灰，咸陽頭道原出土，文六字，咸亭完里丹器，與本書卷一著録殘陶片同文同范，予十年前在夏備生處見有與此同范陶鼎二品，彼不知售與誰人，秦漢人自造陶器，與市鬻者不同，僅稱名不著姓，咸里各器皆然，如井器陶蓋，咸亭當柳恚器，咸里直章，咸亭完里丹器之類是也。

漢咸里郿⿰豆呂陶印

陶印文四字「咸里郿⿰豆呂」與本書卷一著錄咸里郿騎陶印類型正同，第四字疑爲騎字之變體。此係夾在渭南趙乾生先生藏書冊内，原印今不知流落何所，吉光羽毛，彌足珍貴。予搜集咸里咸亭咸陽亭咸原之陶器陶印，先後共有十五種，觀於西漢人對咸陽亭化名稱可作一有系統之研究。

漢南陵大泉陶甕

陶甕，顏色青灰。一九五三年三月西安灞橋鼈靈蓋地方修建電廠工程時出土。現藏西北歷史博物館。文八字「南陵大泉乘輿水匋」與予藏南陵大泉殘陶片（本書卷一已著錄）及陶齋吉金錄著錄之南陵大泉乘輿御水銅鍾，皆為建平四年同時之製作。南陵為薄太后陵，已詳本書第一卷。

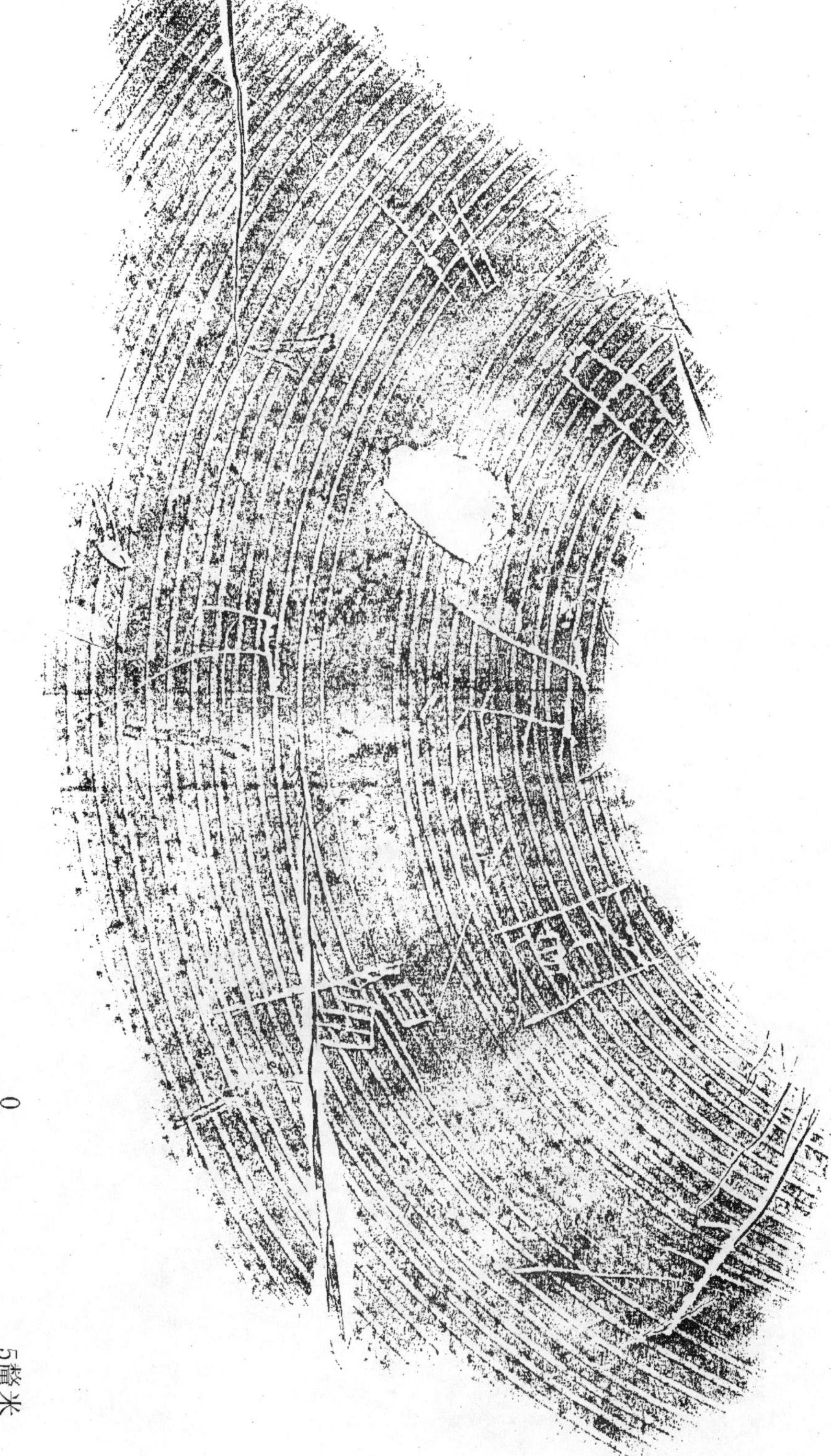
0
5釐米

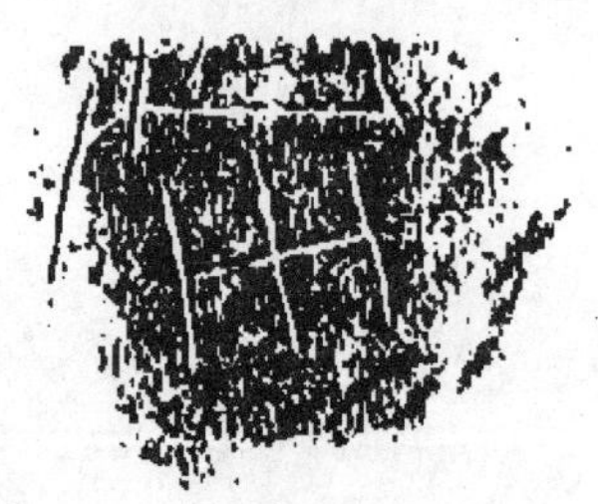

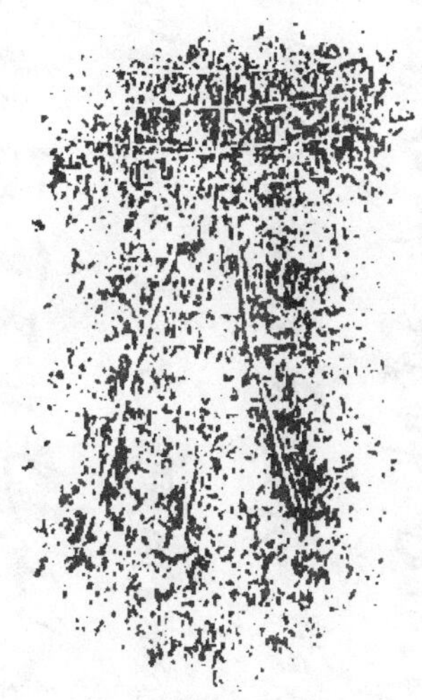

漢置陽任氏陶尊 三

置陽任氏陶器共三件，顔色青灰，五三年三月在咸陽北長陵車站附近窯店出土，現藏西北歷史博物館。第一器「置陽任氏廿卅千」七字，第二器「置陽任」三字，第三器「木」一字。置陽漢代無此縣名，案置與寘通。漢書地理志汝南郡有慎陽縣，顔師古注：慎字本作滇，音真，後誤為慎，今猶有真丘真陽縣字並單作真，知其音不改也。闞駰云永平五年失印更刻，遂誤以水為心。又漢書高惠功臣表，有慎陽侯樂説，顔師古注：慎字應作

滇，音真，略與上同。陶器之置陽，即寘陽，當為汝南郡之真陽無疑。特一變為滇陽，再誤為慎陽耳。第三器木字，即市字變體

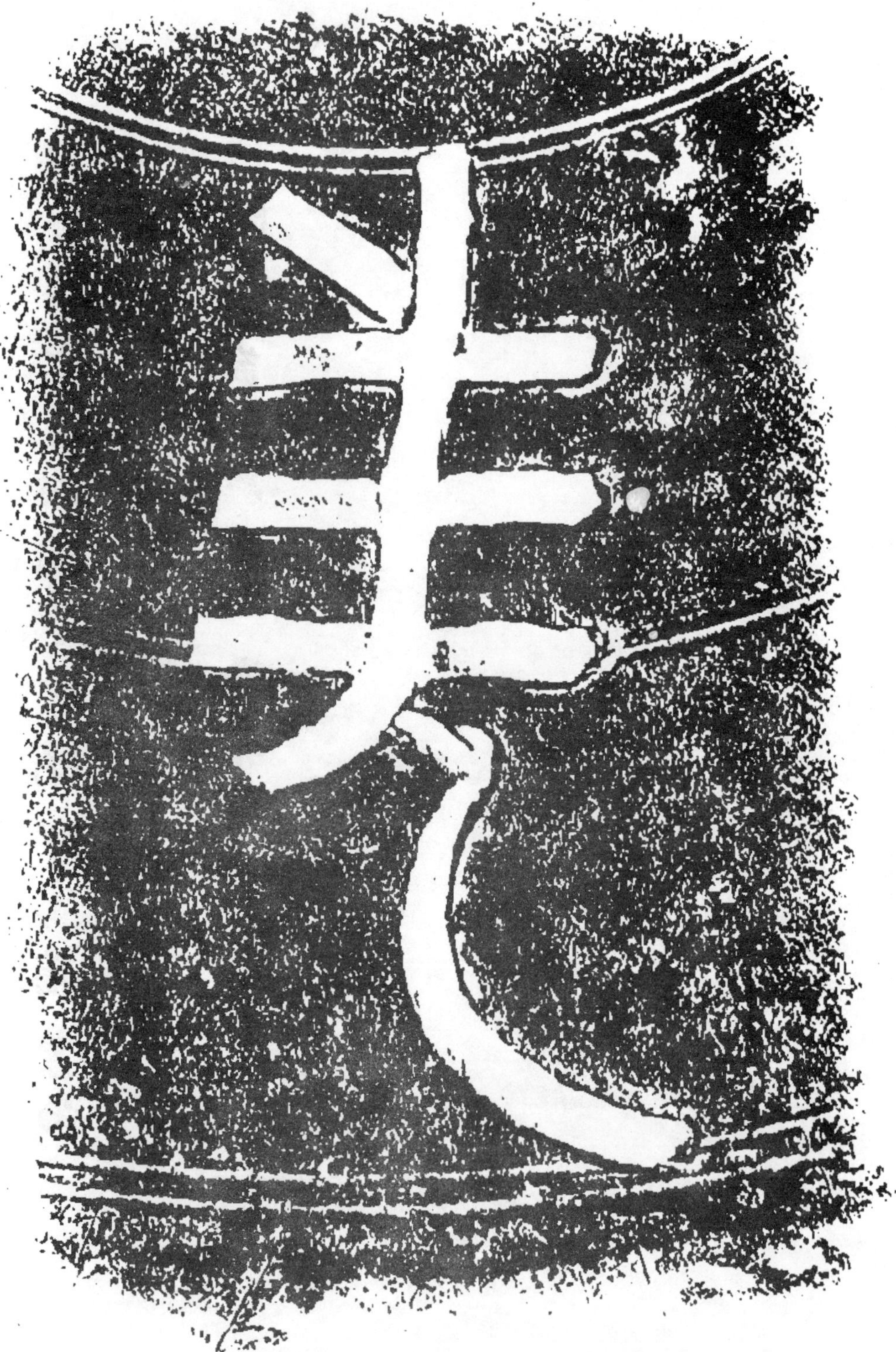

漢羌字陶甕

一九五三年三月鄠縣黄堆鄉出土、顏色佬青、文一字「羌」現存西北歷史博物館、此器形式文字、完全與漢代相同、並可證明羌族文化、雖但與漢族文化一樣、並且能融合草隸書及篆書為一手上半是草隸式、下半是篆體羌族陶器不能運輸至漢代内地銷售、必然是漢人任護羌校尉的官吏、由羌地携回者、漢代少數民族的遺物、流傳至少、與匈奴相邦印有同等價值

漢莊氏陶甕

陶甕顏色純青，一九五三年三月鄠縣黃堆鄉出土，文四字「莊氏一石」，現藏西北歷史博物館。西漢貴族，往往以陶器度戊家量，如安國十升，置陽任氏廿升，兩陶甕及此器皆同此例。

漢某氏十升陶甕

陶甕顔色純青、一九五四年四月西安西北郷青門村因建設工程掘出、暫存文物清理工作隊、共出五件、有「□氏十升」文字者二件、同坑所出有陶鍑二件、陶盤一件、陶量二件、銀量一件、其他零物十餘件、銀量上有三年二月造等字、花紋文字均甚細緻、蓋西漢末有紀年時物、陶器當亦同時所造、氏上空一字、係留待買主補刻者、與本書卷一著録之霸陵某氏甔同一體例、

漢杜亭大陶甕

陶甕顏色純青，一九五四年一月，西安南鄉出土，文二字「杜亭」横印在甕口。漢書地理志杜陵縣屬京兆尹，西漢人往往稱縣為亭，蓋係俗稱。本書卷一著錄有咸陽亭久及盩亭兩陶器，與此體例正同。若解為杜陵縣之鄉亭，當稱杜陵某某亭，不當渾言為杜亭也。西漢時亭必有名，如高祖為沛縣泗上亭長是其明證。王莽傳改郡縣以亭名者有三百六十，疑稱縣為亭，王莽亦本諸俗稱而改也。

又本書卷一著錄有杜高殘陶器，在西安灞橋鑾靈盃出土，亦為杜亭二字，誤為杜高，在此更正

漢河陽上牢陶罌

陶色青灰，一九五四年四月咸陽窯店出土，暫存文物清理工作隊。文四字「河陽上牢」，上字反文，略帶繆篆式，（有疑上字為少字者非是）字在項下。河陽當為漢代長陵窯店附近村鎮之名，指渭河南（北）岸而言。上牢者謂上等牢固之器。陶器中有真河陽，河陽第一，真上牢，太牢第一，第一作等文字，與此同一類型，循此規律，解釋自有準繩

漢博望官造陶印模

一九五四年，西北聯大文學院同人在城固修理漢張騫墓，從墓中取出幾何紋漢磚、四方小鏡一枚、五銖錢二枚，又陶印模一枚，文四字「博望官造」，厚僅如銅錢，背面光滑異常，似由陶器上取下者，或係印模之笵母（若單解釋作印模，打印在陶器上，此為反文）用以打印陶器者，決不可目為泥封。西漢列侯造器，往往稱家，此獨稱官造，尚屬僅見之品。初取出時文字很明顯，後經不善于搨者滿塗墨漬，已模糊不清，然西漢名臣之遺物，其價值固自在也。

幾何磚文本書卷三已著錄一品

漢日利陶片

一九五三年五月，西安漢城出土，文二字「日利」，現存劉漢基處。

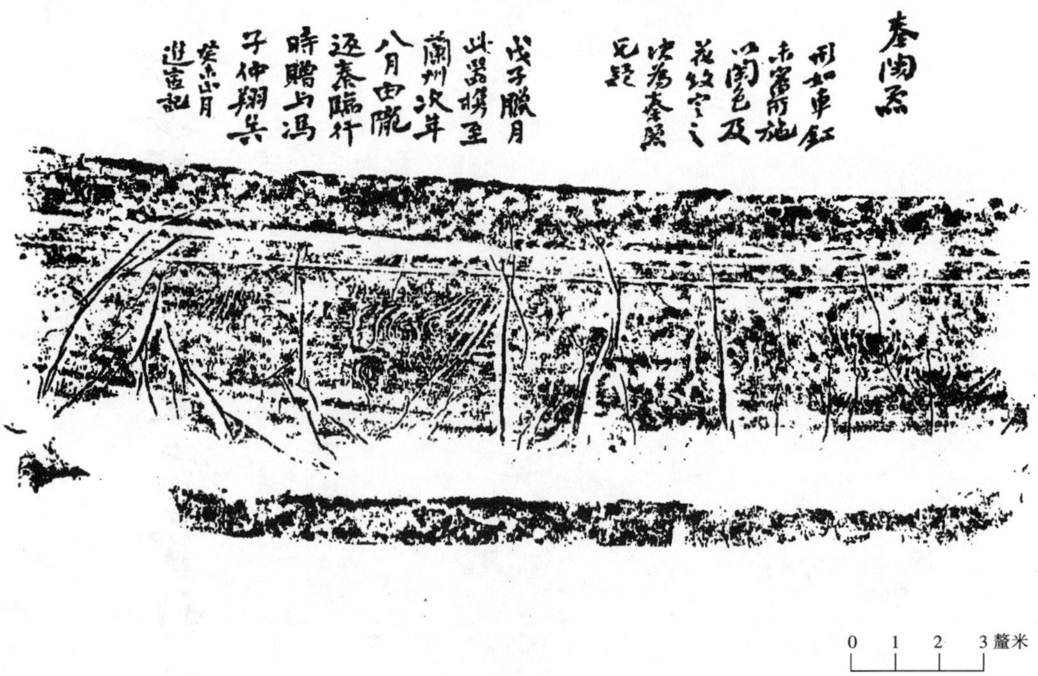
秦陶器
形如車釭
未審所施
以陶色及
花紋定之
決為秦器
無疑
戊子臘月
此器携至
蘭州次年
八月由隴
返秦臨行
時贈与馮
子仲翔兵
癸未小月
遊宦記
0 1 2 3 釐米

秦陶車釭

陶車釭顔色純青，咸陽二道原司魏村出土，龍鳳花紋極細，車釭既爲陶質，體積亦較銅玉者爲大，不可施於實用，當爲明器模型無疑，原物初爲予藏，後贈於天水馮仲翔，未知尚存在否。

0
5釐米

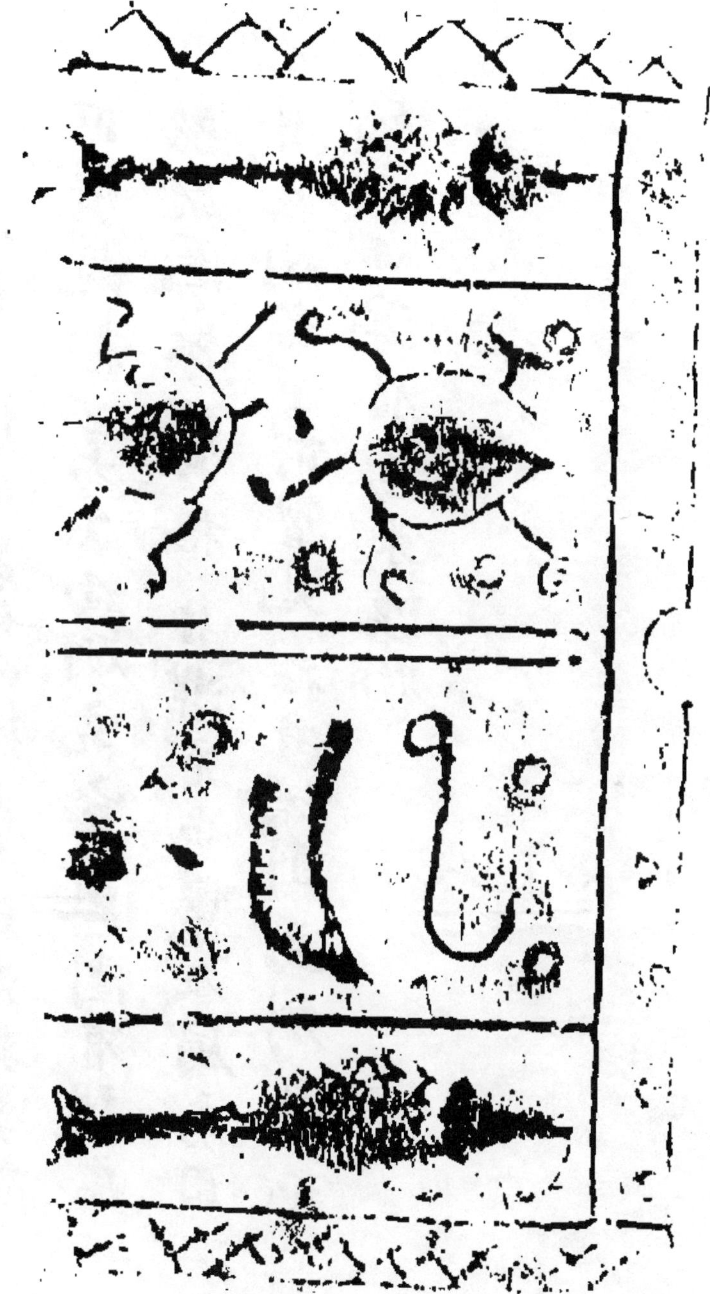

漢陶井欄

陶井欄顔色純青。西安西鄉出土。初爲吴雲樵所得。現藏西大文物研究室。周圍有龍虎駱駝圖象。共六格。井牒有魚鱉及厨房用具。在陶竈上所習見。在井欄則爲創見。花紋氣味薄弱。爲東漢物。

0
5釐米

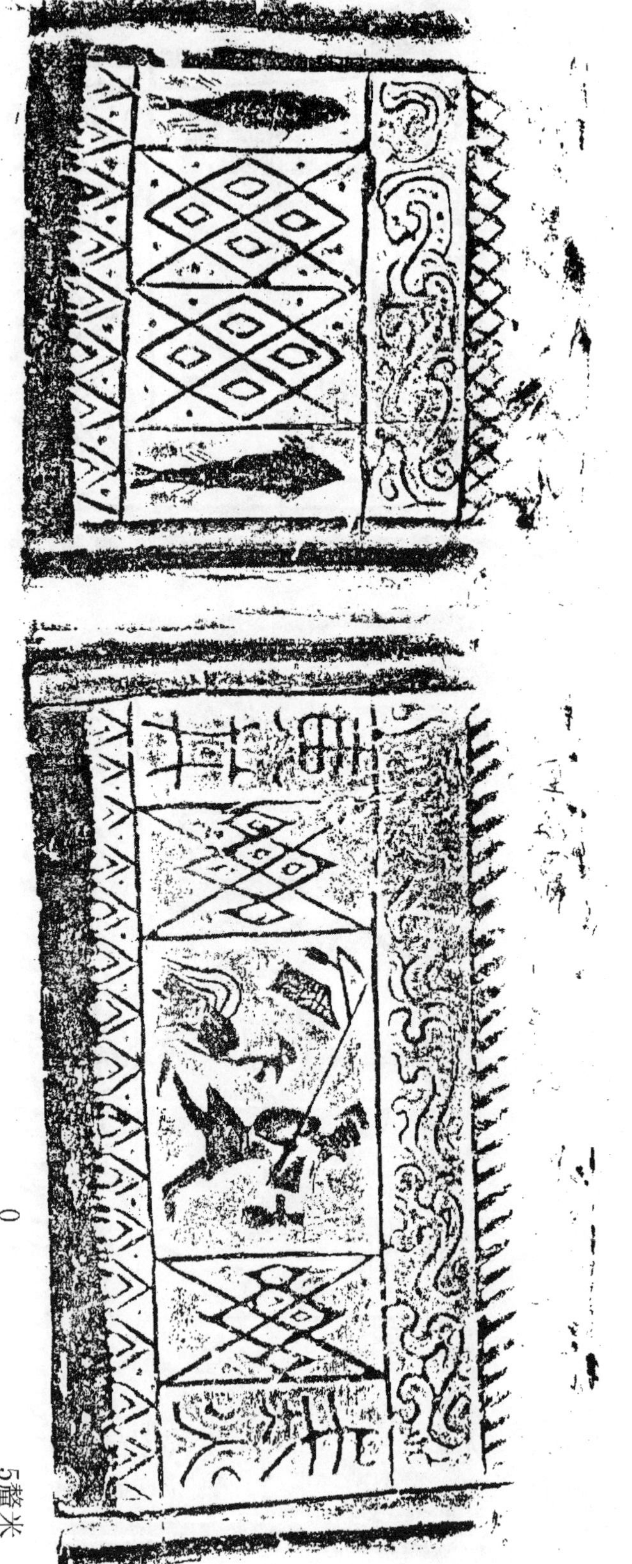
0
5釐米

漢東井戎火陶井欄

陶井欄西安南鄉出土、顏色純青、現藏西北歷史博物館、正面畫牛飲水形、旁有魚形、背面畫一人荷旗後隨一雞、兩旁有東井戎火四大字、旗下有戎火兩小字、左面畫牛形、右面畫雙魚形、畫的姿態及字體結構、皆極雄奇瑋麗、憶三十年前、亡友山陰范鼎卿在衛輝得東井戎火陶井欄一具、曾以搨本見寄、形式大小、幾完全相同、知當時製作之風氣如此、

漢陶竈殘片

陶竈殘片，西安東北鄉出土，吳興沈次量藏，右存宜子孫三字，左存大吉利三字，方壺形中有榼字，又有大泉五十泉文一枚，又畫大小鳳凰各一，面積所存雖小，字畫卻極精細，榼蓋酒榼之義，大泉五十與貨泉兩泉文，在東漢名刻畫像及畫磚銅洗上往往見之，知東漢對於莽泉並不禁止，并可知器物上畫有莽泉文者，並不能決定在莽時也。

漢畫面半瓦
五四年一月十日
進宮在西安
西北鄉未央
宮前殿後
天祿閣邊
地中拾得
半瓦無文
字或花
紋爲漢
來未見之
手拓并記

0 1 2 3 釐米

漢素面半瓦

五四年一月十日予率西大歷史系同學至未央鄉考古，在未央大殿遺址後，天祿閣遺址中檢得半瓦一品，無文字亦無花紋，爲瓦當中別開生面之創見。

0 1 2 3 釐米

漢雲紋瓦筒題字

一九五四年三月，予在未央鄉 天祿閣遺址附近拾得，雲纹重疊，形式最少，筒上打有印记者，多為畫瓦，使空貨不致淆亂。

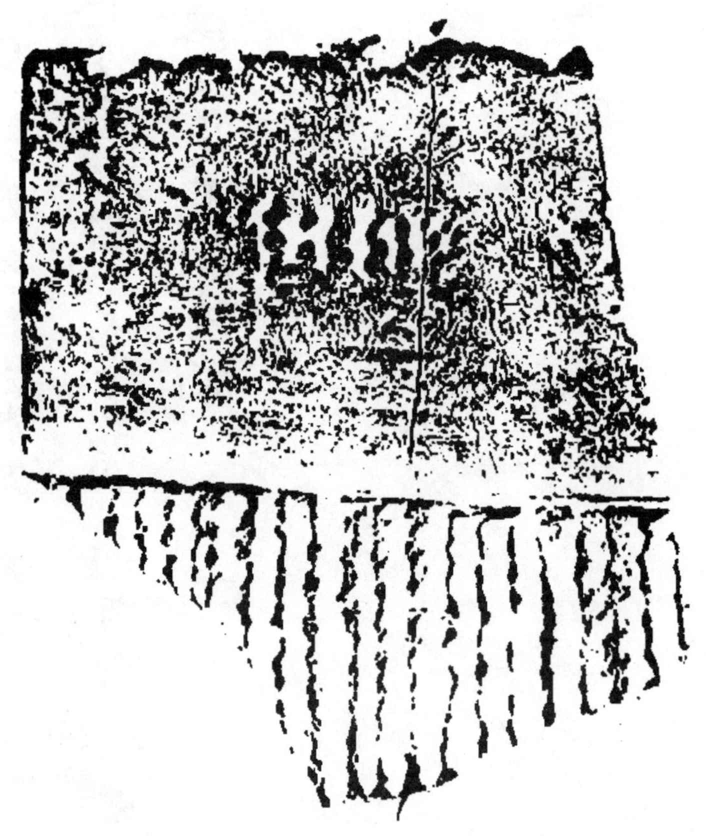

漢工三瓦筒題字

一九五四年五月二十七日予在茂陵陵上拾得。瓦當已殘缺。但仍爲雲紋式。工三二字。爲古隸書。與其他瓦筒題字作篆體者不同。

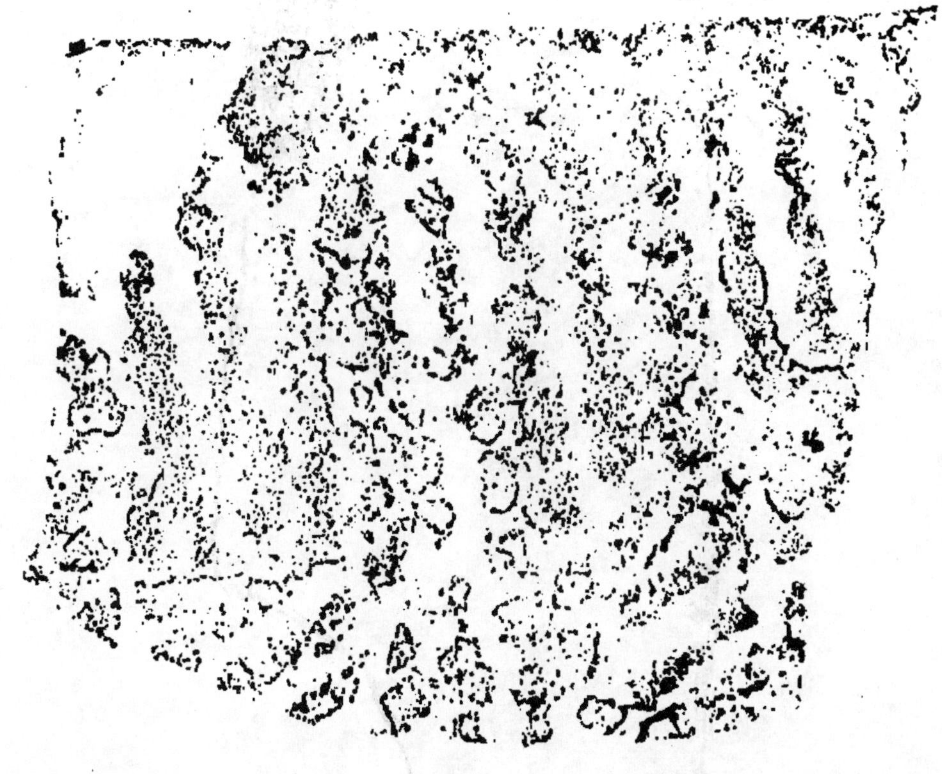
0 1 2 3 釐米

秦左司空瓦片二

瓦片二品、顔色純紅、一九五三年五月十六日、予與西大歷史系同學、在臨潼驪山東北十五里秦始皇陵上考古時所拾得、一爲左司空三字、其二不可識、（第二字人似不完全）漢書百官公卿表、少府秦官、屬官有左右司空、瓦片之左司空、在秦代當亦屬於少府、始皇陵上、發現磚文有字者二品、（本書卷三已著録）瓦片有文字者三品、（閔字瓦本書卷二下已著録）總計磚瓦有文字者共五品、秦陵文字重要的發現、實自予始、磚質顔色青灰、堅硬如鐵、似今日之洋灰磚、瓦片則

大部份純紅色、青色為數極少，背面麻繩紋、亦較漢代繩紋瓦片為粗、

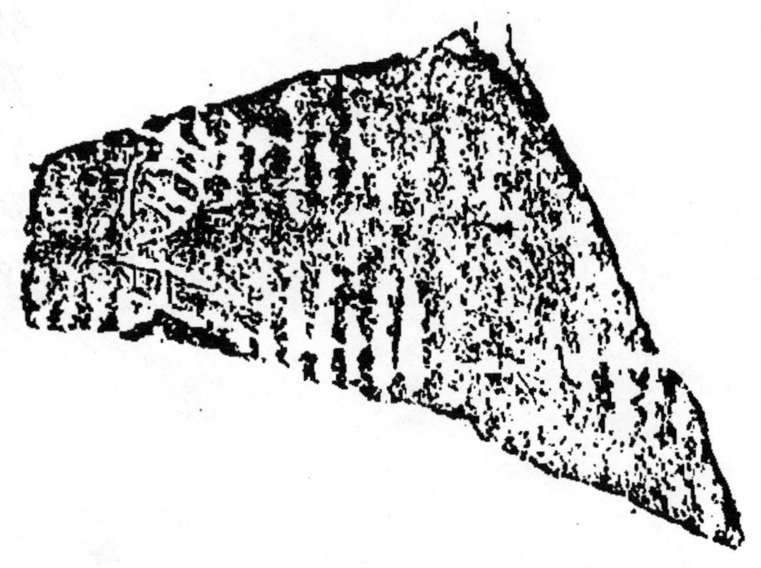

漢十月工瓦片

一九五四年三月予在未央宮大殿遺址後、天祿閣遺址檢得、文存「十月工」三字、與本書卷二下著錄之「十二年四月工雛」瓦片、文字偏在左方、細繩紋、先鍥後燒、陶色純青、各情形無不相同、皆爲西漢初年作品、

漢大子瓦片

陶色純青，文二字「大子」，西安未央鄉未央宮遺址出土。大者謂未央大殿，子謂繡縟，與磚文之大寅、瓦筒之大癸大乙同例。

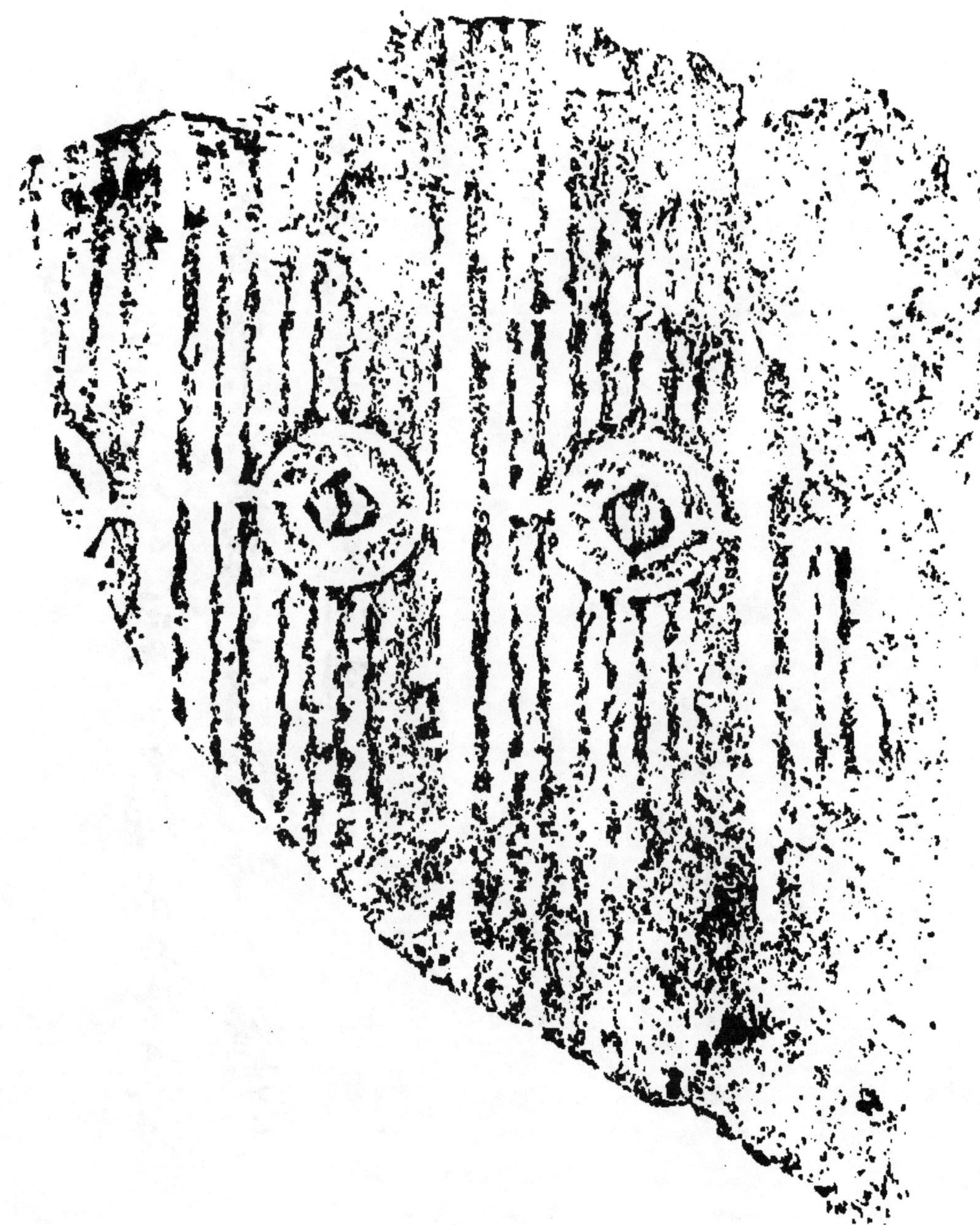

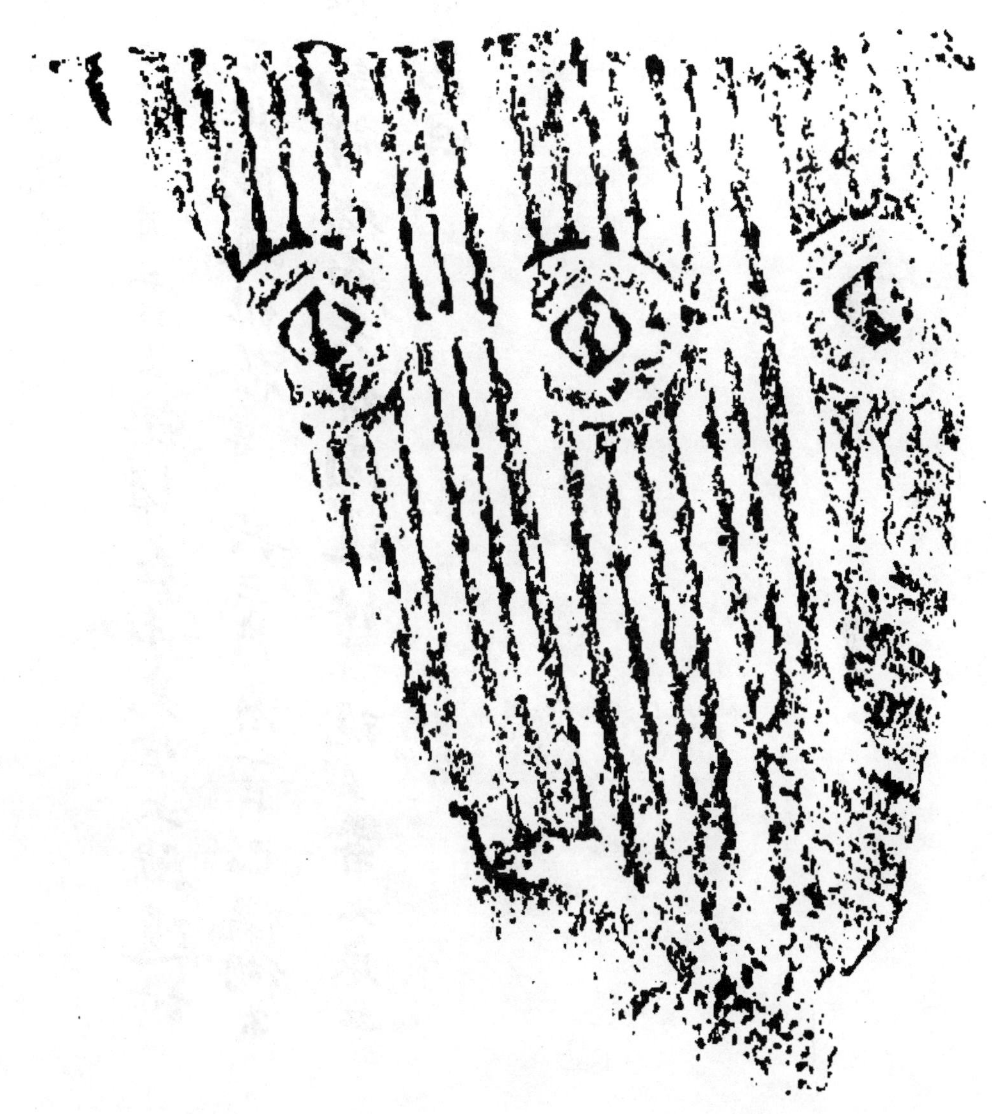

漢五銖瓦片二

一九五四年三月，賓生德耀在未央宮大殿遺址西北，石渠閣遺址拾得，共三片，有一片已模糊不可拓，說詳後面天祿閣遺址發現「王莽大泉五十」背范條。

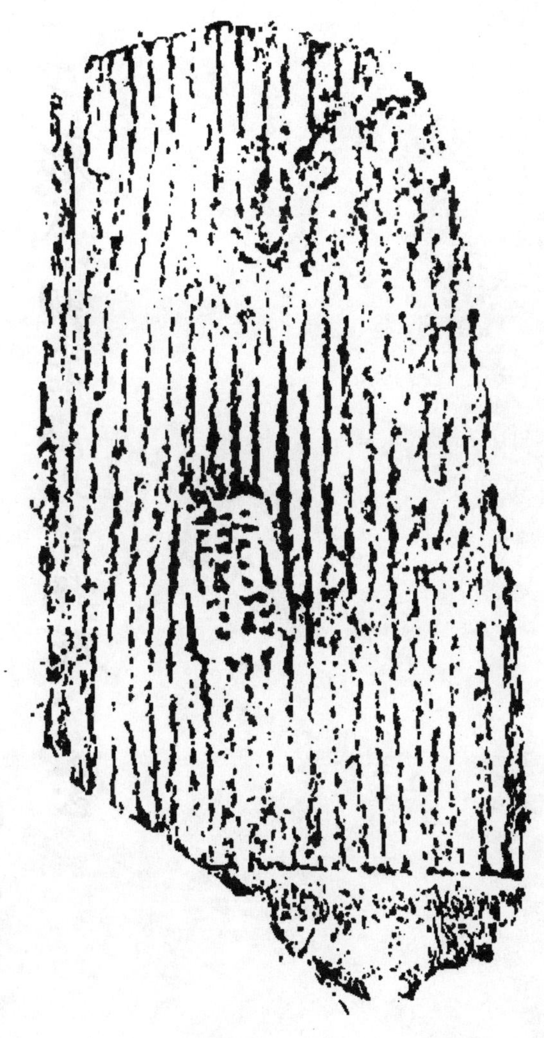

漢康氏瓦片

一九五四年三月，在未央鄉天祿閣遺址檢得。

文二字「康氏」。現存西大文物研究室。

王莽居攝二年瓦片

陶色灰黄。一九五三年五月在未央宫前殿遺址出土。文八字「居攝二年都司空造」。現存劉漢基處。居攝二年瓦片，本書卷二下已著録六片，瓦文例爲「居攝二年都司空」七字，此獨八字，是僅見之品。

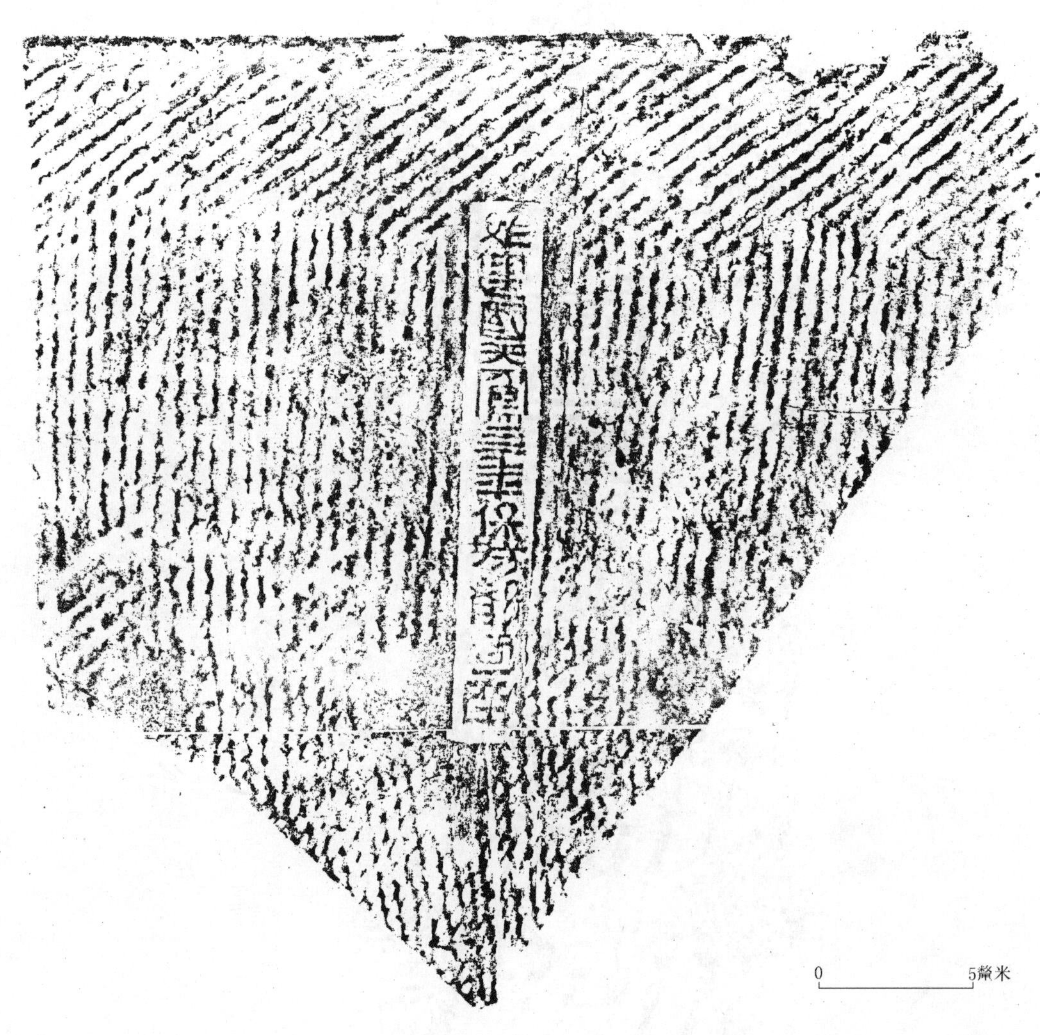

0 5釐米

王莽始建國天鳳四年瓦片三

一九五二年未央宫前殿遺址出土，文十二字「始建國天鳳四年保城都司空」。現存馬羽鶴處，第二品同文，趙乾生舊藏，第三品只存殘文四字。

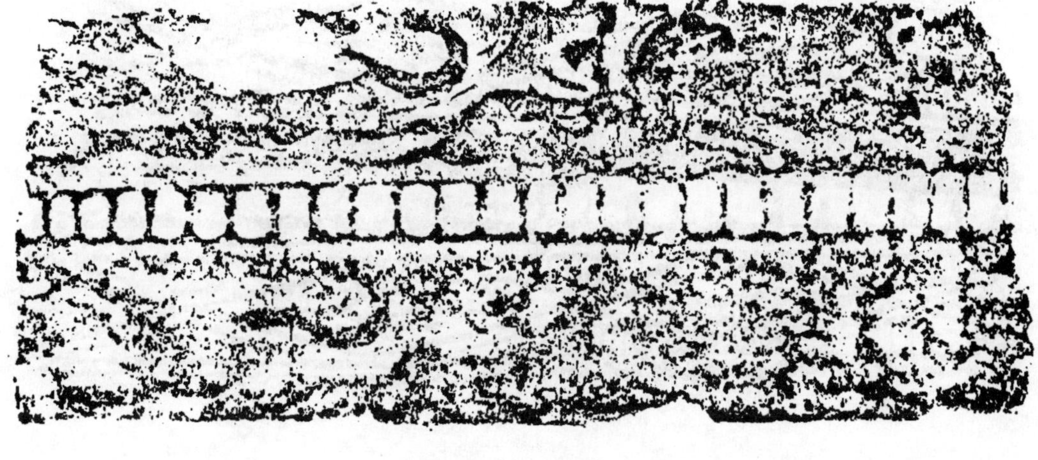
0 1 2 3釐米

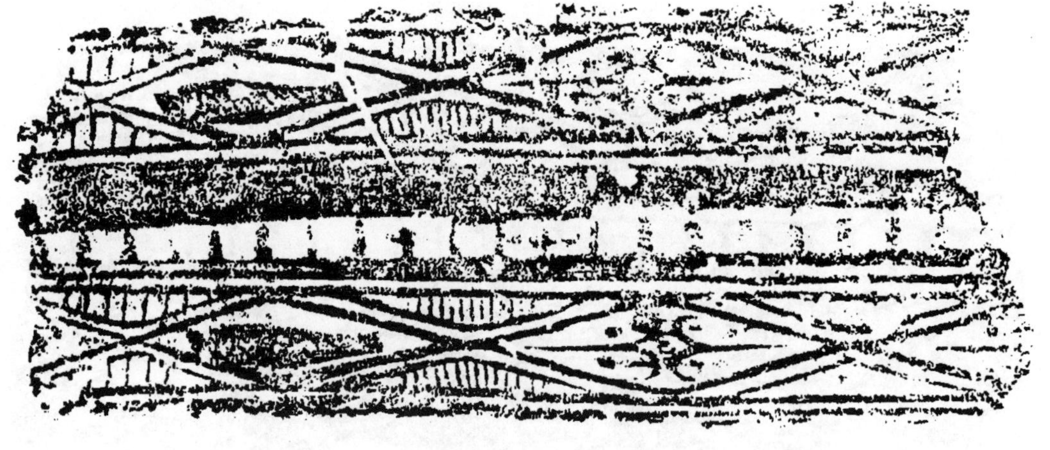
0 1 2 3 釐米

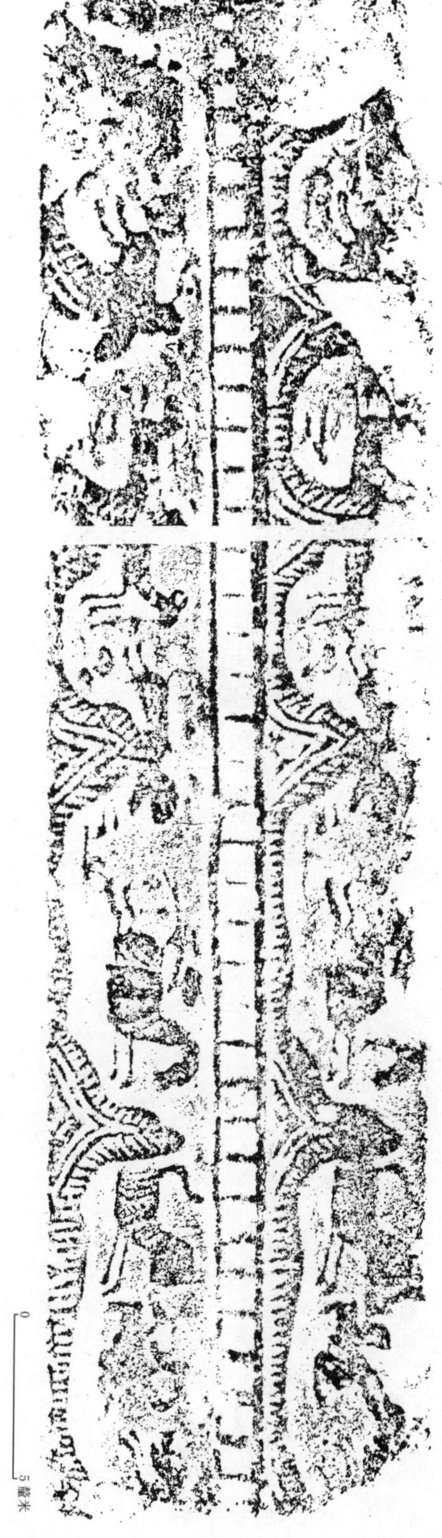
0
5釐米

秦狩獵紋大畫磚三

磚色純青。鳳翔彪脚鎮出土。周西山舊藏

0 5釐米

0　　5釐米

漢元和二年及公羊草隸磚 二

一九二五年，西安西南鄉，曾出草隸磚一批，共三十餘方，有元和年號及公羊經文者兩方，歸三原于氏。第一方文兩行，第一行八字，第二行五字，文云「元和二年七（原文脱月字）廿二日長安男子張（張字在初拓本上尚明晰）」共計十三字。第二方文五行，第一行至第四行均每行十二字，第五行六（七）字，共計五十四（五）字，文云：

元年春王正月元年者何君之
始年也春者何歲之始也王者
孰胃〻文王也曷為先言王而
後正月王之正月也何言乎王
（之）正月大一統也

磚文所寫公羊隱元年傳文、有兩特點、一是經文與傳文相聯、二是公羊傳在漢時有嚴顔兩本、磚文所寫爲嚴氏本、與今傳世何休解詁所用之顔氏本不同、試分析言之、磚文第一句元年春王正月是春秋經文、以下元年者何等句、是公羊傳文、案孔穎達詩正義云、漢初爲傳訓者、皆與經别、故蔡邕石經公羊殘碑無經、（洛陽所出春秋公羊經亦係單刻經文）何休解詁、亦但釋傳、分經附傳、大抵漢後人爲之、故漢書藝文志載有春秋公羊經、與公羊傳區别、清儒多謂春秋三傳、漢以前經與傳離、漢以後始經與傳合，左傳經傳相聯，則始於杜預，公羊傳則始於東漢以後，穀梁傳始於范寧。今以磚文證之，分明經傳相聯，與石經公羊殘碑經傳相離不同，足証兩者在漢代均可適用。此清儒解經者所未知也。磚文與何休公羊解詁今本相校，磚文「曷為先言王而後正月」今本作「曷為先言王而後言正月」較今本正月上少言字。磚文「王之正月也何言乎王之正月」今本作「王正月也何言乎王正月」較今本又多兩之字，蓋磚文所據為公羊嚴氏章句，何休解詁是用顏氏章句，故有異同若此．（說文所引公羊亦據嚴本）磚文刻於章帝元和二年．其時何休尚未解詁也．漢代磚文竹簡．屢寫急就章．寫經書者．僅此一見．其餘有尚書籤文磚（本書卷三已著録）但未見尚書經文．此磚早於鴻都石經．即是刻經之始祖．草隸筆勢飛舞．與鄒適廬所藏急就章磚．（見藝術叢編草隸存）正相伯仲．甲午四月鎮江陳直寫記

0 1 2 3釐米

漢謹奏再拜賀磚

磚文陶色純青，西安段紹嘉藏，文一行「謹奏再拜賀」五字草隸書，亦一九二五年與元和公羊草隸磚同時出土，段君另有「自告無罪」四字草隸磚，亦同坑所出，當時所出有三十餘品，現所知者，僅此四種耳。

公羊草隸磚，所寫為隱公元年傳文，只此一磚，知為一時遊戲之作，並非全文，與鄒氏所藏急就章磚，只寫首章作例正同，謹奏再拜賀五字似漢代奏章賀表通用末尾句，或亦陶工遊戲之筆也。

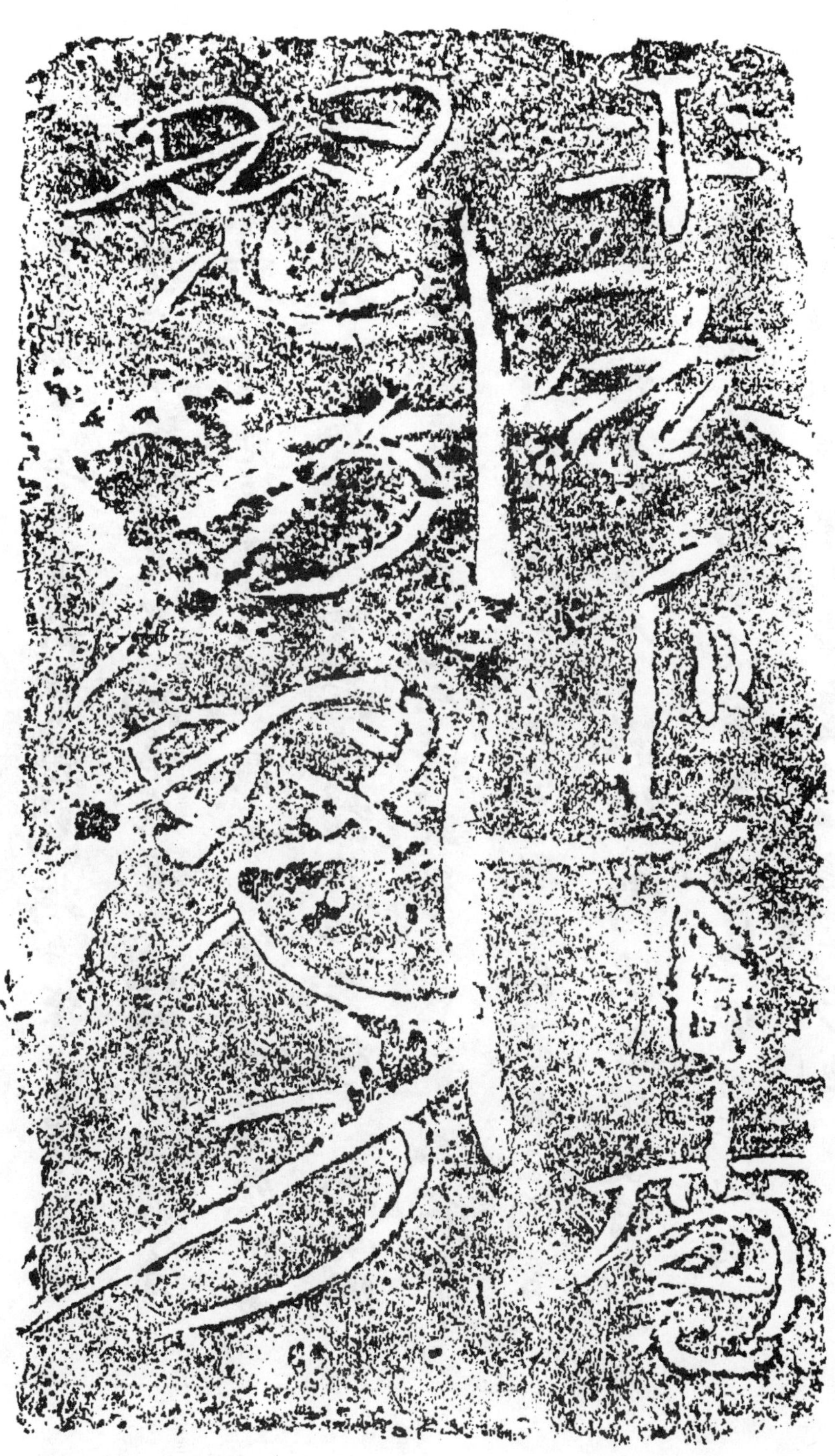

0 1 2 3釐米

漢衣石自愛草隸磚

一九五四年五月，出於寶鷄鬥鷄台李家崖第二築校工地漢墓中，陶色灰黄，門人劉士莪手拓此磚見示，文十一字，原書二字「牛十」，上層加書九字「平衣石自愛怒力怒力」，以意揣之，爲兩陶工遊戲之筆，平爲人姓，或爲人名，平先寫牛十二字，牛十後寫上層九字，衣石即衣食之同音省文，怒力即努力之假借，許慎著説文時尚無努字，陶工寫劃後，出窯襍賣，買主取以封墓門，與墓中人事實，並無關涉也。

0
5釐米

漢八月大吉磚

一九五四年三月鳳翔小唐村出土。陶色青灰。文四字：八月大古。古為吉字减筆。

0 1 2 3釐米

漢尹字磚

一九五四年三月鳳翔小唐村出土，陶色青灰，文二字「尹尹」，蓋陶工之姓。與八月大吉磚現暫存文物清理工作隊。

0
5釐米

漢左氏靈磚

陶色青灰，西安南鄉出土，文三字「左氏靈」，反書

現存李博古處

0
5釐米

漢宜子孫磚

陶色灰黄。西安東鄉出土。文四字，「宜子孫」。

0 1 2 3釐米

漢大女磚

陶色青灰。西安西鄉出土。文五字「大女史息婦」。初為白祚所得。後歸於李宏棠處。蓋漢人識墓之磚。

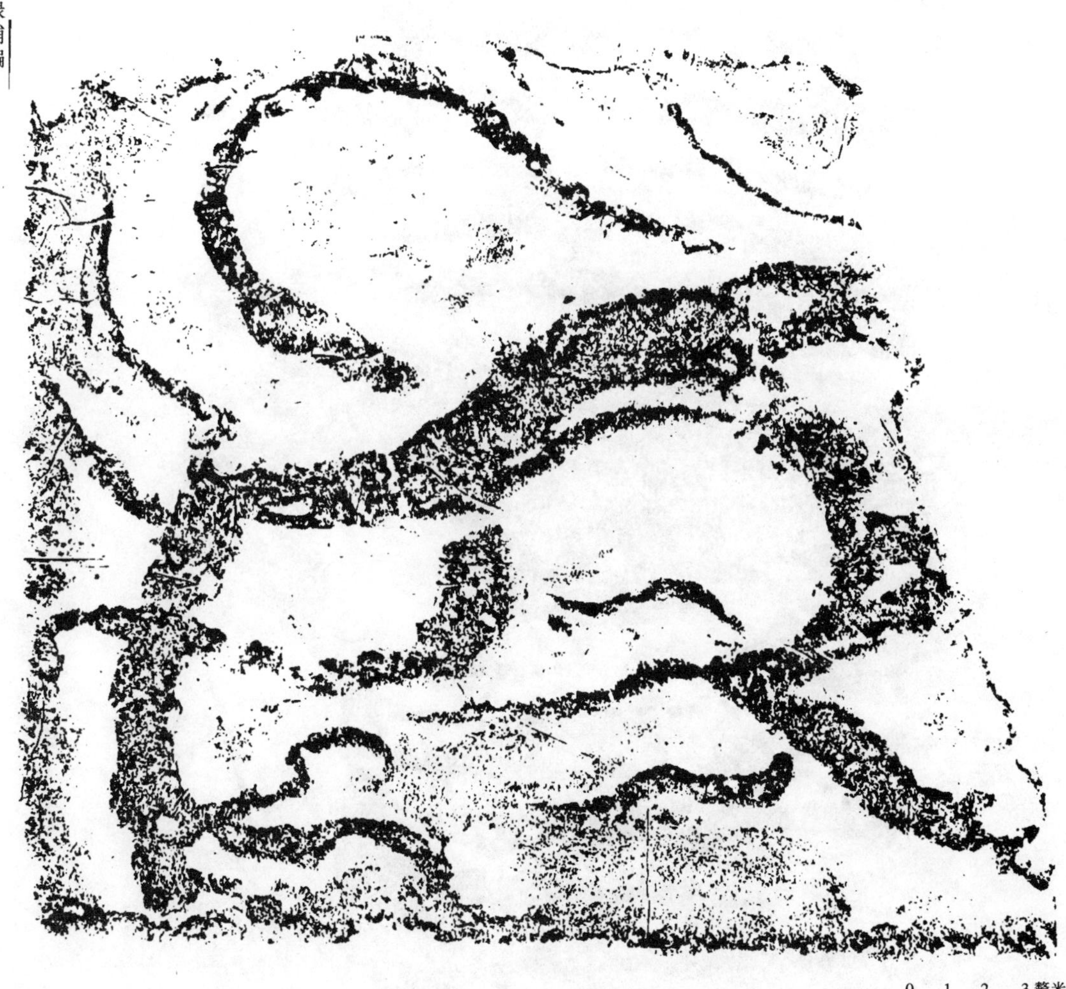
0 1 2 3釐米

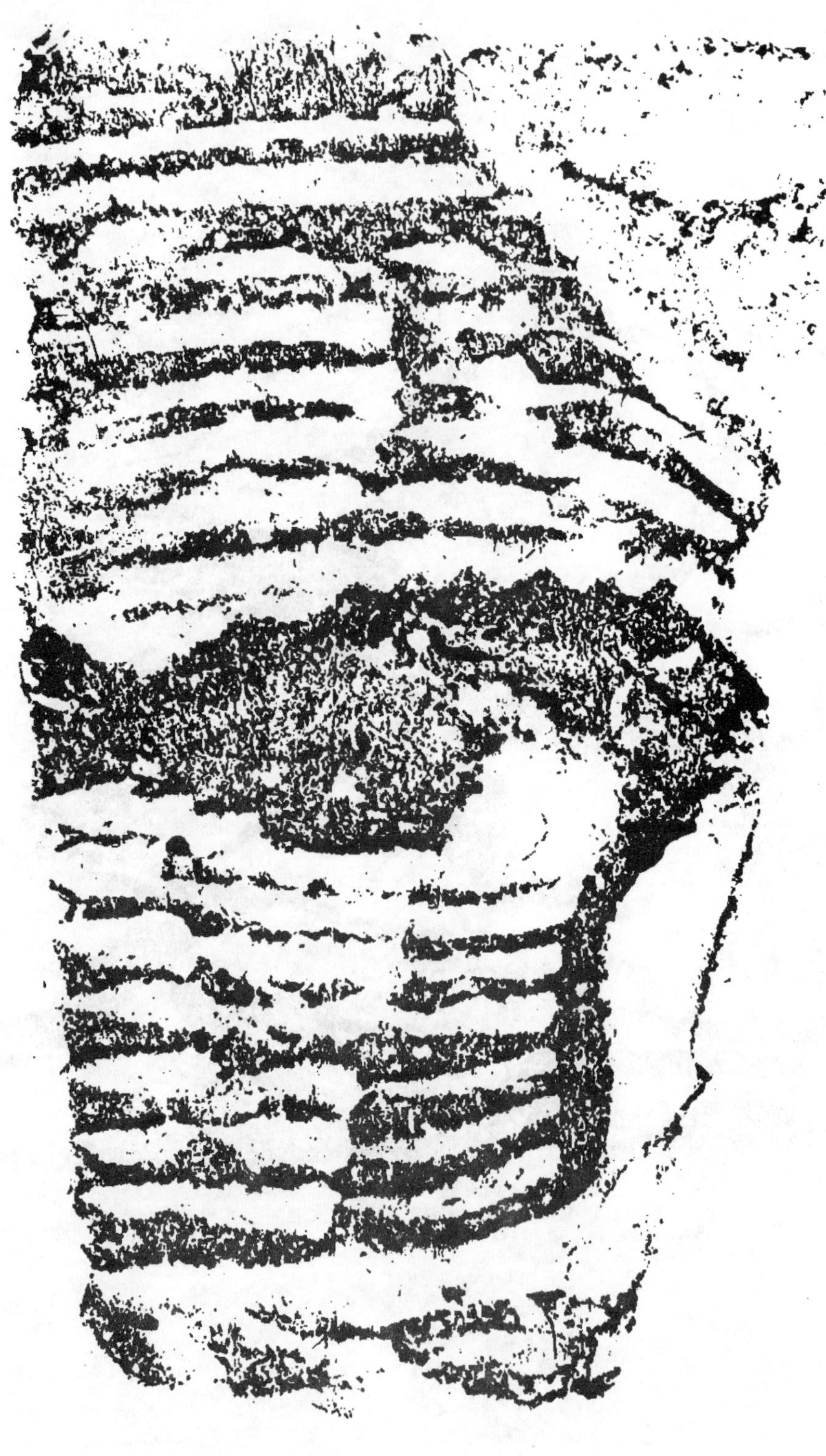

0 1 2 3釐米

漢龍紋殘磚 二

陶色灰紅，敦煌某寺中所出，由黄文弼携歸西安，現存西大文物研究室，全磚面積甚大，只殘存龍尾龍鱗兩段，氣魄雄偉，在關中所出漢畫之上

漢花紋磚

一九五四年三月在石渠閣遺址捡得。幾何紋亞為精美。

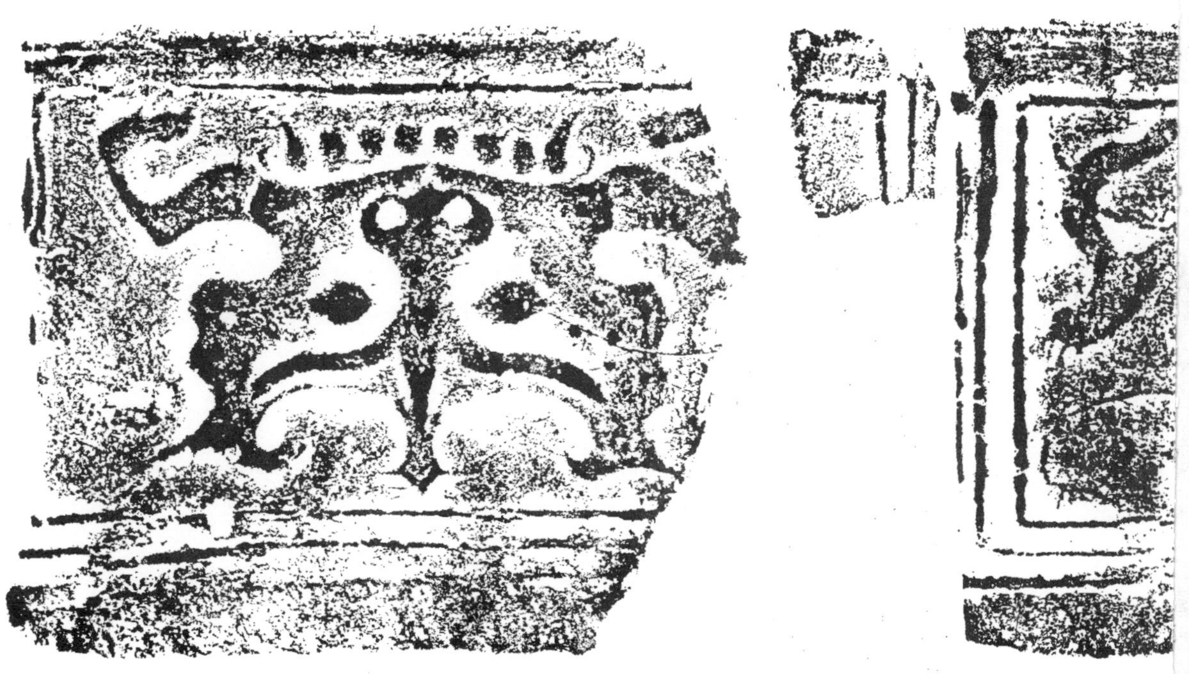

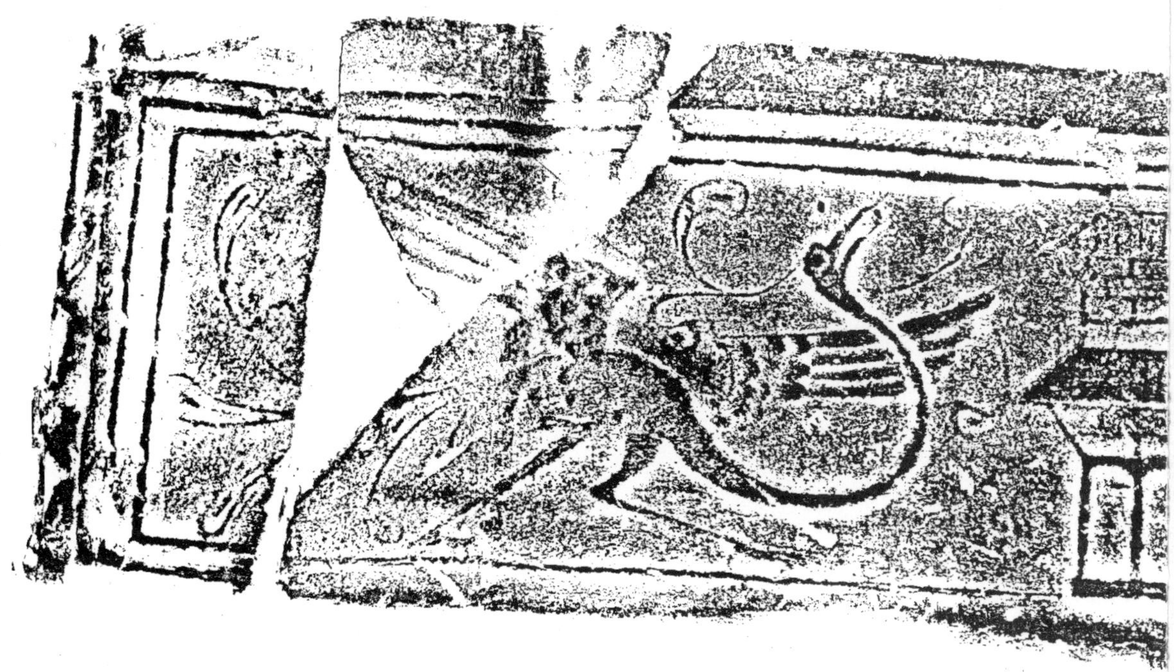

漢龍鳳紋瓦棺

瓦棺出於咸陽頭道原，初存於咸陽文化館，後移至鳳皇臺，現只存殘龍一段，又分為兩小塊，其餘均已損失，漢代瓦棺西安出土最多，普通僅用圖案文、有文字為「買曹者後無復有大吉」等三種，有精美龍鳳花紋者，僅此一種，前和畫饕餮大獸面，後和畫人騎虎背右邊畫遊龍，左邊畫雙鳳，又有樓屋，門口各立一人，上邊的人持幡節作拱手狀，下邊的人僅拱手，氣韻之沉雄，筆勢之飛舞，是西漢初期作品，歎為觀止

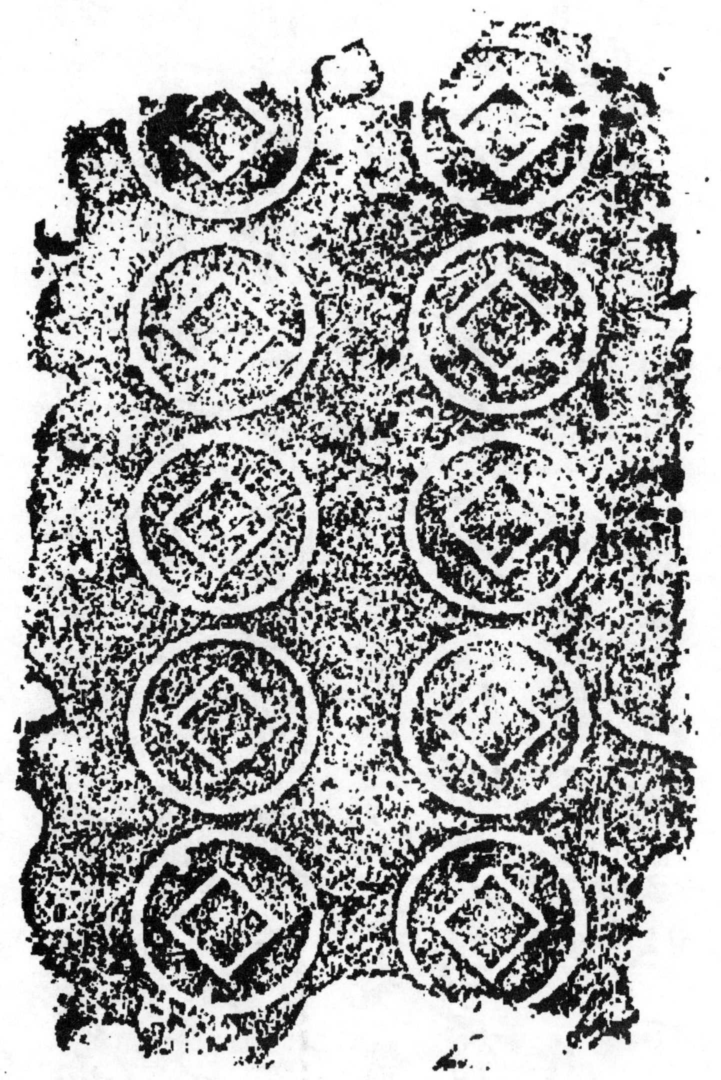

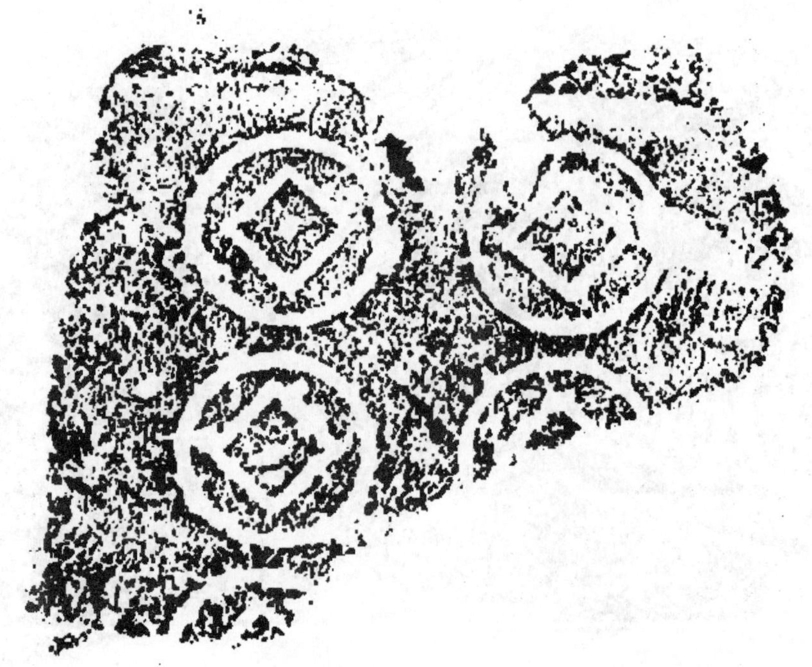

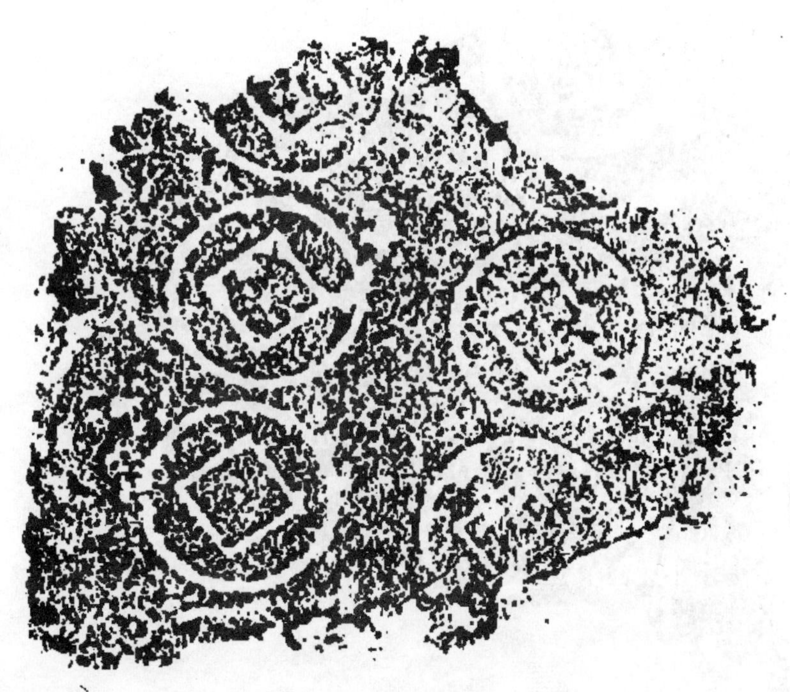

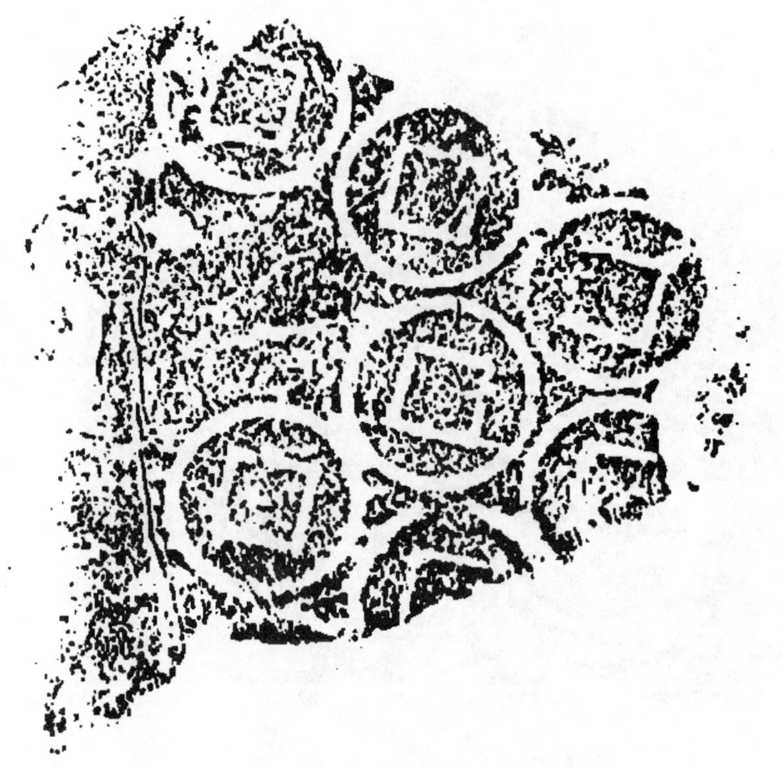

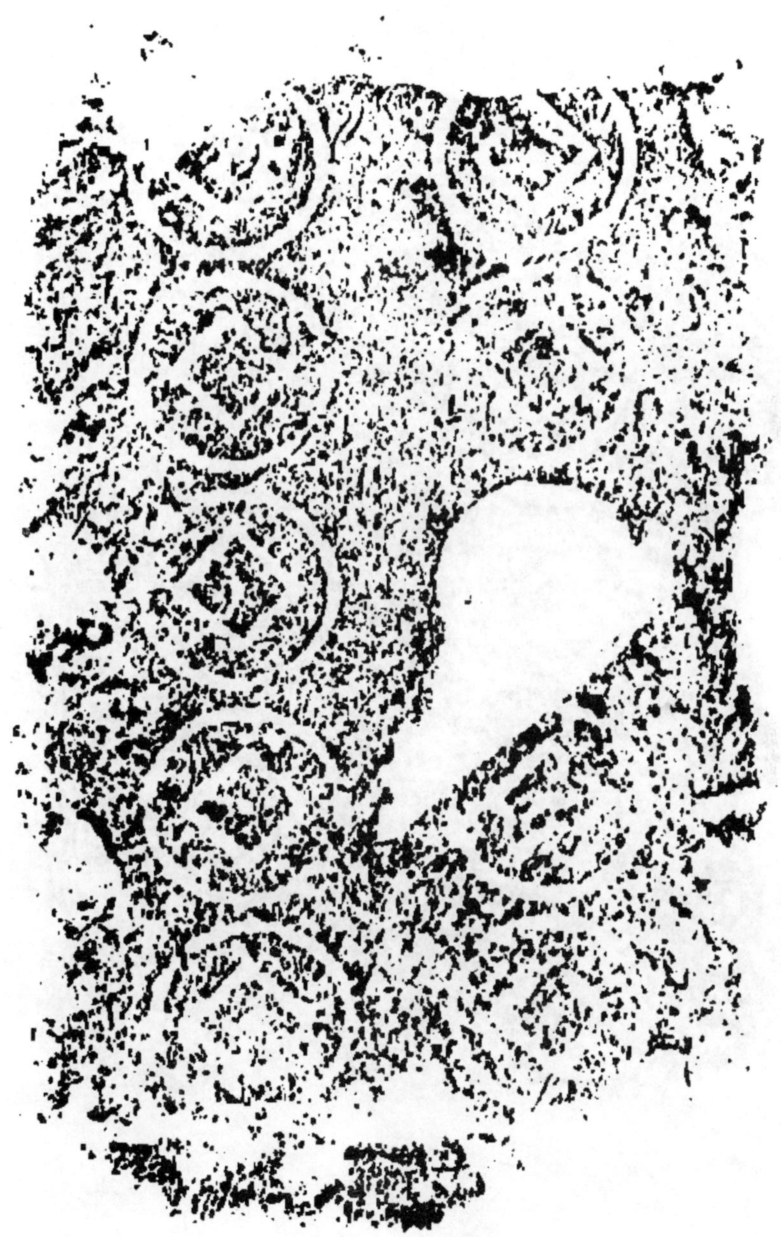

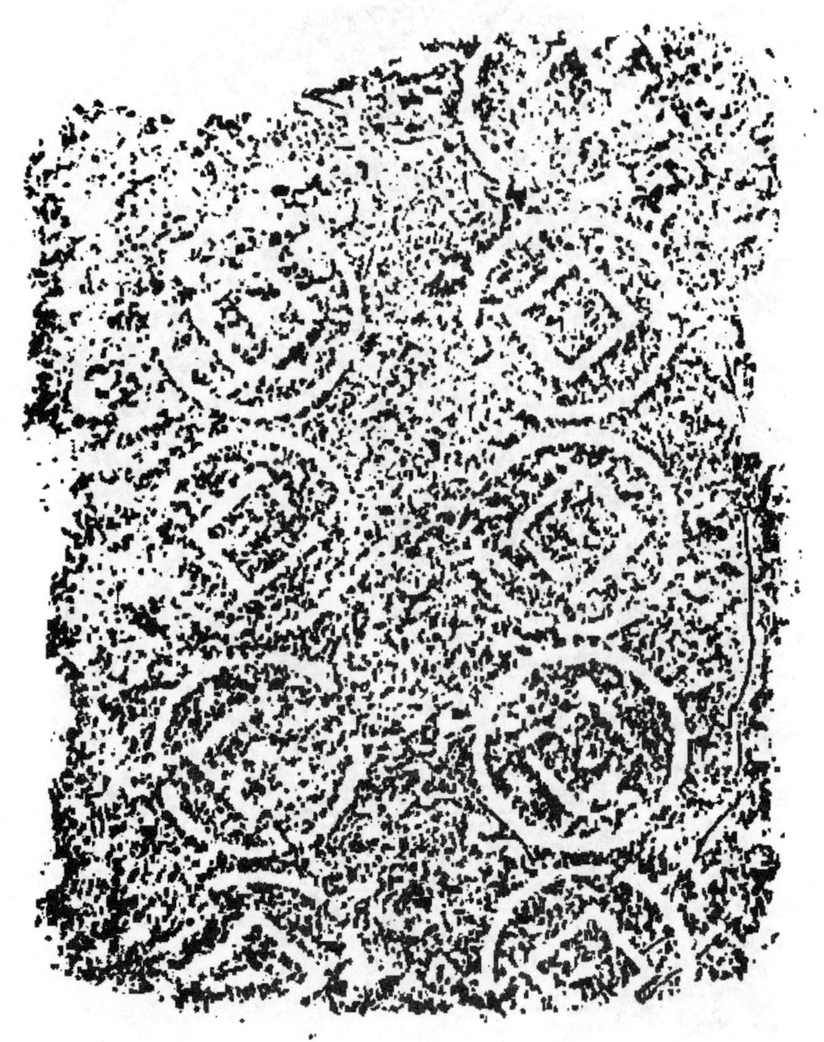

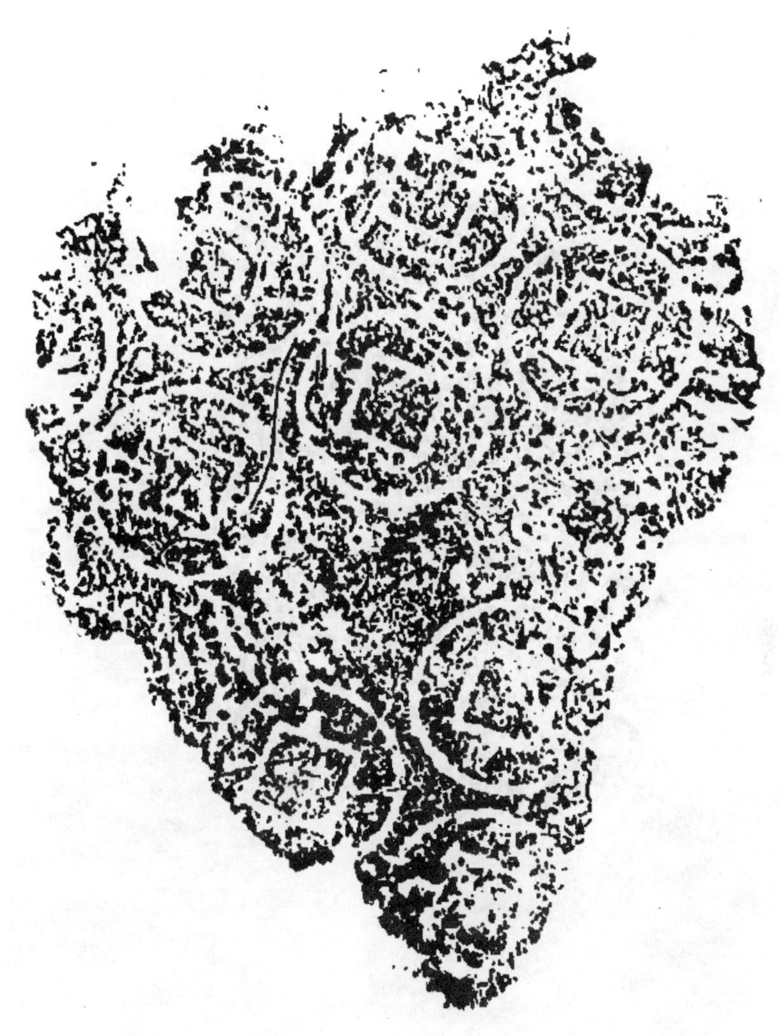

王莽大泉五十背文錢范　十

一九五四年三月十二日，予與西北歷史系一年級同學，至未央鄉未央宮前殿遺址作考古實習，後至石渠閣遺址，其前發現陰文錢幕磚范二塊，在四週地面略撥，纍纍皆是，計得陰文錢幕磚范三十二塊，五銖錢文瓦兩片，花紋磚一塊，攜歸存文物研究室，經詳細審定，知為王莽時大泉五十背文錢范，天祿石渠兩閣在西漢雖同為藏秘書之地，今以錢范出在石渠推斷之，蓋在王莽時天祿尚存（見揚雄傳）石渠已改變為鑄造錢作所。史傳從未提及漢代五銖錢範出土地址今在未央鄉相家巷。王莽錢範則出在三橋鎮正北五里之好漢廟。今又在石渠閣遺址。皆現陰文大泉五十背範知係分工合作。彙集鼓鑄。因石渠閣在莽時屬於宮城之內。只可刻範。未便開鑪。第二品進刻甲乙二字。乙疑貨字最簡單之文。謂甲等之貨也。或疑為宣帝五銖背範者。然石渠在宣元時為辯論五經異同。羣儒舌戰之場。決不能假為刻錢範之作所也。

雲紋瓦圖錄

鎮江陳直摸輯

雲紋瓦圖録序言

予以庚辰八月（一九四零年）初抵關中，訪李君道生於東木頭市寓所，李為陝西古物商人，童年習業於馬雲庵之積古齋（馬翁今尚健在，年幾八十）三十以後往返於津滬道上，鑒別既精，搜羅亦富，舉凡陝中所出銅器、泉幣、瓦當、唐泥佛像等，奇瑰稀見之品，皆由其轉售，予見李君時，已臥病在床，觀其已經流通之古物照片、拓本，幾有千件，黃濬陶佛留真中各佛像，大率皆得之李手，當時見案下有雲紋瓦當一堆，約七十面，花紋繁多，無一重複，每面上皆籤注出土地址，手拓數帋，存篋攜至隴上，逾年由隴歸秦，聞李已病逝，所藏斤賣殆盡復從其家人購致三十餘枚，嗣後續有所見，增至五十種，而七十之數殆不可復。

秦漢瓦當體例分三種：一為文字類，二為圖象類，三為圖案類。圖案類秦代以葵紋為主，漢代演變則以雲紋為主（雲紋亦稱蕨紋）。西宮所出右宮駒畫瓦（杭州鄒適廬先生藏）及靈台故基所出半規瓦，均畫雲紋疊峯式，略如四十一圖。知漢代雲紋綜合周秦而遞衰蔓生。

秦瓦出於鳳翔者，則為秦未兼并六國以前之物；出於寶雞、咸陽、西安者，則多為既并六國以後之後物。所異於漢瓦者有三特徵：一、是先做整筒，後用刀再切去一半，至今瓦背切痕宛然，漢瓦則簡化手續、只做半筒敷黏瓦、毫無切迹。二、是秦代畫瓦中無圓柱、縱有亦甚小、與漢瓦迴異。三、是瓦邊手捏不勻、圓泥色純青、與漢瓦亦異。但秦瓦出土地點及製作形態觀之、分毫不爽、凡葵紋瓦皆為秦物、則無疑義。

雲紋瓦在漢代用途最廣。一、宫殿用之、如未央宫前殿之類。二、陵墓用之、如高祖長陵、武帝茂陵、昭帝平陵、成帝延陵之類。三、宫觀樓閣用之、如天禄石渠麒麟閣之類。四、官署用之、如司空署之類。五、神祠用之、如寶鷄祀鷄台陳寶祠之類。六、私人第宅用之、如馬氏萬年之類。七、私人冢墓用之、如冢字瓦之類。此為歷年在各地考古時之目驗，文字瓦中與雲紋同樣普遍者，則為長生無極長樂未央二種，長生未央次之，雲紋瓦筒上間或有左宮右宮太戾等小印，則陶工用以標記者，使加工定貨不致淆亂。

雲紋瓦一般形式大率如第八圖至十二圖，其他圖形偶或一見，或僅此一見，至於陶字瓦壽成瓦雖借兩雲紋為藻飾，但均含有雲紋意義。

雲紋圖案流播地區至遠，齊魯所出千秋萬歲，洛陽所出永保國阜，朝鮮所出樂浪禮官及單純雲紋（見樂浪郡時代遺蹟）均屬聞風仿造。雲紋圖案流傳時間至久，苻秦隋代亦均沿用此式（予於一九四五年在西安東關外自強路窯廠見掘出隋世雲紋殘瓦一片，形式較漢代纖小，質量微薄同時出土有隋代五銖錢（二枚）至唐代瓦當則為牡丹圖案與梁代瓦當花紋相同知雲紋圖案開始於漢銷滅於隋唐代瓦當則承南朝之風氣與此朝無關漢代建築形式多存於明器及石刻畫象然一為模型一為平面畫只能略窺一斑至於建築之材料則磚瓦實物存在不少而雲紋瓦獨不為人注意因人所習見者皆通常之雲紋所不易見者為變相之雲紋今觀其或鈎連如蔓草或宛轉如遊絲或散佈如流雲或平正如折矩按理則合於幾何文字則介乎分篆變化多端不可方物可見我國秦漢時代勞動人民運用慧心集體創作在圖案上藝術上建築史上均有保存之價值前人研究秦

漢瓦當者多偏重於文字或間及於圖象羅氏秦漢瓦當文字搜羅已為豐富予曾集羅氏未著錄各品已編入關中秦漢陶錄第二卷惟圖案之作獨付缺如茲則嘗鼎一臠略存梗概所可惜者秦代雲紋碧鷄瓦左宮右宮瓦漢代空字瓦數種已經收入陶錄又無副本附列卷末殊為憾事至於李君最著者如意雲紋固屬可嘉而嗜利轉運東零西散在李君之咎也公元一九五四年四月歲在甲午鎮江陳直進宜撰於西安南郊之蓴廬

寫稿方竣又在西北歷史博物館搜得五種附入補遺共五十五種

雲紋瓦圖錄目次表

編次	名稱	時代	形式	出土地點	藏家
一	葵紋瓦	秦	葵花十二瓣有四瓣通內圜	西安漢城	西北大學文物研究室
二	葵紋瓦	秦	葵花八瓣有三瓣通內圜	咸陽頭道原	李道生舊藏
三	葵紋瓦	秦	葵花八瓣有四瓣通內圜	咸陽頭道原	李
四	葵紋瓦	秦	葵花十三瓣有四瓣通內圜	咸陽張家溝	李
五	葵紋瓦	秦	外圜葵花內圜葵實	西安未央鄉天祿閣遺址附近	文物
六	葵紋瓦	秦	葵花五瓣有三瓣通內圜	咸陽頭道原	李
七	雲紋瓦	漢	中間大圓柱	西安西北大學後身建設三師在營門口掘土時現	文物
八	雲紋瓦	漢	中間圓柱週圍有小圓點十二枚	西安漢城	李

九	雲紋瓦	漢	形式同八，輻每格內另加小圓點三枚	西安漢城	李
十	雲紋瓦	漢	中間小圓點十六枚	西安漢城	李
十一	雲紋瓦	漢	中間小圓點八枚	西安漢城	李
十二	雲紋瓦	漢	中間小圓點二十一枚，雲紋界闌同放射式	西安漢城	李
十三	雲紋瓦	漢	中間斜格十六枚	西安漢城	李
十四	雲紋瓦	漢	中間斜格十九枚	西安漢城	李
十五	雲紋瓦	漢	中間斜格二十三枚	西安未央鄉未央宮前殿遺址	文物
十六	雲紋瓦	漢	變鈎雲紋，中間方格十六枚，每格中又加X為藻飾	西安未央鄉天祿閣遺址	文物
十七	雲紋瓦	漢	中間十字斜方格	西安漢城	李
十八	雲紋瓦	漢	中間正方格二十五枚，有九枚加X為藻飾	西安漢城	李

十九	雲紋瓦	漢	中间週圍小三角紋	西安漢城	李
二十	雲紋瓦	漢	外圍小内圍特大	西安未央鄉天祿閣遺址	文物
二十一	雲紋瓦	漢	中间井字紋	西安漢城	李
二十二	雲紋瓦	漢	中间折矩紋	西安漢城	李
二十三	雲紋瓦	漢	中间井字兼折矩紋	西安漢城	李
二十四	雲紋瓦	漢	中间井字單純折矩紋	西安漢城	李
二十五	雲紋瓦	漢	中间折矩三角紋	西安漢城	李
二十六	雲紋瓦	漢	中间繁複折矩紋	西安漢城	李
二十七	雲紋瓦	漢	雲紋五連中间螺旋紋	西安漢城	李
二十八	雲紋瓦	漢	雲紋五連中间大圓柱	西安漢城	李

二十九	雲紋瓦	漢	雲紋互連	西安漢城	李
三十	雲紋瓦	漢	雲紋互連	西安漢城	李
三十一	雲紋瓦	漢	中有飛鴻	西安漢城	李
三十二	雲紋瓦	漢	十字中有米粒紋	西安漢城	李
三十三	雲紋瓦	漢	雲紋捲綫	西安漢城	李
三十四	雲紋瓦	漢	内外雲紋	西安漢城	李
三十五	雲紋瓦	漢	内圍十字加米粒紋	西安漢城	李
三十六	雲紋瓦	漢	界闌亦用雲紋内圍十字加空心米粒紋	西安漢城	李
三十七	雲紋瓦	漢	内圍形成米字式	西安漢城	李
三十八	雲紋半瓦	漢	半規式瓦是從雲紋整瓦中打出	西安未央鄉未央宫前殿遺址	文物

三十九	雲紋瓦	漢	内外雲紋放射式	西安漢城	李
四十	雲紋瓦	漢	内圍花葉八枚	西安漢城	李
四十一	雲紋瓦	漢	雲紋疊峯式與燕宮畫瓦相同蓋漢人仿戰國時瓦文圖案爲之	西安漢城	李
四十二	雲紋瓦	漢	解散式雲紋	西安市未央鄉天祿閣遺址	文物
四十三	雲紋瓦	漢	上格有馬字以下八種係雲紋兼文字	西安漢城	李
四十四	雲紋瓦	漢	上格有馬字	西安漢城	李
四十五	雲紋瓦	漢	上下格均有馬字	西安漢城	李
四十六	雲紋瓦	漢	四週有馬氏萬年四字	西安漢城	文物
四十七	雲紋瓦	漢	四週有馬氏殿當四字	西安漢城	李
四十八	雲紋瓦	漢	四周有馬氏萬年四字	西安漢城	李

四十九	雲紋瓦	漢	中間有宮字	西安漢城	李
五十	雲紋瓦	漢	中間有篆字	西安漢城	李

一九五四年四月陳直寫完

	補遺				
五十一	雲紋瓦	漢	中間大圓柱雲紋準鈎與第七圖相似	西安漢城	西北歷史博物陳列館
五十二	雲紋瓦	漢	中間方格二十一枚進有四出文與第十五圖相似	西安漢城	博物
五十三	雲紋瓦	漢	大小八个雲紋中間井字式與二十一圖相似	西安漢城	博物
五十四	雲紋瓦	漢	內圍兩雲紋与第三十四圖相似	西安漢城	博物
五十五	雲紋瓦	漢	四圍用半雲紋爲蒂飾與第三十五圖相似	西安漢城	博物

一

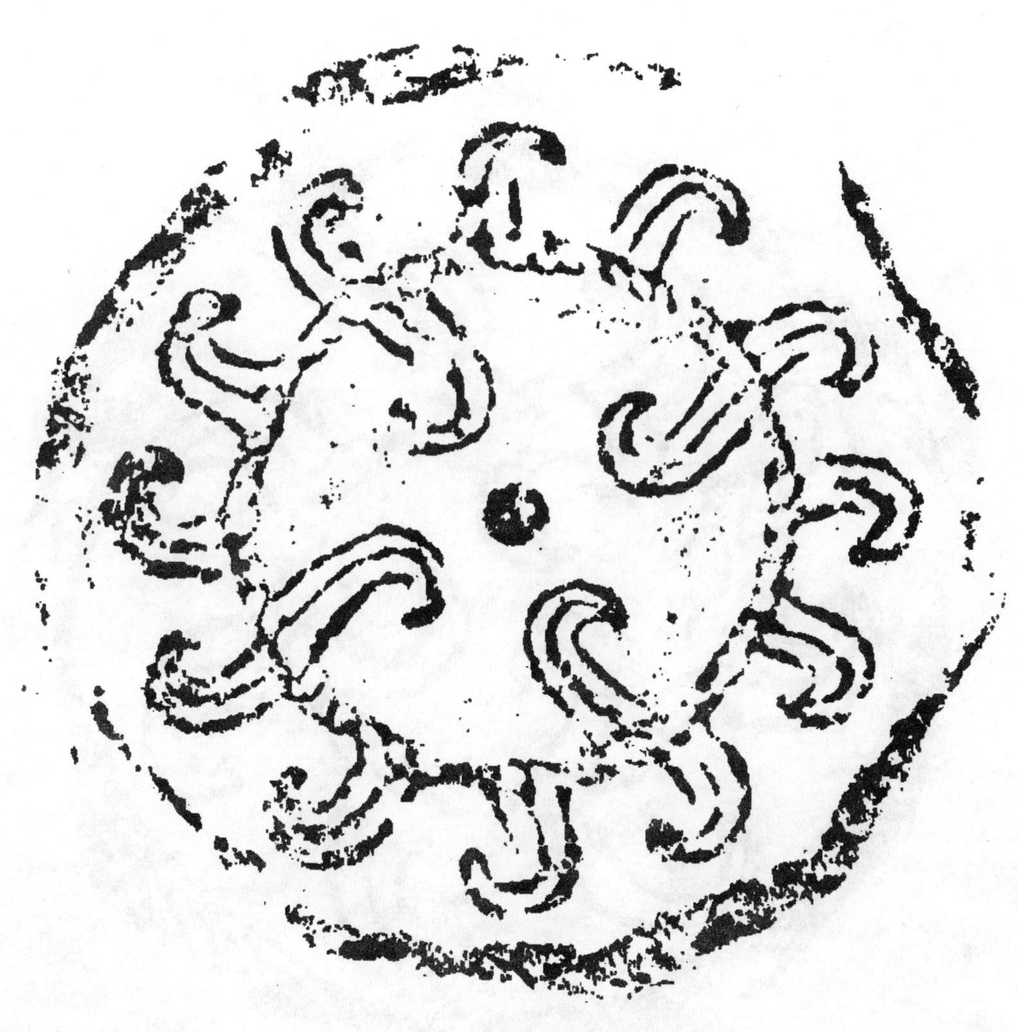

二

三

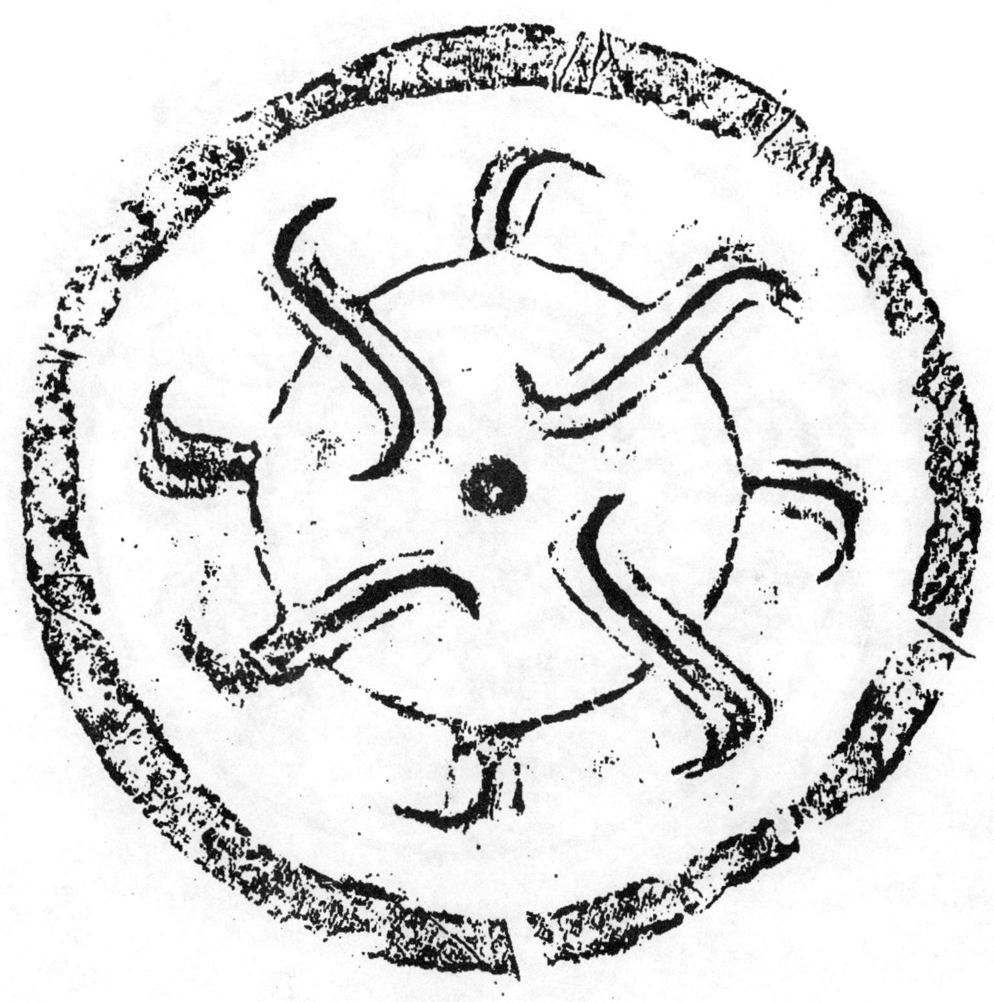

四

五

0 1 2 3 釐米

六

0 1 2 3 釐米

八
0 1 2 3釐米

九

十

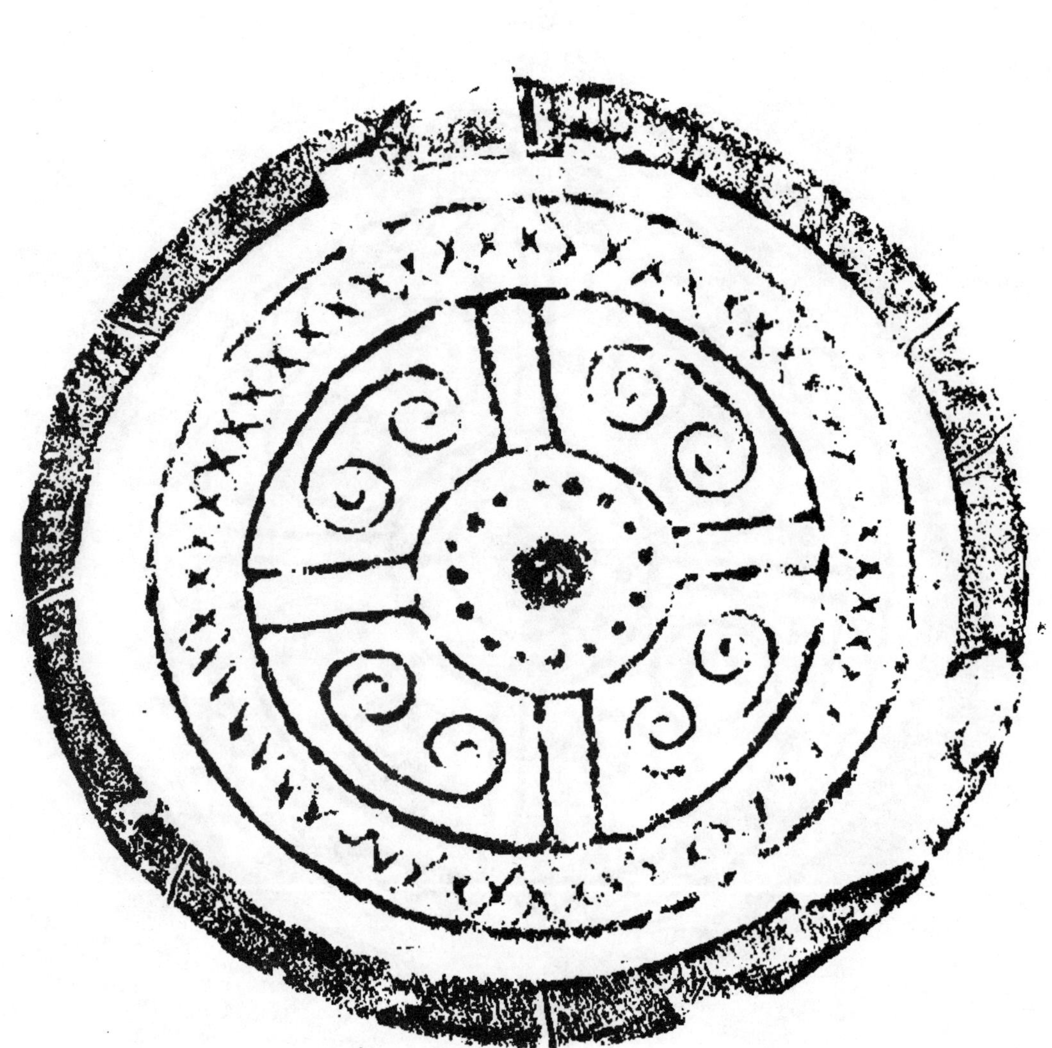

0　1　2　3 釐米

十二

十二

0 1 2 3 釐米

十三

十四

0 1 2 3 釐米

十五

一六

0　1　2　3釐米

七六

六

十九

二十

二十一

0 1 2 3 釐米

二七二

二七三

二十四

二十五

二十六

0 1 2 3 釐米

二十七

二七八

0 1 2 3釐米

二十九

二十

三十一

0 1 2 3 釐米

三十二

0 1 2 3 釐米

三十三

0 1 2 3釐米

三十四

0 1 2 3 釐米

三十五

三七六

0 1 2 3釐米

二十七

三七八

二十九

四十

0 1 2 3釐米

四十二

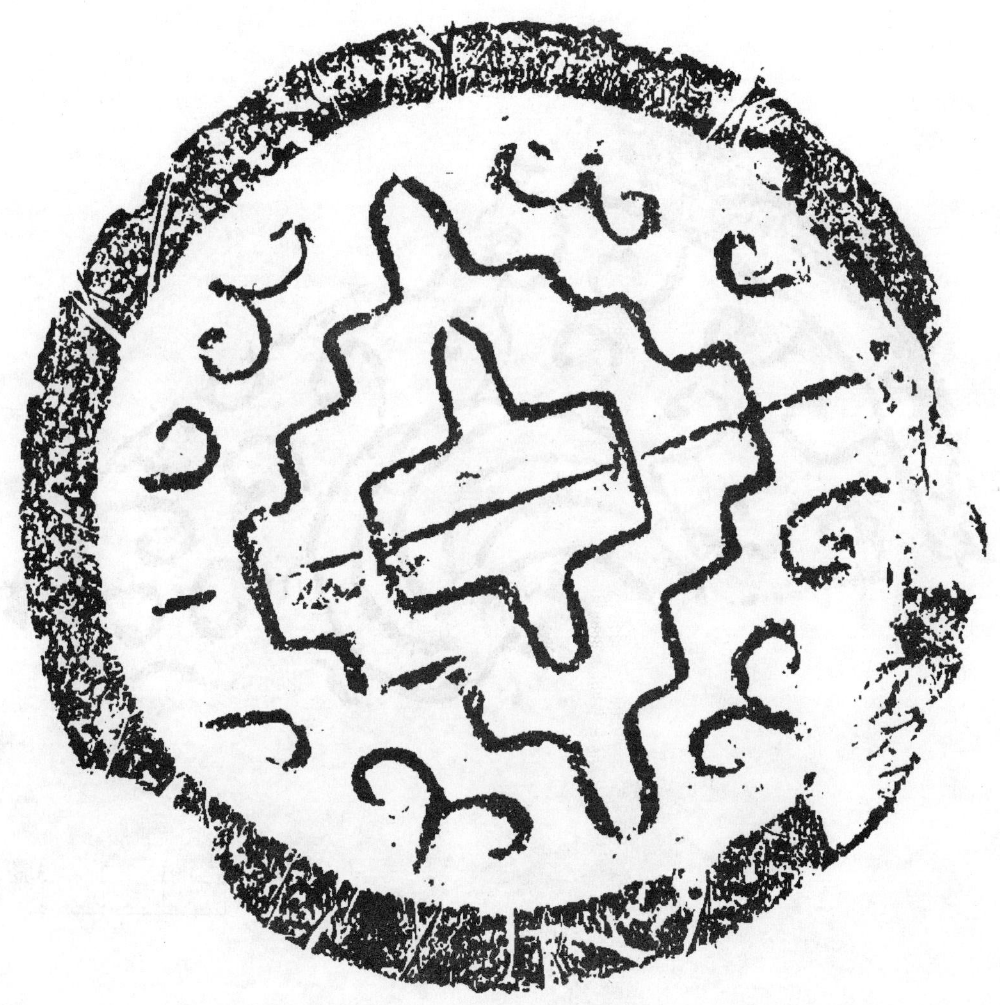

0　1　2　3 釐米

四十二

0 1 2 3 釐米

四十三

0 1 2 3 釐米

四十四

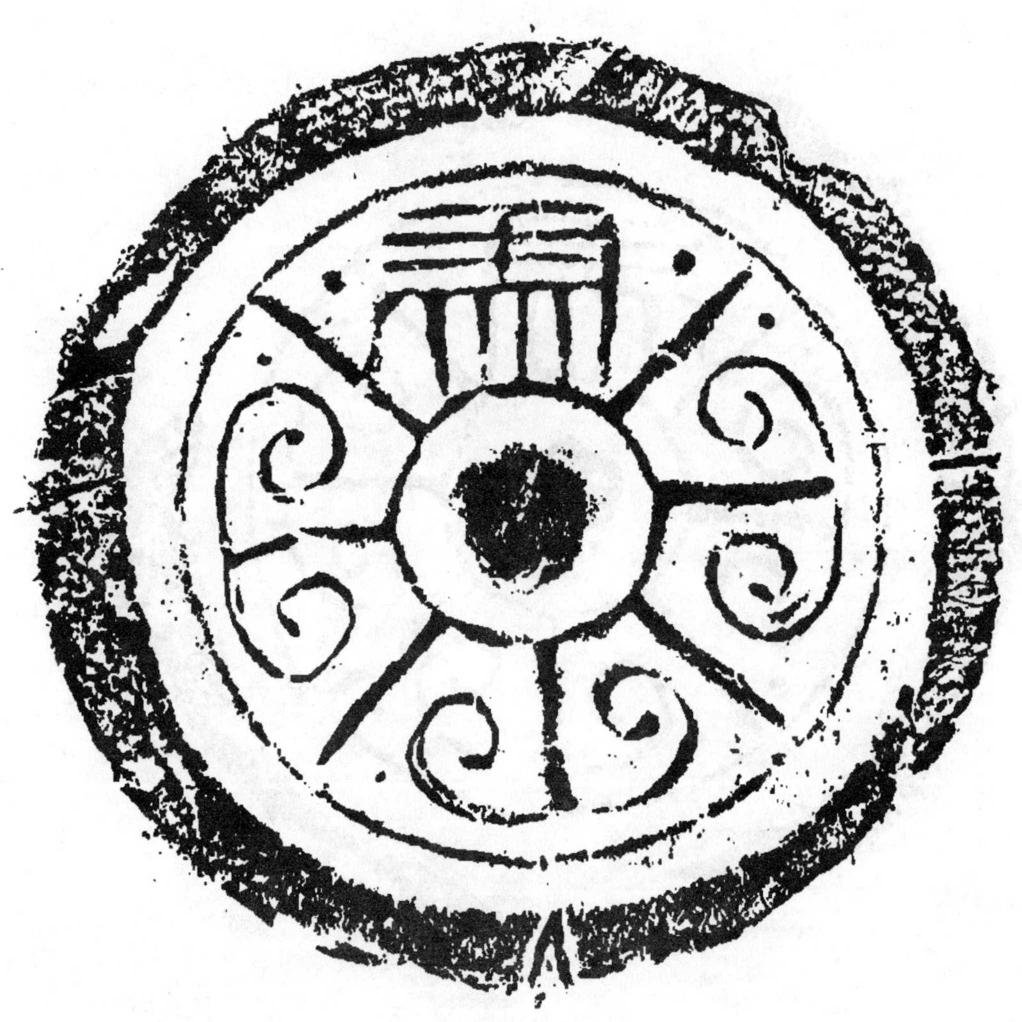

0 1 2 3 釐米

四十五

0 1 2 3 釐米

四十六

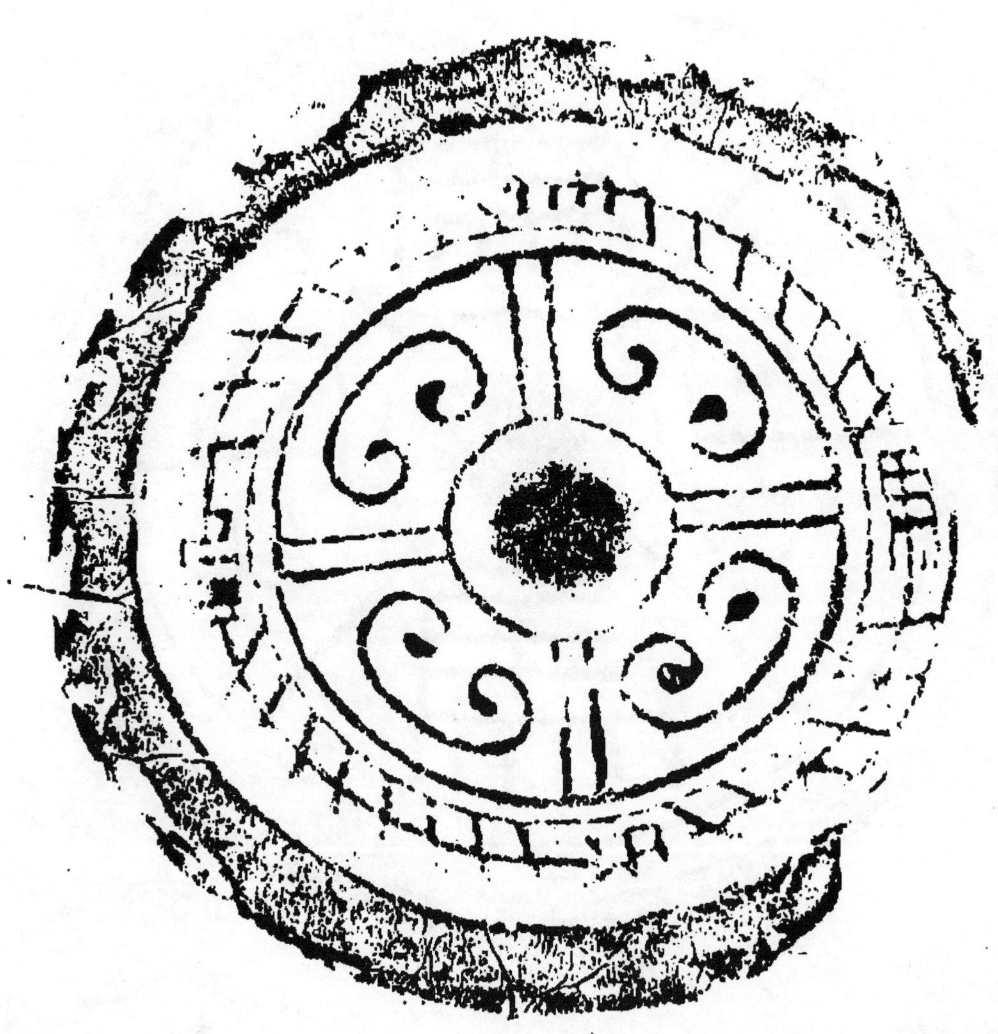

0 1 2 3 釐米

四十七

0 1 2 3 釐米

四十八

0 1 2 3 釐米

四十九

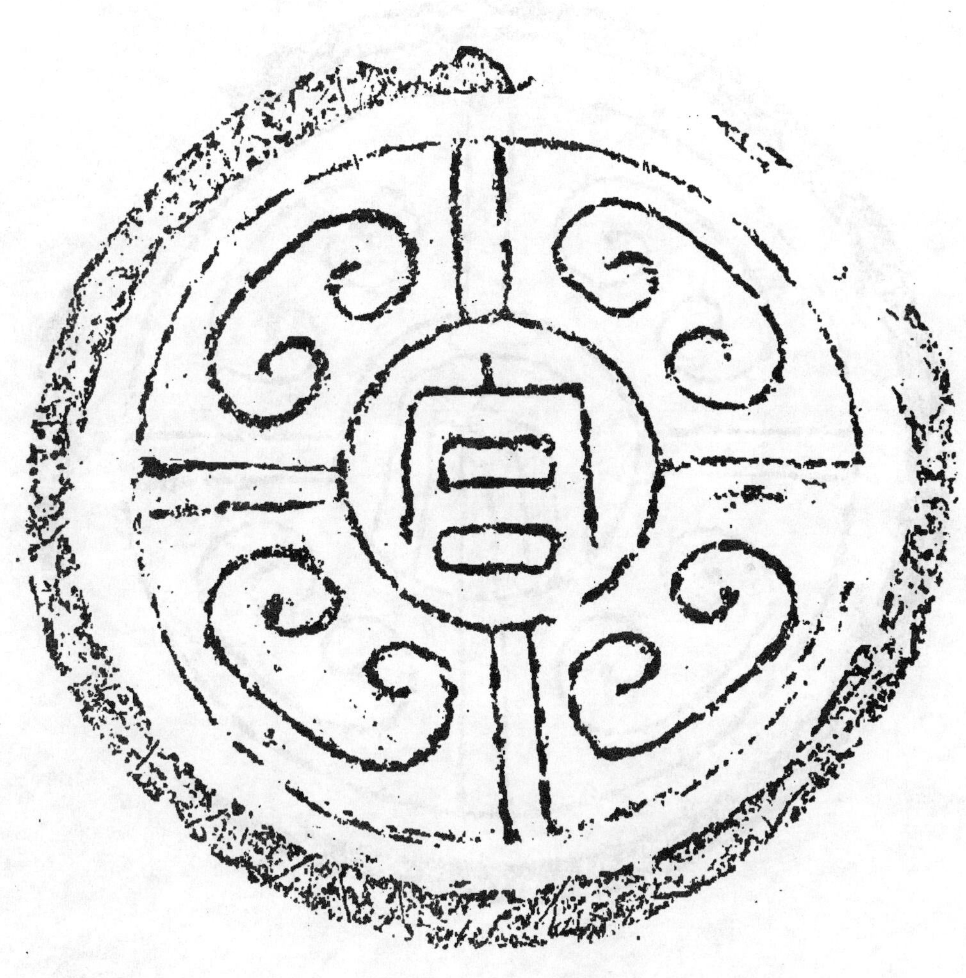

五七

0 1 2 3 釐米

五十一

五十二

五十三

0　1　2　3 釐米

五十四

0 1 2 3 釐米

五十五

0 1 2 3 釐米

摹廬藏瓦

丁亥冬月進宧自署

華廬藏瓦

壬午夏六月 帝農題

摹廬藏瓦小引

余少日篤好金石，老師碩儒，時炙論緒。以庚辰九月旅客西安，時見有漢建平三年瓦及新莽始建國天鳳等瓦。金石各書多紀瓦當，錄瓦片者至鮮，詢之估人，百餘年來已有出土者，嗣後廣為搜集，所得益夥。蓋秦中人士尚目驗，不講著錄；江浙人士重考證，不作遠遊，以致西京文字湮沒不彰。爰以冬日發篋選拓數十紙，藉貽好事，并永流傳爾。丁亥冬月鎮江陳直進宧記于西安玄風橋雍村之摹廬

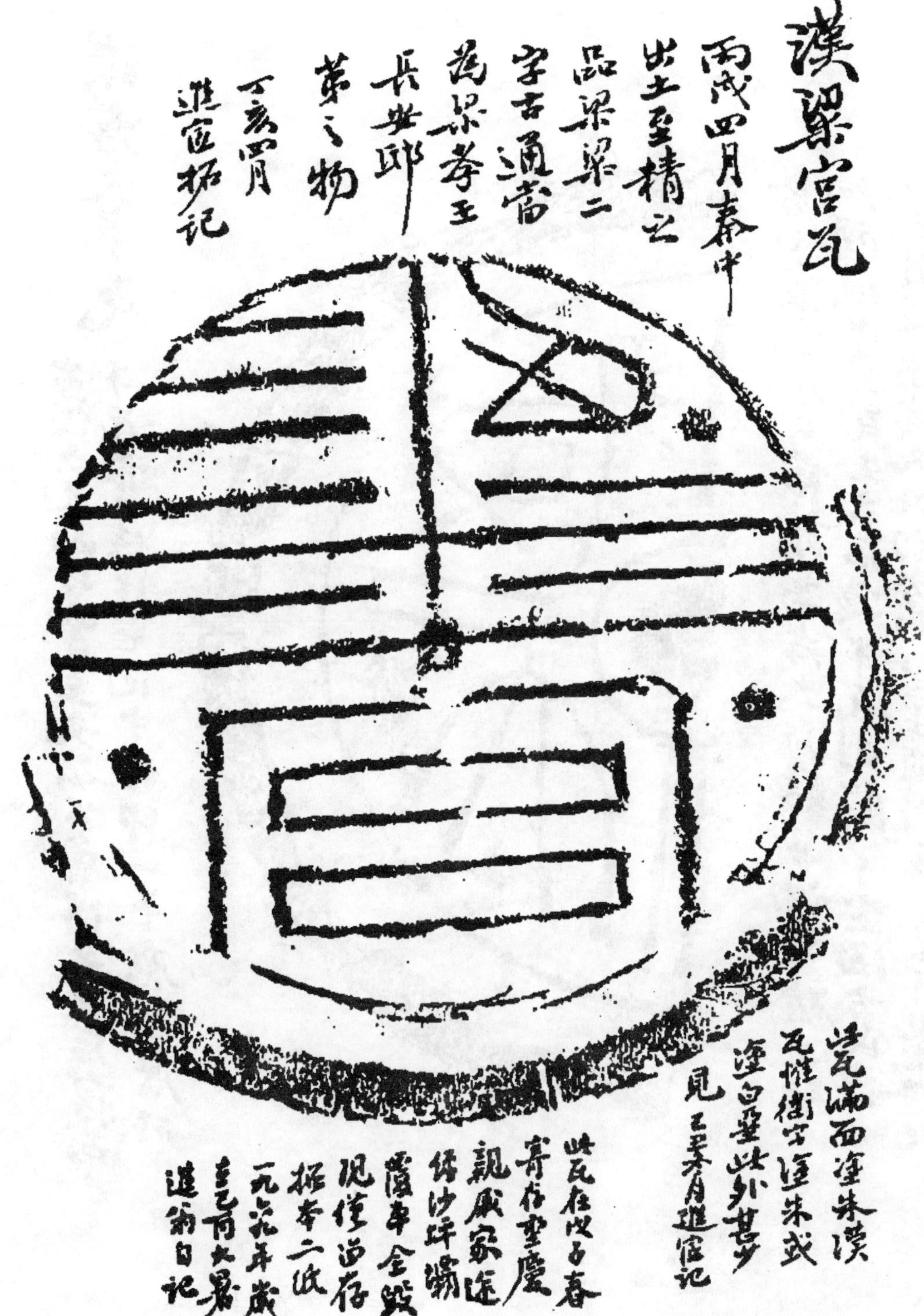
漢粱宮瓦
丙戌四月秦中
出土至精之
品粱梁二
字古通當
爲梁孝王
長安邸
第之物
丁亥四月
進宧拓並記
此瓦滿面塗朱漢
瓦惟衛字瓦塗朱或
塗白至此外甚少
見 乙丑春月進宧記
此瓦在戊子春
寄存重慶
親戚家遂
併沙坪壩
寓中全毀
現僅尚存
拓本二紙
一九六九年歲
在己酉大暑
進翁自記

漢孝大半瓦

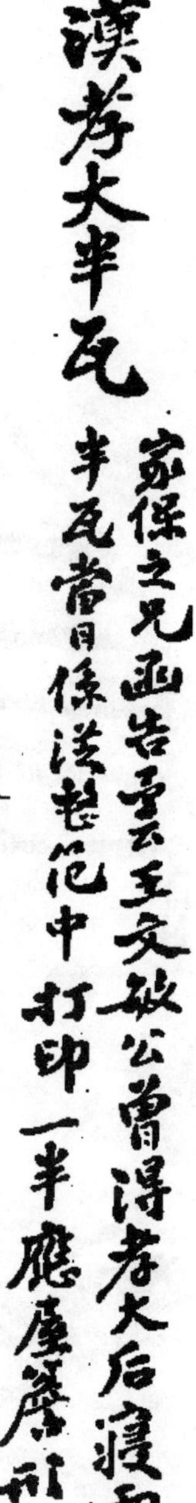

家保之兄函告云王文敏公曾得孝大后寢兩半瓦當目係從甚厄中打印一半應屬孱所

勢之需要全文當讀為孝太后寢其說甚確文敏殉國後孝太瓦失去后寢半瓦則歸于定海方氏去年六月揚家城又出兩方亟以重值得之　丁亥十月進宦題記

0　1　2　3釐米

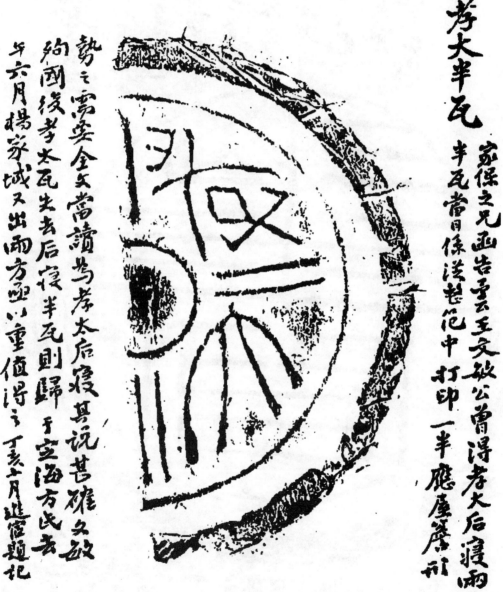

漢后寢半瓦

緒三十三年夏初沈京古翁出示漢瓦拓本一束中有此瓦一希知瓦故所得及雪堂所藏皆前後一物也拓本中另有近年半瓦題款為河華散人姓氏未詳為記有引吾丈陳壽卿云云當為后同時人

寢字與齊哀寢園泥封正同羅叔言古要雨解為后深切誤

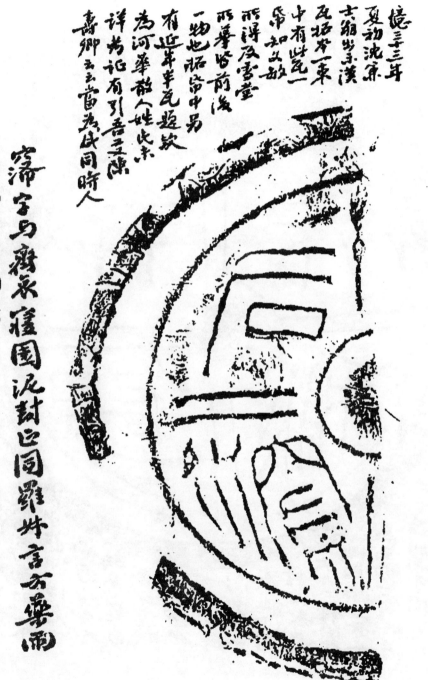

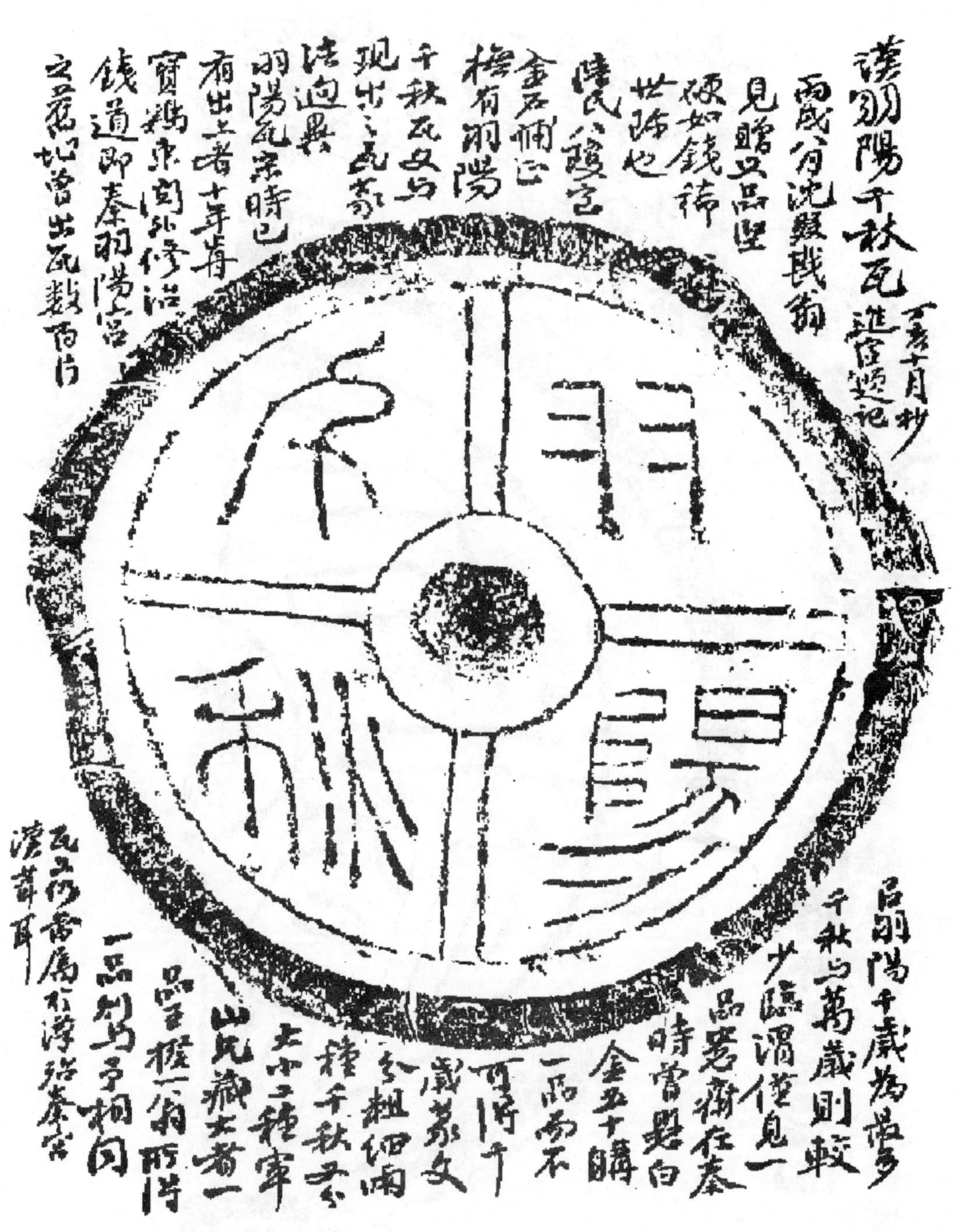

0 1 2 3 釐米

漢長生未央瓦
差異體僅見
之品玉壁一翁
藏有蝌斗體
者尤佳

丙戌元旦尋
于劉漢傑府
進臣題記

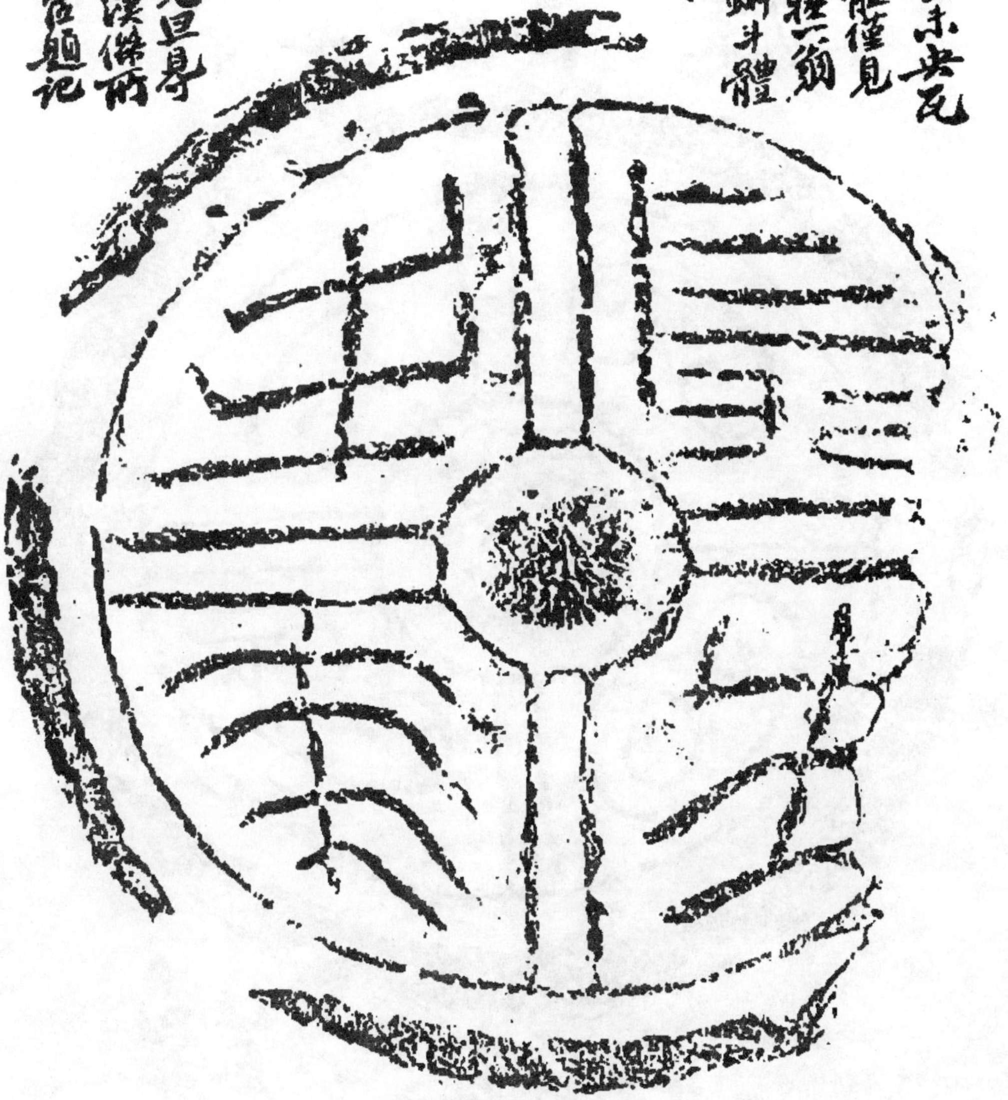

0　1　2　3 釐米

0 1 2 3釐米

此仍為漢瓦非秦代之物
癸丑七月孟瓦翁記

漢閭字瓦
瓦出於靈寶
古函谷關邊
此召瓦背刻
作觀之完全
與秦畫瓦
相同或為秦
瓦亦未可知

閭字瓦與安世瓦
出於新安洛陽估
人既遠觸皆予如此
以上九月

閭字瓦篆體有四五種
已識係者為最難得

秦瓦背面下
端微隆起與
漢代所鵠過
然不同秦
瓦漢之分可
以此斷之
大抵秦多
畫瓦文字
則甚罕
見耳
進庭記

0 1 2 3釐米

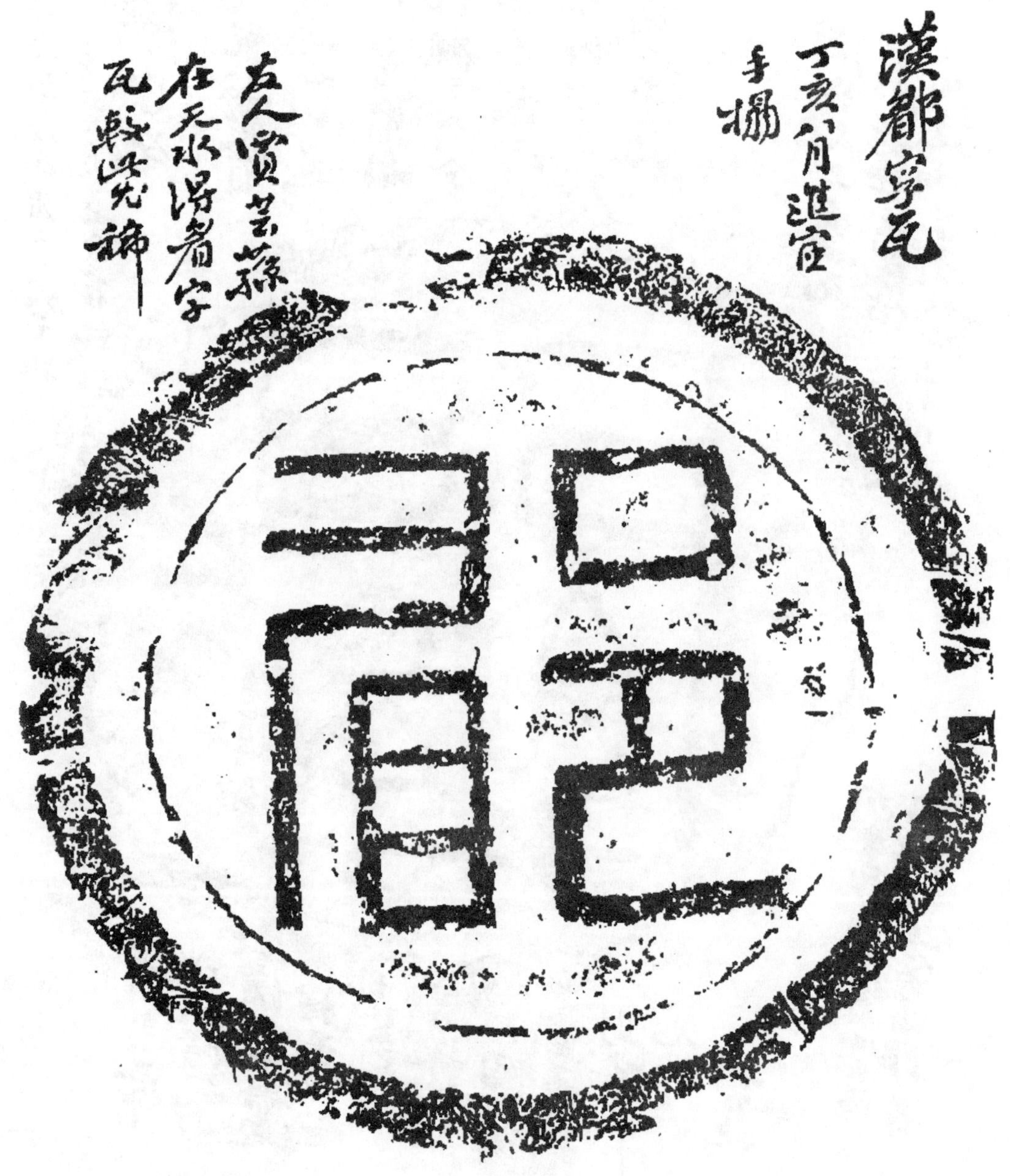

0 1 2 3 釐米

空宮瓦

陽文空字在中央圍柱之上真屬創見當為都司空瓦之簡

0 1 2 3釐米

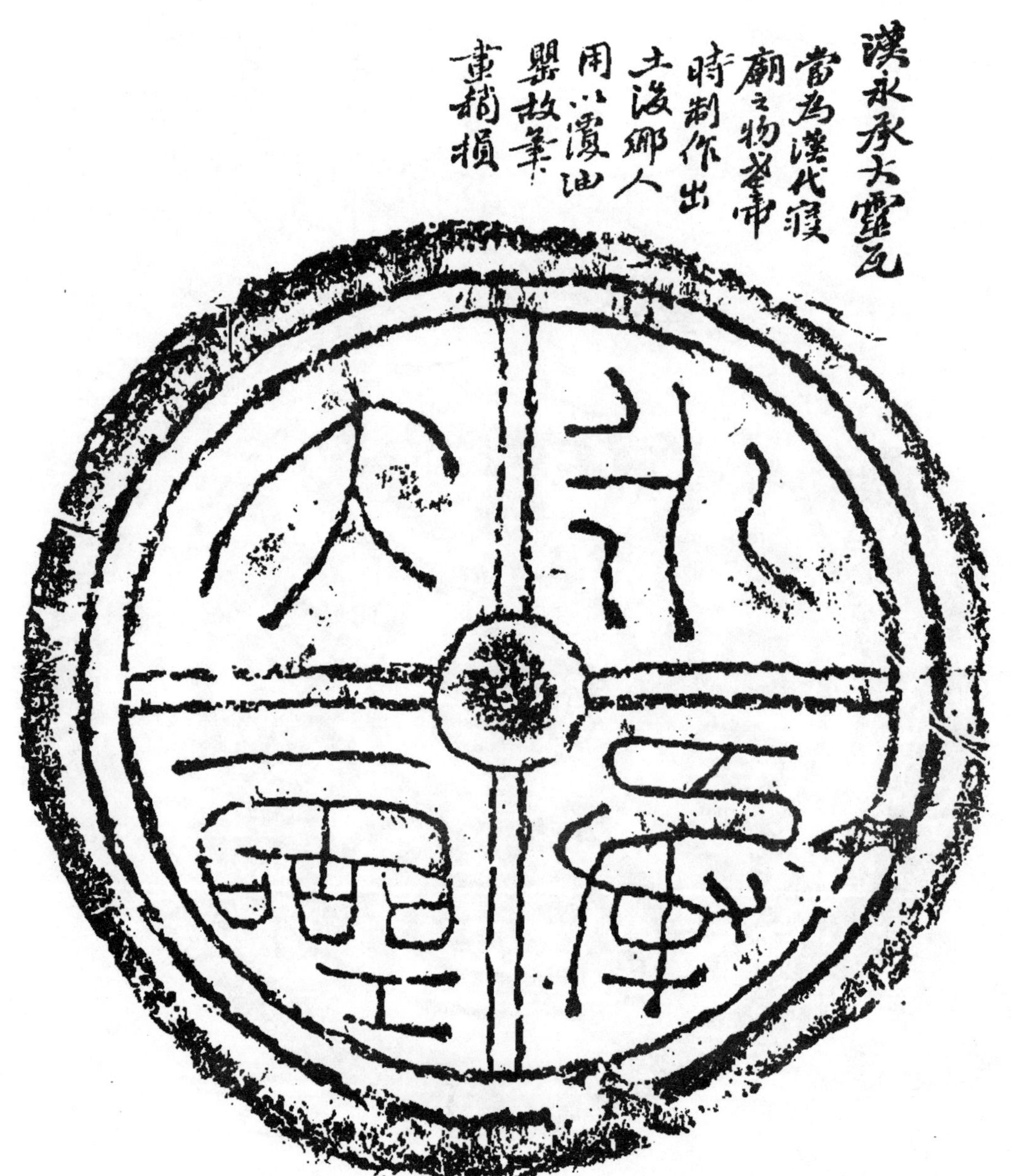
漢永承大靈瓦
當為漢代寢
廟之物考帝
時制作出
土後鄉人
用以濾油
器故筆
畫稍損
永承大靈

0 1 2 3 釐米

漢安世殿瓦

全文爲千秋萬歲宜富安世六字，民國初元曾出土，今則稀如星鳳矣。

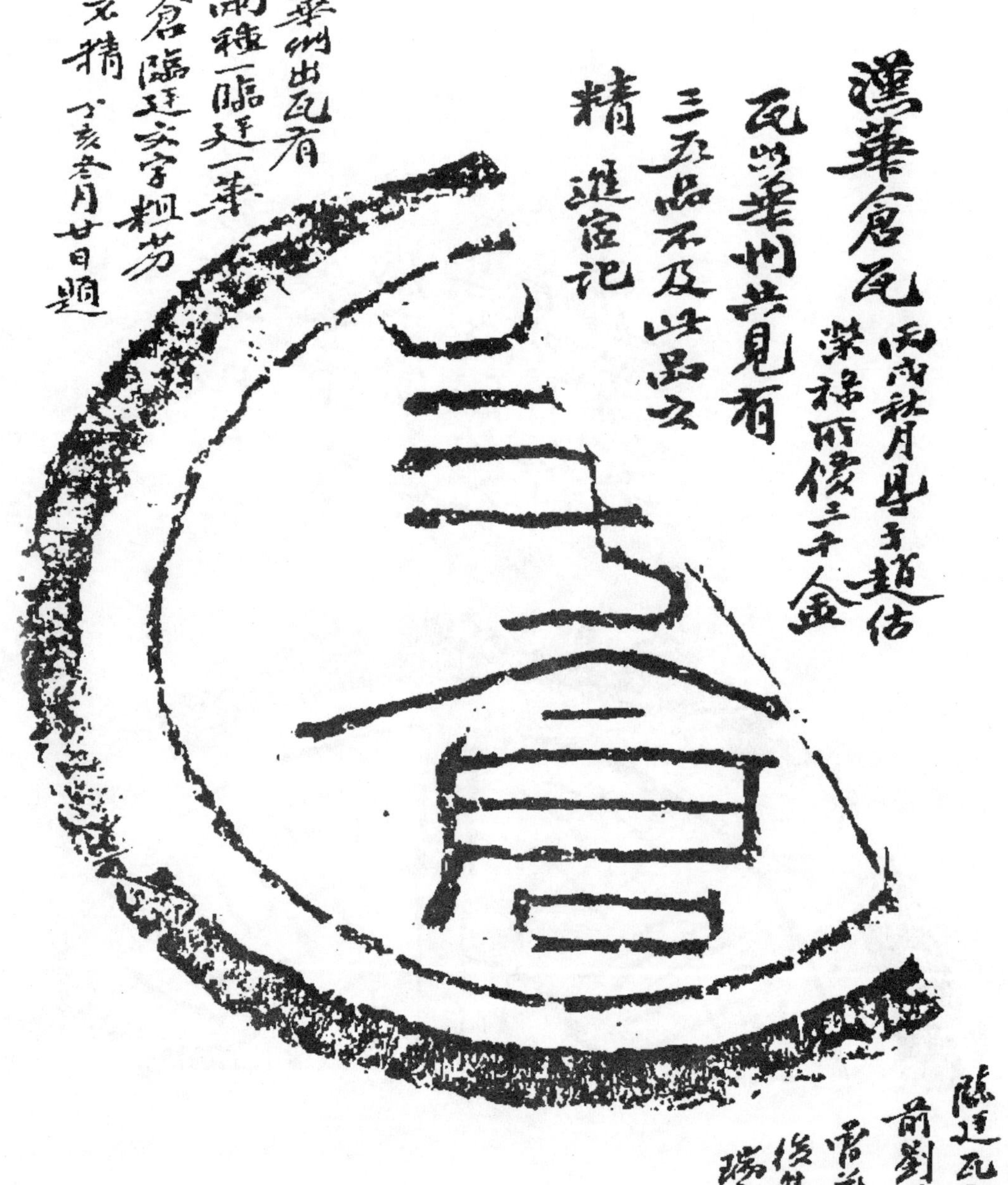
漢華倉瓦 丙寅秋月得于趙估
瓦出華州昔見有 榮祿所儲三千金
三五品不及此品之
精 進宧記
華州出瓦有
兩種一臨廷一華
倉臨廷文字粗劣
不精 丁亥冬月廿日題
臨廷瓦三千
前劉漢傑
晉嚴瓦
後得於劉
瑞亭

0 1 2 3 釐米

漢則寺初宮瓦

十餘年前曾出
完品不知藏
家存半瓦
間又出此
殘文登
帝時
制作
真神
品也

三輔黃圖
上林苑有則
陽觀又有初池
疑觀與池經過
甬道中所用之
瓦姑存一說未為定論
戊子四月進宦題記

則初瓦現
仍存于瀚
與蕭將軍
府瓦藝匯
附第三種
親圖宜
藏
癸丑七月
奉瓦翁記

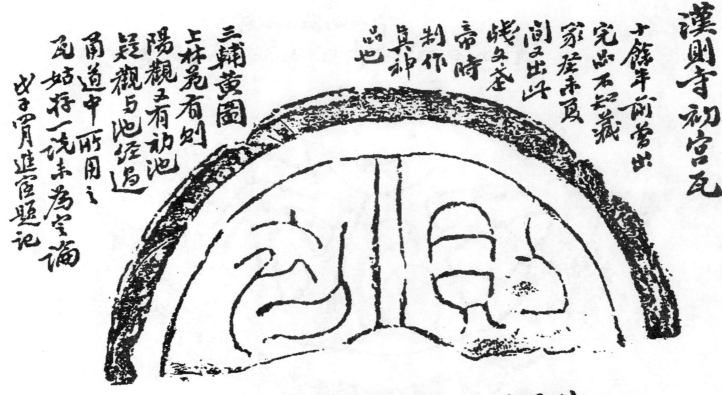

漢惠治靈保殘瓦　丁亥八月進宧得於西安市上

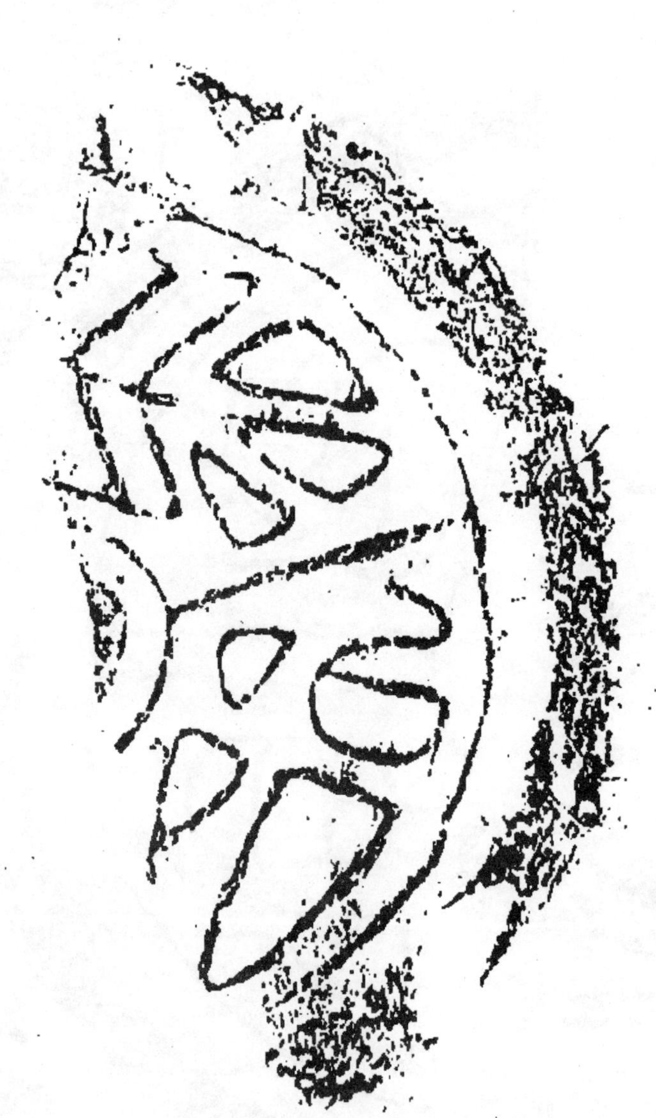

此瓦類飛白書，俗傳飛白起於蔡邕，恐未必然。

庚寅五月進宧手記

漢永當不滿殘瓦

漢瓦中有永壽當不

滿，以此推之

此瓦當如

上文

永當不滿

即永壽不

滿之謂，壽

當則仍難

解

丁亥八月抄進宜招于齋中

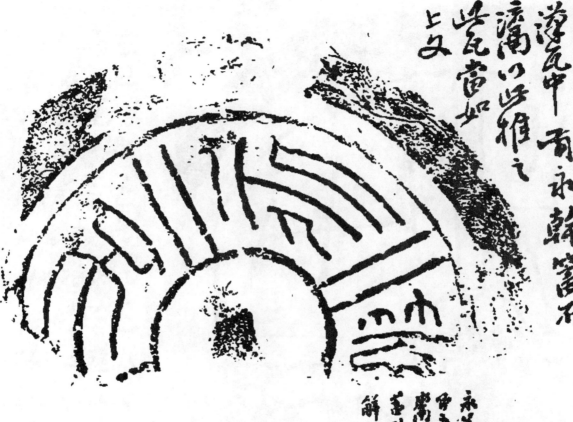

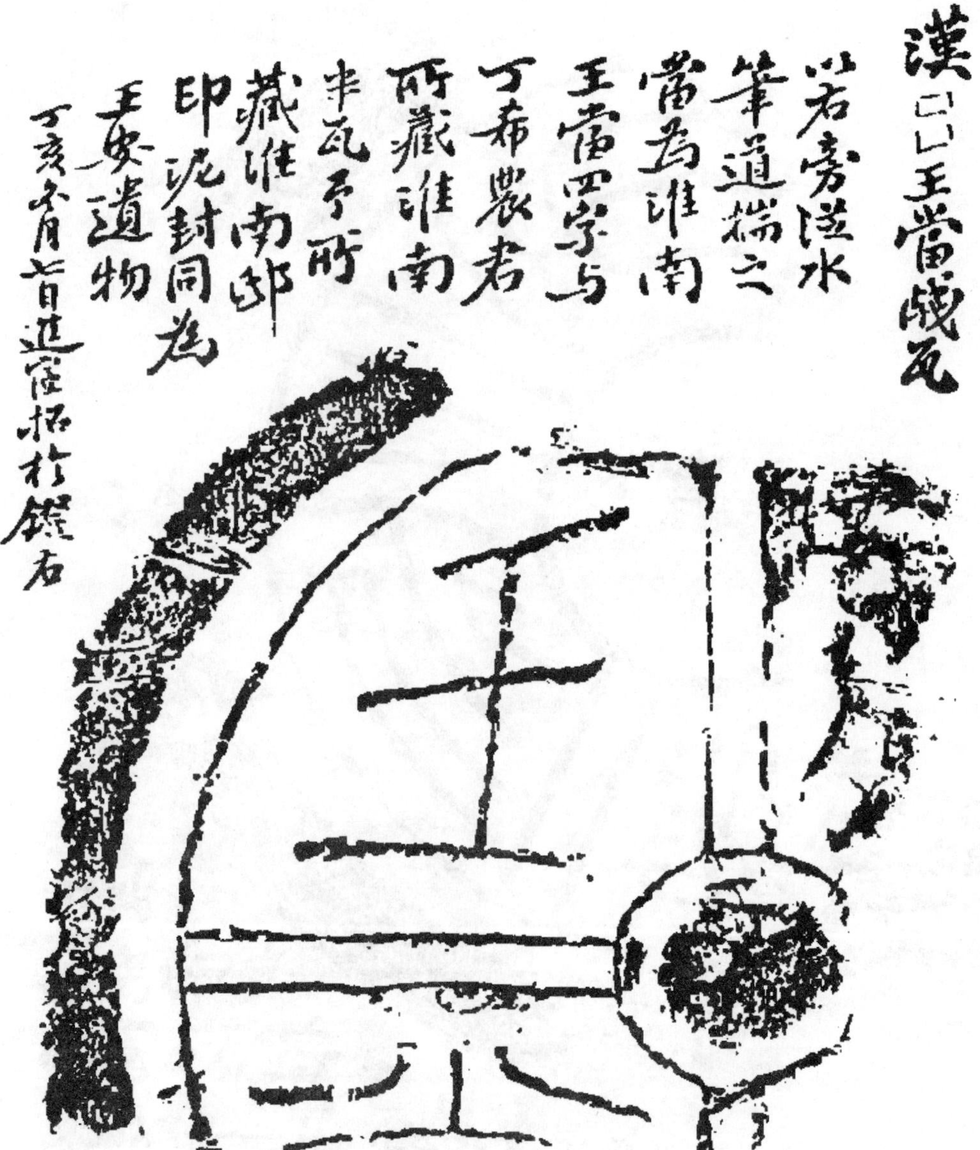
漢〔二〕王當殘瓦
右旁溢水
筆道端之
當爲淮南
王當四字與
丁希農君
所藏淮南
半瓦予所
藏淮南邸
印泥封同爲
王安遺物

漢千秋萬歲瓦范

瓦范傳世極稀丁亥七月得于白祁所十月既望進宧手搨

西安所出千秋萬歲瓦至夥獨無與此同文者

陳簠齋云漢人造瓦以製痕觀之當先成瓦心後成瓦輪最後成瓦筒其說甚確此范四面光澤無輪當膚澤初制度至善當以後瓦心與瓦輪則同時牿成以予所疑與天無極瓦范可以證之

0 1 2 3 釐米

漢與天無極瓦笵

右有遺輪戲楯未拓現漢城出土之與天無極瓦有與此絲豪不爽者當即此笵所鑄成 丁亥六月得於崇仁街李姓估鋪 十月二日熊謹拓記

瓦笵出土最稀 予歷秦累年所得字笵僅兩種 畫瓦笵所見僅白虎及魚形兩種耳

0 1 2 3 釐米

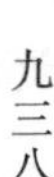

漢十二年四月工雕瓦

為先契後綴之品漢代紀年至十二年者僅高祖與文帝此當為文帝時物丙戌夏間進宧畀于白祁所

僅之先釋此為十二年罷工瓦至確且勝以詩云漢代空前有罷工據張史料出殘蘐摩挲拓本看題字蓮憶長安莫瓦翁　癸丑七月廿十三叟摹廬自記

漢永三年瓦　丙戌正月得于白估所丁亥十月進宦題記

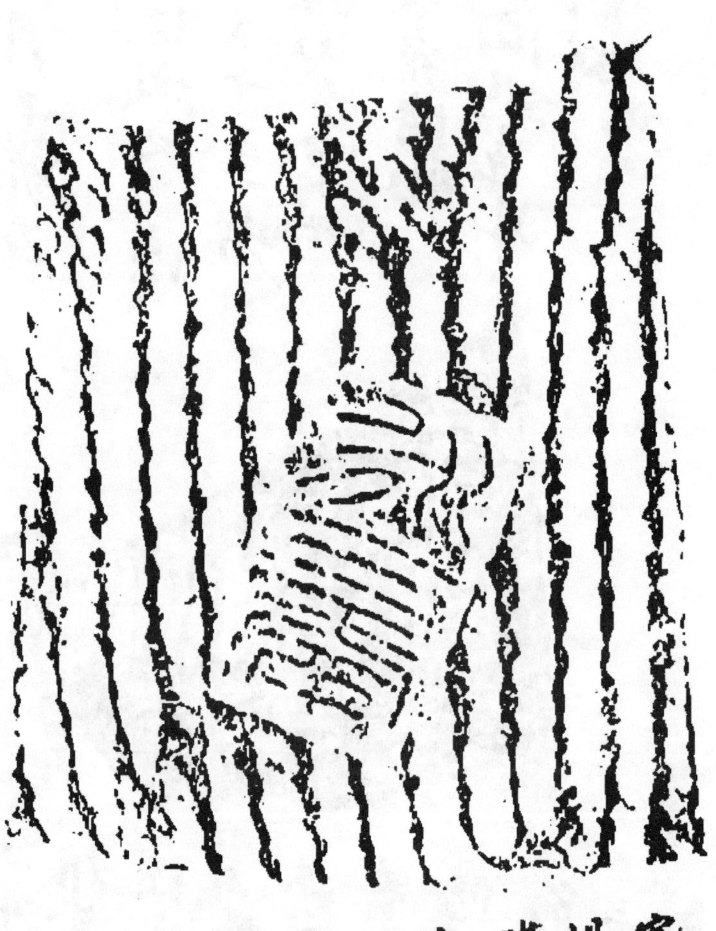

愙齋永三年瓦係楊實齋守信所代購大約愙齋在秦所得之古物多得之楊實齋簠齋多得之蘇億年康生多得之孫桂山現楊蘇三家後裔在西安仍多以鬻古為業

永三年瓦文字甚雅當為元帝永光三年所造愙齋中丞在秦時亦得一品見中丞與陳簠齋尺牘

漢建平元年殘瓦

建平瓦牆於三年者多，牆於元年者至罕。

陶齋藏墨不易脫落，此品拓紙既多，墨黝如漆。西安商人出示陶瓦多不肯拓，間有用隔帋拓者，多失之粗肥。

建平元年瓦片僅此一見，都建平三年瓦片篆隸約有七八種。元延元年都司空瓦，遂及都元始五年兩瓦片，西安出土不少，予竟無緣得之。李家溝所得有都元始司空五字瓦片，尤爲罕見之品。庚寅五月進庭記

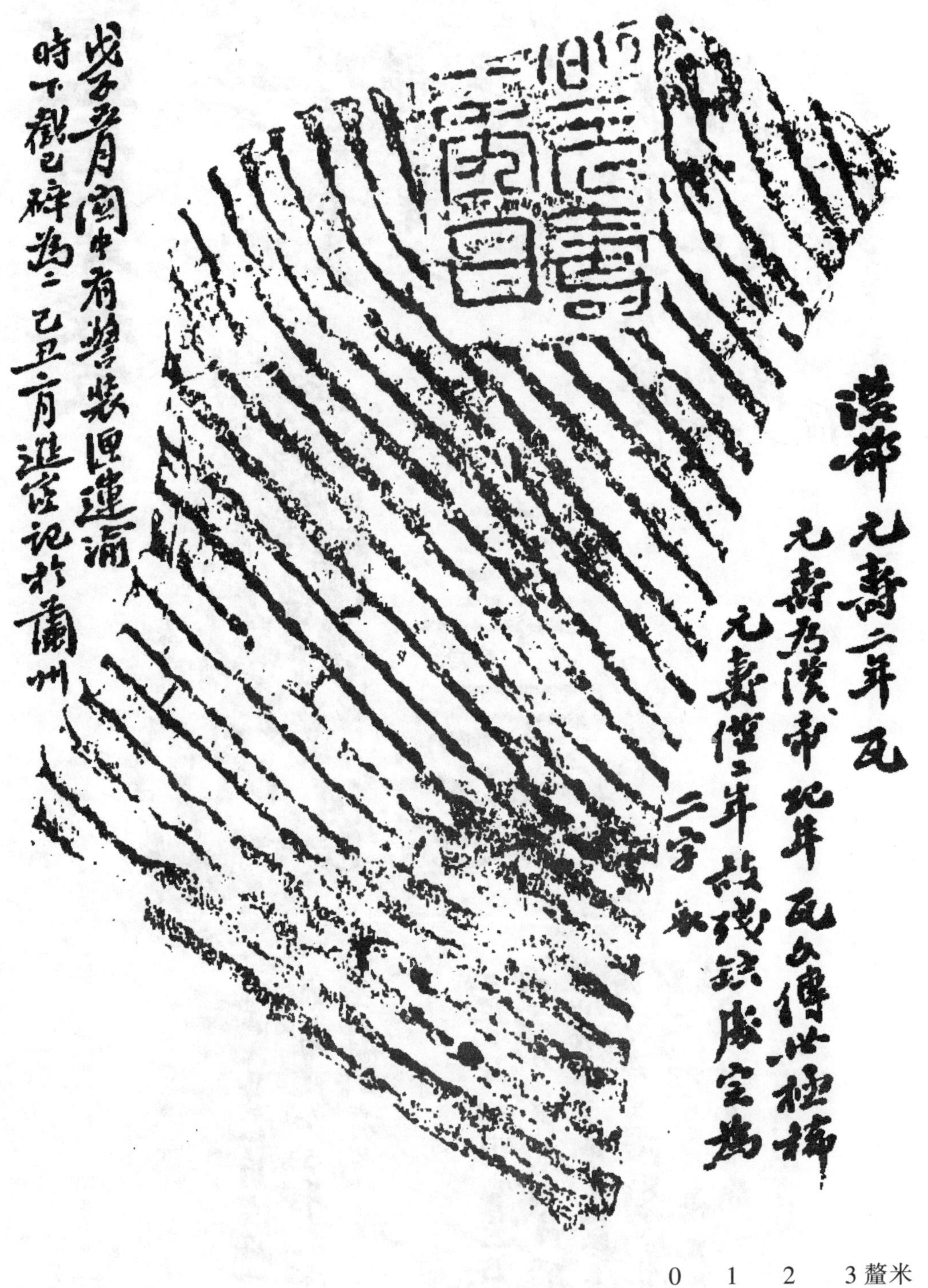
元壽二年瓦
元壽為漢哀帝紀年 瓦文傳世極稀
時下觀已碎為二
0 1 2 3 釐米

新莽居攝二年都司空甎瓦二

曩歲前得居攝□三字瓦片為居攝年減文字少而精絕品也

居攝瓦字體變化最多有作凥攝者又有減筆作凥攝者

新莽石文存於天壤者僅天鳳萊子侯刻石居攝上谷祝其兩墳壇題字與此陶瓦同在楊家城中隨處可見真快事也

0 1 2 3 釐米

新莽居攝二年都司空瓦殘文 丁亥八月進宧題記

丙戌正月以鈔券萬元購漢瓦片十三種于長安白估家中多精品此其一也

十三種之中以蕭將軍府瓦為最精當為蕭望之府第之物白估名祚長安人居化覺巷

昔人評右軍書謂龍跳天門虎卧鳳闕瓦文仿佛似之

新莽始建國四年保城都司空瓦

全片完整無缺

丁亥十月摹廬記

居攝二年瓦多為都司空所造始建國四年及天鳳四年瓦則多為保城都司空所造保城都司空莽時官名不見於史當為都司空令之改名無疑

0 1 2 3釐米

全文當為始建國三年
保城都司空
都司空

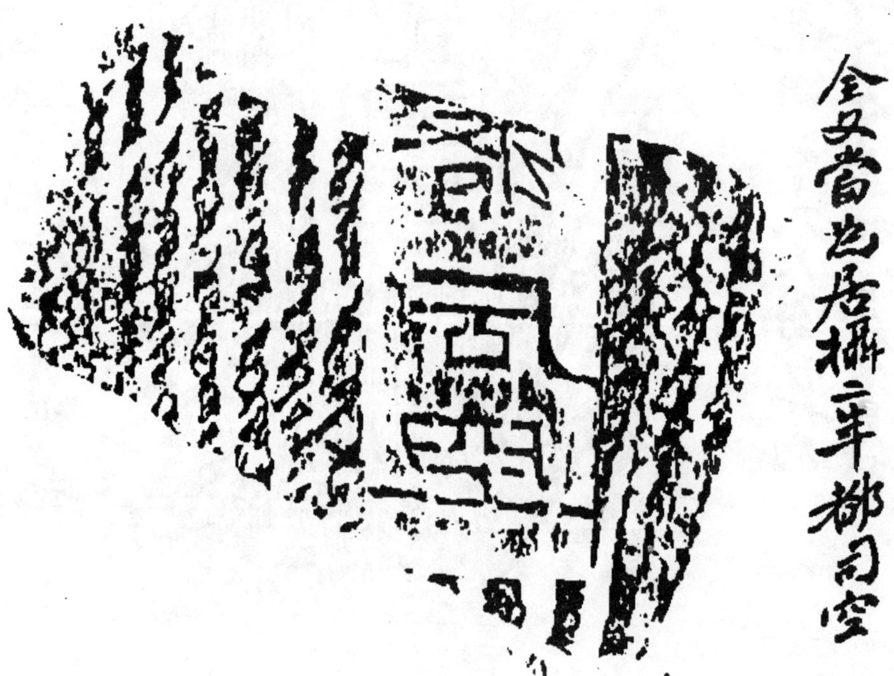
全文當是居攝二年都司空

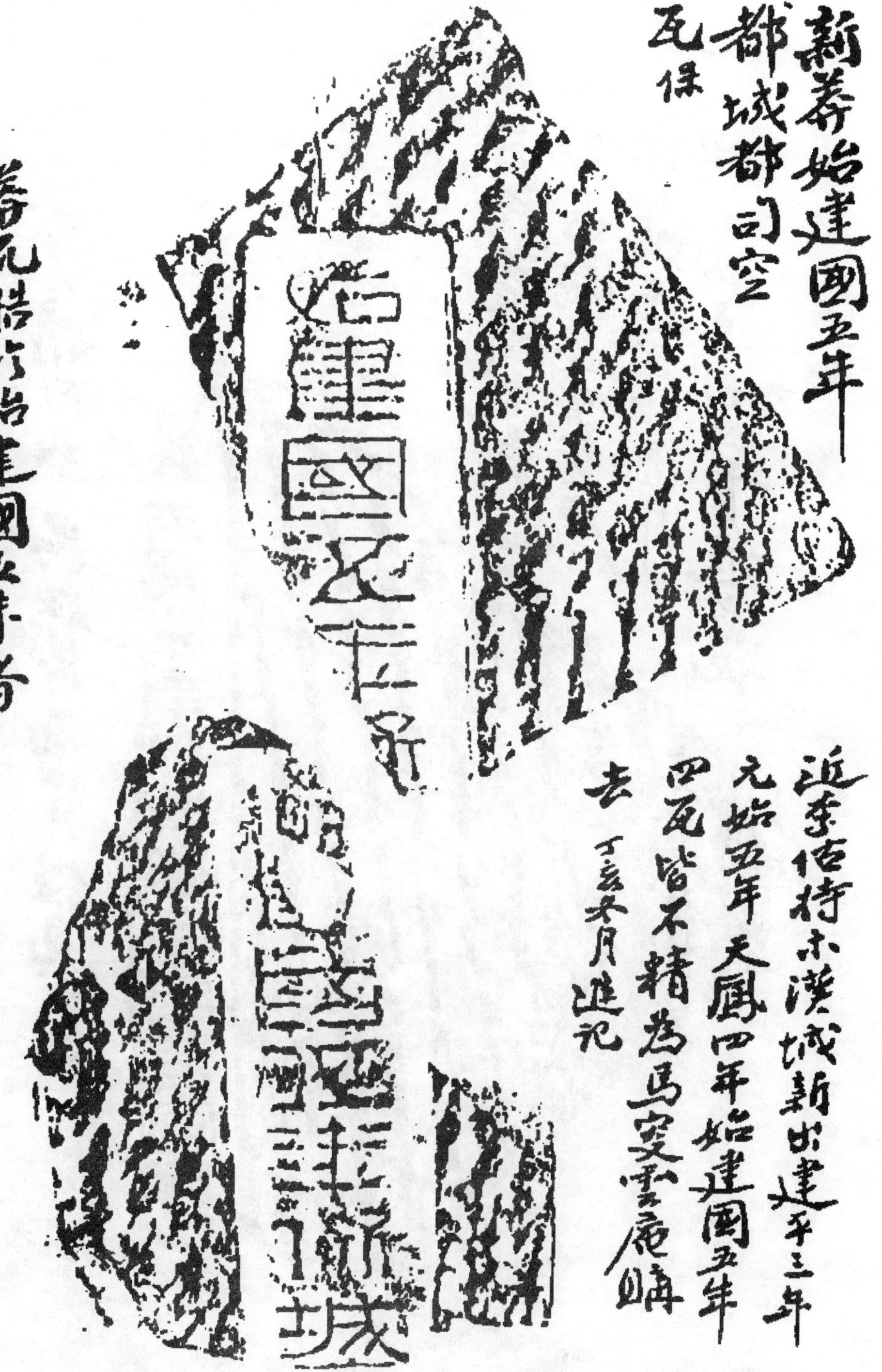
新莽始建國五年
都城都司空
瓦保
莽瓦造於始建國五年者
最稀予獲有三枚
近李伯持於漢城新出建平三年
元始五年天鳳四年始建國五年
四瓦皆不精為馬宴雲庵購
去　丁亥冬月進記

新莽天鳳四年小字官瓦

篆字之精形式之異在莽瓦中僅見之品

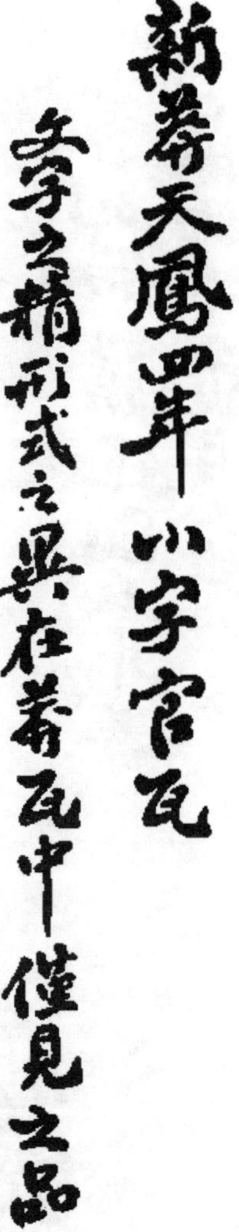

是年初夏閩中告警所藏運至重慶此瓦獨遺留竹匣中攜至隴上 己丑二月進庭記

新莽始建國天鳳三年保城都司空瓦

此范僅見之品

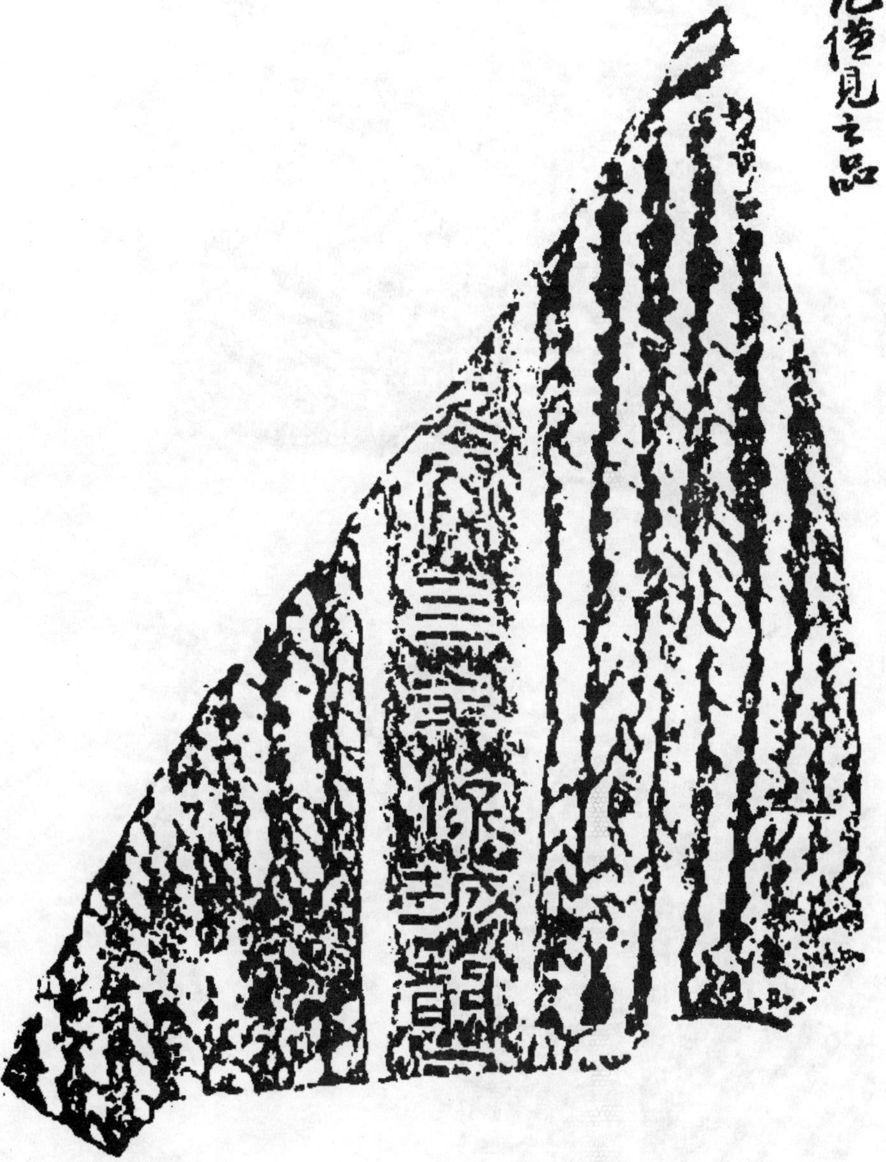

此始建國天鳳四年保
城都司空

此始建國三年保城
都司空之

始建國天鳳三年保城都司空瓦

丁亥冬月雪窗進臣題首

漢居室瓦

郃陽董佑居室令瓦拓見於金滄陶所
與此又不同范

予嘗見郃陽董佑有居室令瓦拓本知咸同時已有出土者近年漢城又出數方皆為予獲又予藏有居內瓦居即瓦居室令泥封皆為一家眷屬

漢書百官公卿表云少府屬官有居室令丞武帝太初元年改名保宮此為居室令官署之物

0 1 2 3 釐米

灃居室瓦

此瓦為長安白集益君所贈予藏有居室瓦五六枚傳居丙瓦一枚李佑有居卽瓦白佑有居甲瓦因為居室令官署之物

瓦背上宮殿名減省一字者如居丙涼二十八及空字瓦是也年号有減稱一字者如三年是也稱

漢右空瓦

當為少府屬官都司空署之物

丁亥冬月進庭題記

此瓦片與右空瓦一家眷屬軍山藏有右空瓦片文字左右與此不侔

此為少府屬官右司空令所造上題誤作都司空令己酉五月重為訂正進翁時年六十九歲

潐更字瓦

西都賦云周以嚴更之署此當為更署之物無還疑武帝時制作

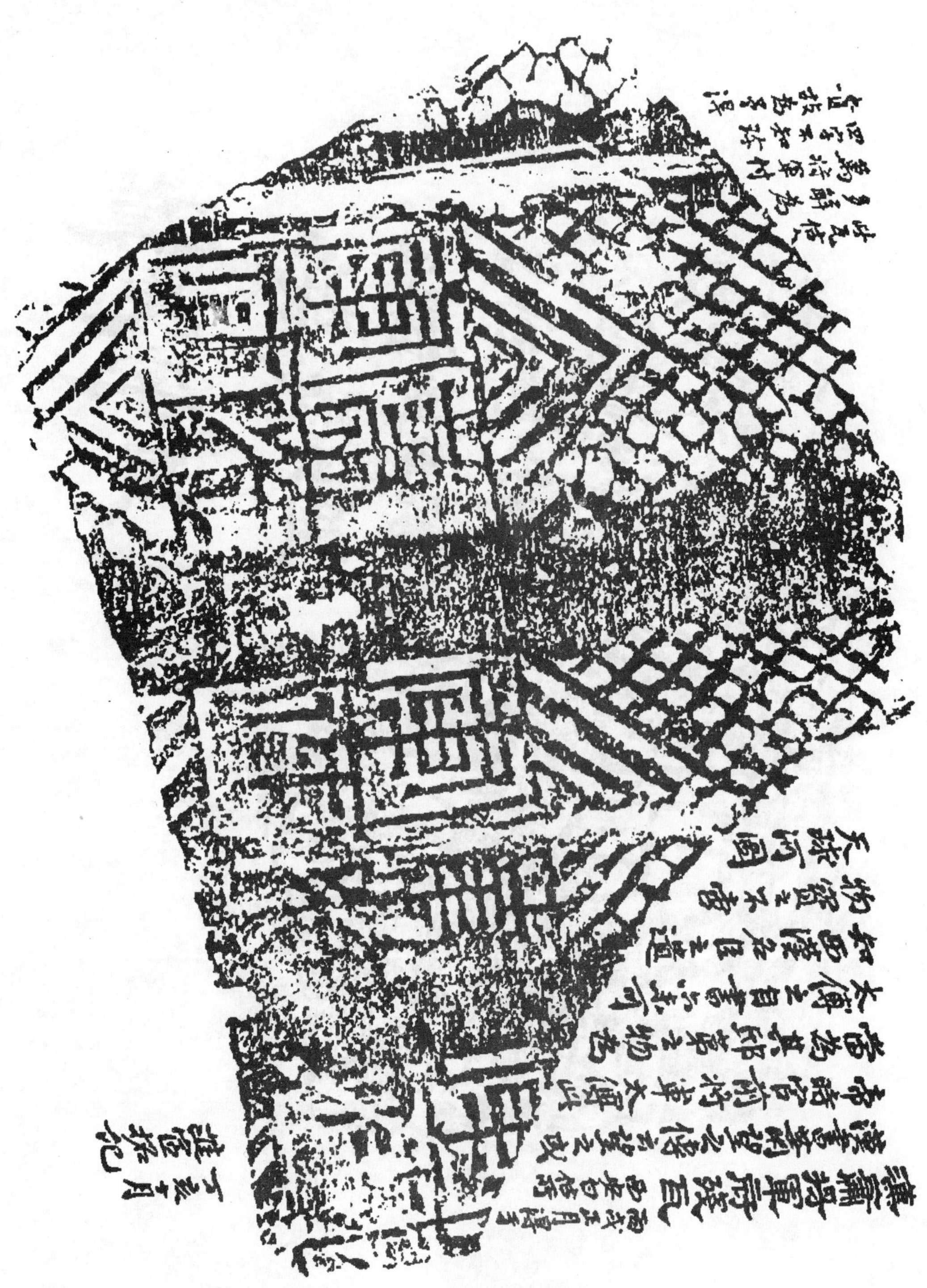

0 1 2 3 釐米

漢楊字瓦

丙戌正月得于長安白估所豐陂閻健

孝帝時物摹廬藏瓦中之精騎也

丁亥冬月進宦拓記

與此瓦同時出土者尚有銅鐘文云楊氏步廣容五斗

鍾重廿五斤足証此瓦亦爲楊步廣冢之物步廣

於漢書無考

0 1 2 3釐米

漢原字瓦

原下疑是字是氏古通疑為原涉先塋之物瓦形如倒笏背面滑澤無繩紋丙戌四月二十日得於白祚所 進宧

漢長樂萬歲工瓦

此瓦於壬午春間見於北大街李姓估鋪以議價未協再往已售去丙戌春間忽現於白祚所西后鈔幣二千金得之瓦已裂為七條

頃允建編出示洛中漢瓦三片一長樂未央一萬年未央一亞梁萬歲予在陝所見長樂萬歲瓦皆偽品也乙丑冬月進宧手記

黏合後牢固予另見有長樂萬歲瓦當蓋從此仿製也丁亥冬月進宧記於雪窗

漫畫瓦

刻畫頗似視之皆成人面形類於近日之漫畫諸人遊戲筆也近復得來

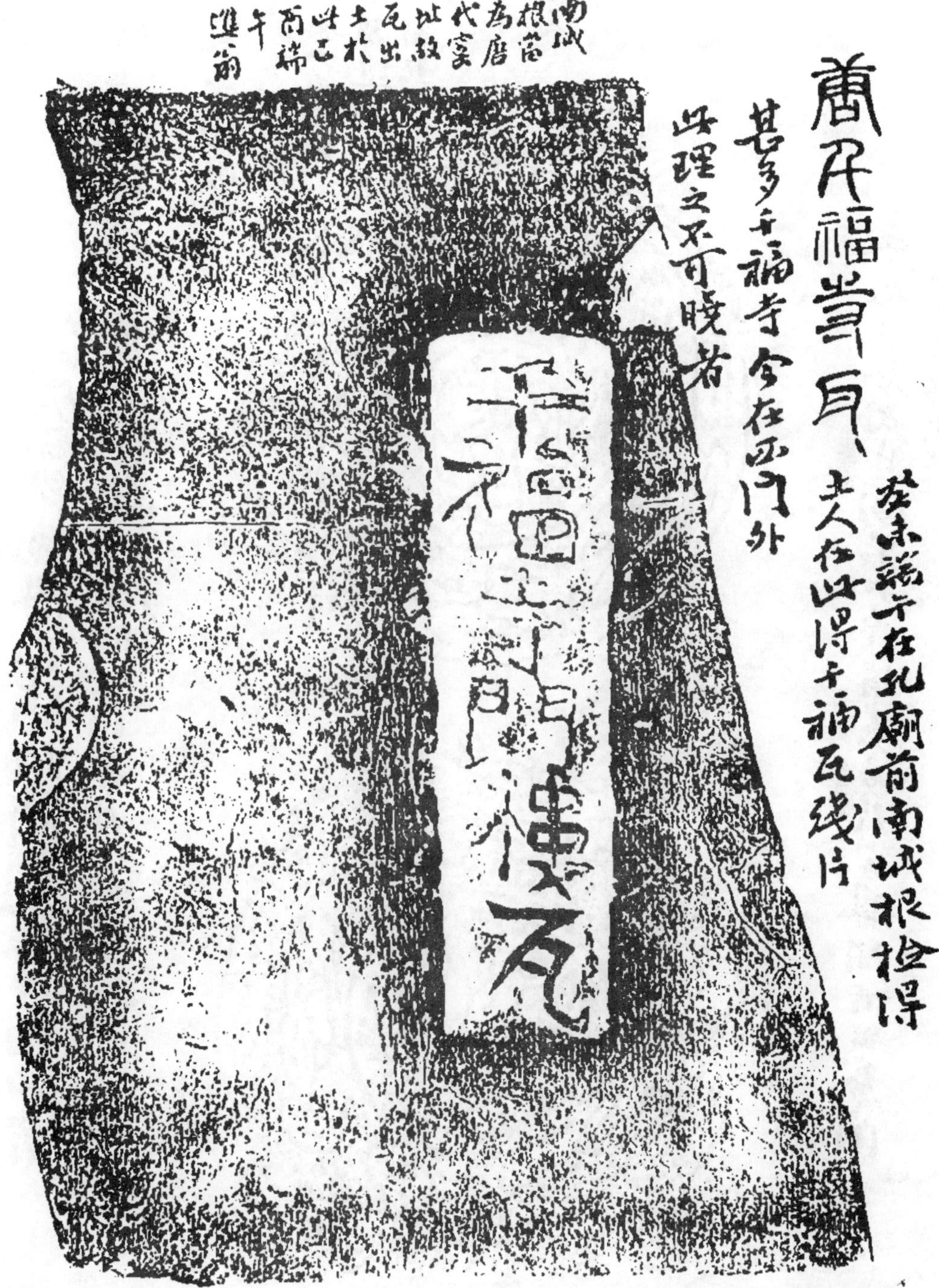

0 1 2 3釐米

秦油膏

大如胡麻餅龍鳳花紋極精土人俗呼為油膏
當為殉葬之壓袖瓦乙丙冬月讓自馬仲良君

此秦壓袖瓦以油膏因誤題如此乙丙端陽進翁自記

秦瓦与秦瓦片陶器大率皆畫多於字鳳翔所出秦陶無文字者佔十九

蓋井照劉蓋

劉蓋凡三器鳳翔出土字細如髮不易拓出丙戌十月蘇桂昉信於予桂昉億年之誼友也

0 1 2 3釐米

秦甘器陶蓋

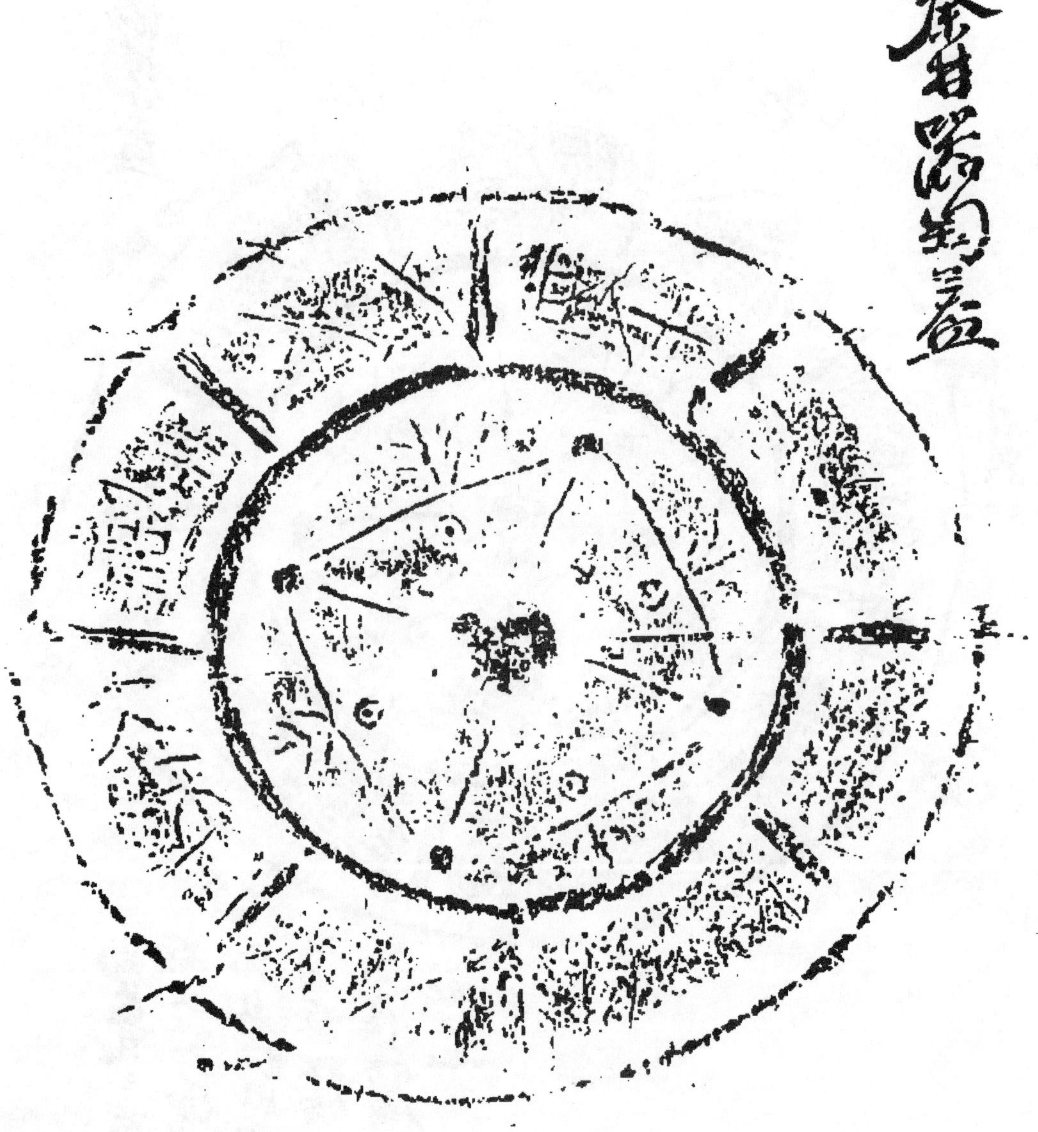

漢車府俑瓦

予在陝曾見有秦府俑瓦故知殘缺處為府字背有俑像深凹不可拓疑為車千秋之像真瓌寶也

此瓦於丙戌閏月得於馬信崇德所為摹廬所藏六瓦之一　戊子六月朔日進宧記

漢鳴法八笵

鳴法當爲雕范二字異文漢初文字也

去歲有出小鴟范背刻鳳皇二字佳人告予如此　鳳皇鴟范予已爲科學院購致

漢大[illegible]吉[illegible]范

丙戌正月得于白社所越年丁亥十月進官署

白鴈雉伯常造兩范皆吾無李道生舊藏道生名樹本王楨寄也

王楗翁嘗告予湘人李君藏有牛後豆大吉范未見拓本進官記

予近歲在秦中所見漢代鳥獸八物范刻題字有白鴈雉范吳興沈次量先生所藏伯常造范吳縣王楗一翁所藏君且范范縣劉掌山所藏

漢野雞瓦范刻字

丁亥六月滇庭手拓精本

家墨莊兄引昌黎諱辯云呂后諱雉因呼雉爲野雞范文正作野雞雉爲文是時文字此范与牝雞華後賤兩范丙戌八月讒白長安段紹嘉

正面有野雞圖象未拓 癸巳殘臘滇庭記於秉燭窗

漢牝戟瓦范 摹廬所藏瓦范之一

近歲代科學院撰輯關中秦漢陶錄上卷之范皆收入冊中

此等范文皆先鍥後鍛之范之名一車府二臨法三犬前右足四野雞五牝戟六羊後肢均屬精品

漢肢後羊瓦笵　正面笵一羊豆形當倒讀為羊漢肢

丙戌七月与野鶴收此兩笵同讓自段紹嘉君

羊字下係工匠之畫線用以合笵者非美字也

丁亥重陽後一日題記　進宦

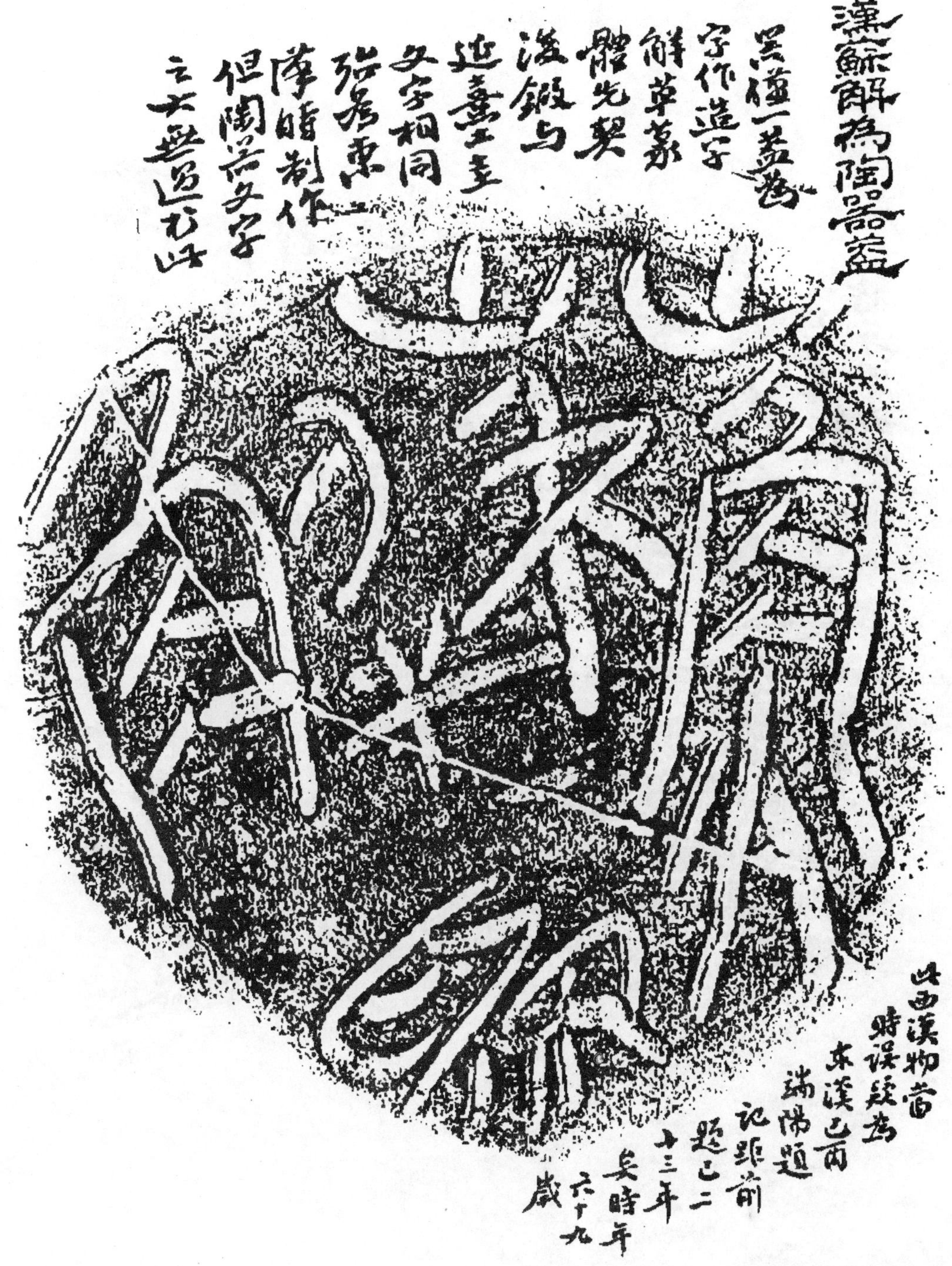

0　1　2　3 釐米

新莽居攝二年陶尊

此當与居攝年都司空瓦同時所造，當亦大司空署中之物。漢代陶器完整有文字者難，有紀年者尤難。今年二月楊家城出土，向馬仲良讓得。

丁亥十月廿三日進寶手記

時年四十六歲

秦時咸陽漢初改名渭城縣但今日出土匋器概以咸陽多稱為咸里或稱為咸亭足以補漢書之未詳又劉燕庭所存有咸陽亭久匋瓶尤可證咸里咸亭咸陽亭皆為咸陽之別稱
漢咸里高昌匋鼎
0 1 2 3釐米

漢槐里市久陶餅

陶器完整無缺
市久者即市酒也
漢代九久酒三字
往往通用予亦見
有咸陽亭久段
行司空久兩瓶皆
同此例

漢長信少府陶片

漢書百官公卿表云長信詹事景帝中六年更名長信少府無屬官又按詹事屬官有私府永巷等長丞匋文之私官疑即私府之初名原屬長信少府在景帝中六年時而轉屬於詹事者

長信少府

泥封有稱私官長印決為私府之初名無疑與此可互相印證 戊子六月記

此類匋文大率為酒瓶之殘片丁亥長夏得于李宏溶所與南陵大泉足稱雙絕

漢南陵大泉陶瓷殘字

南陵為薄太后之陵
長安縣志編有南陵
大泉第五十銅鍾
與此並一時
所造大泉水
猶大瓷之義
蓋秦人之方言
辛歲殘構舉於
馬仲良所丁亥秋九
進宧搨記

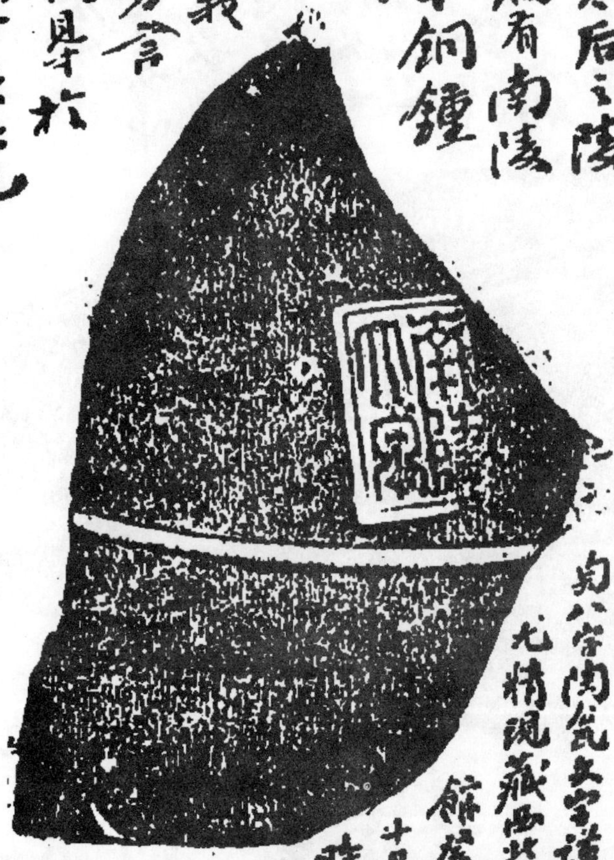

今年六月灞橋電器廠地方有
建築工程出土南陵大泉來水
與八字陶瓷文字謹嚴較此
尤精現藏西北歷史博物
館癸亥嘉平二乙
十日進宧手記
時關中大雪
孤正

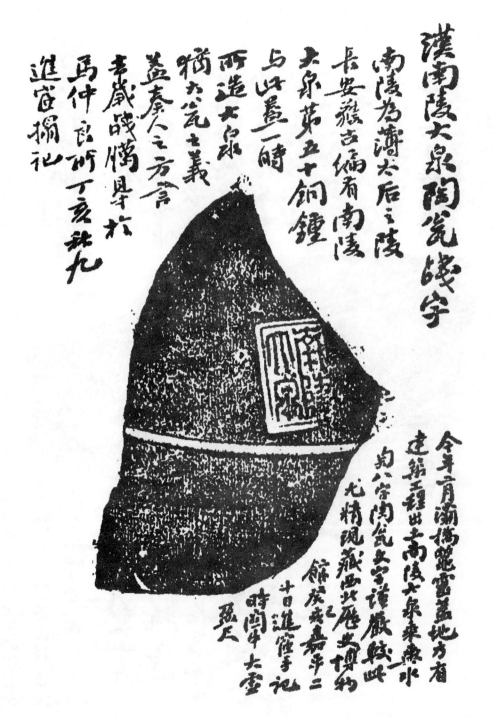

漢富貴撲滿

今年四月在邑估處見有巨萬二字撲滿拓本上下文原器今不知歸于何處戊子九月進宧記

撲滿為漢代小兒斂泉之具器滿則撲不得出錢故視之

大富貴四字撲滿舊藏陳簠齋太史家今歸天津方山才君

丁亥十月進宧題記

撲滿始見於西京雜記鄒長倩與公孫宏書羅氏金石屑著錄有大富昌宜侯王及日利二品予在秦所見有富貴宜泉日利日利千万四品合羅書文字共有五種

第二品為有合田豐貝四字之義合田者言合同買田宅之謹

0 1 2 3釐米

漢大吉備

丙戌夏月進宜
得于白村家

漢備有文字者千
萬中難得一枚雖
破可貴

漢日利瓿

完整之器花紋精美
得于馬侍崇綰所

漢為垢器如半截撲滿當日
鑿地為坎置罌其上聚滿則
取象而有撲碎之患

漢日利陶片二種

癸未甲申間得于劉漢傑所

予在秦先後得日利片有七八種

以此為最精

漢與天屋脊題字

劉漢傑出示有延年益壽瓦脊殘字與背范

丁亥十月晉進宧拓記

延年殘瓦漢傑後售於蒠田董策三君此則爲謝秀峯之物

新莽左作殘片

十餘年前西安三橋鎮曾出新莽泉范一坑低地錢
有二畝蓋王莽時鑄錢之作所另出有左作貨泉
莽百餘片以白估所得為多此皆當為鑄錢時各

出土之地在三橋鎮
西北五里好漢廟
癸巳臘腊進宦記

室之標識其文字除左作貨泉外有左作作三
泉四泉造九泛口等字或鑄或鑿有篆書有八
分書有草篆書予另輯有新莽左作集拓一卷

左作集拓一卷
所收計五十種
前年寄存
扶風外孫處
茲已散去矣
癸丑七月漁翁

新莽浸□陶片

此片與左作貨泉同坑所出形似鞋衣土人因呼為鞋衣片

新莽四泉匋片

當為莽鑄錢各室中造壯布四十室內所用

往歲為沈羽甚先生代購作三泉一片，較此為勝。癸巳臘月進宧記

漢上禄瓦

三輔黄圖云上林苑有陽禄觀漢書班婕妤傳娩子於陽禄觀是也瓦文上禄印其簡称

漢萬歲匋瓦

此匋盆上印記之瓦氣勢雄偉可与平才和觀磚相匹

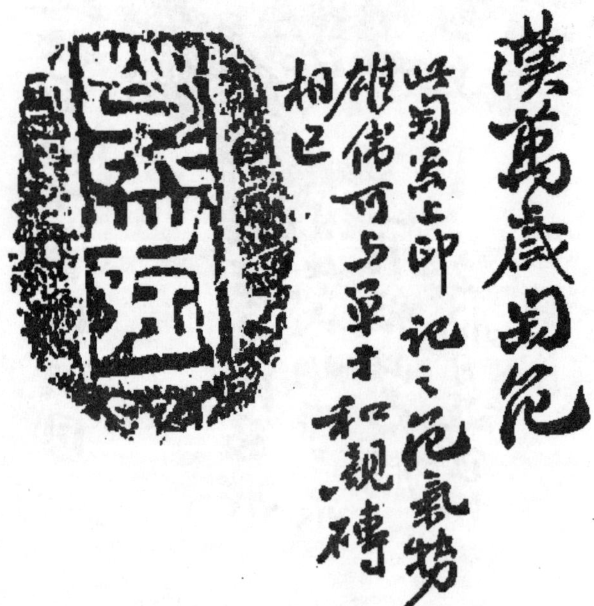

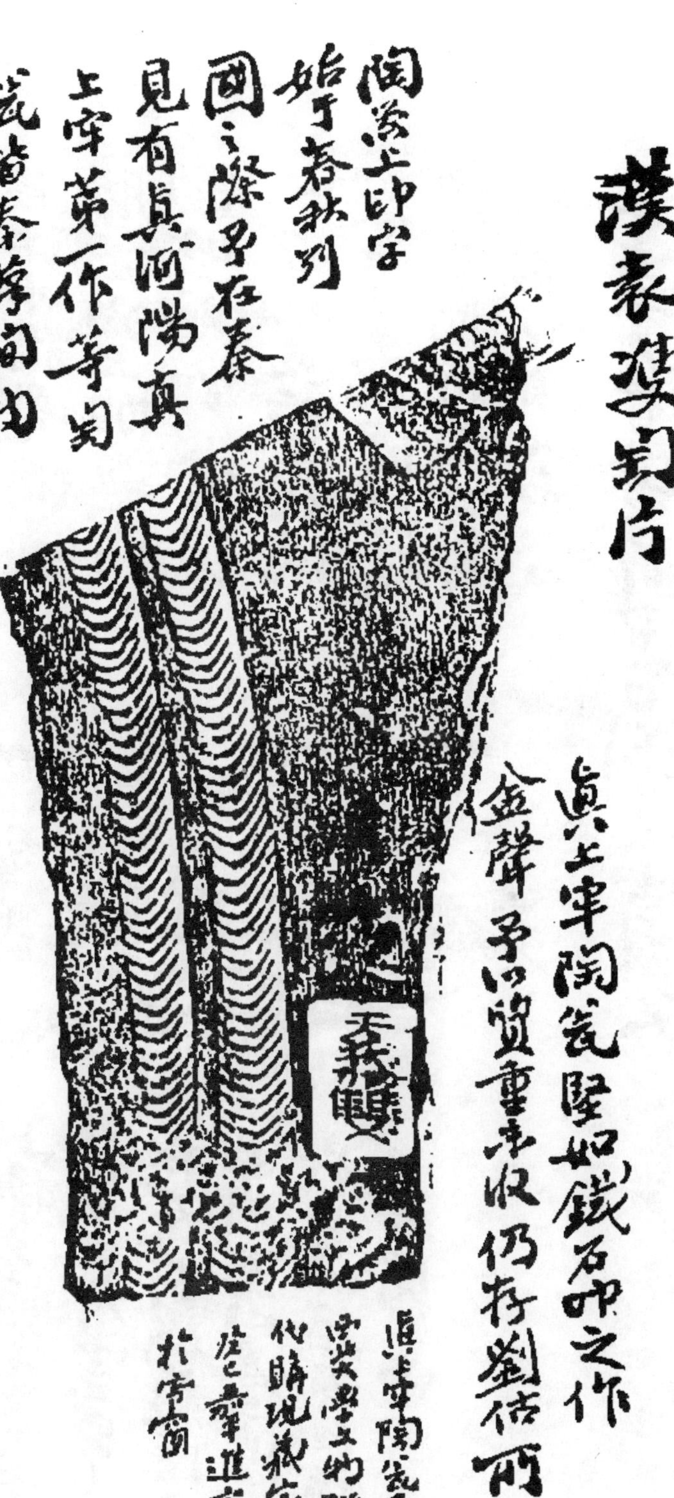
漢袁婁瓦片
眞上宰陶瓷堅如鐵石叩之作
金聲 予以貿重收 仍存劉估所
眞上宰陶瓷予為
西安學文物研究
他購現藏寓中
癸巳春進宧記
於寓窗
陶瓷上印字
始於春秋列
國之際予在秦
見有眞阿陽眞
上宰第一作等字
瓷皆秦漢陶物
丁亥冬月武望進宧記
己丑秋九李家溶出示太宰第一瓦片太宰与上宰之義相同
非指井而言也庚寅夏五進宧記於西安南柳巷之寓齋

漢泃一二石酒罌

器完好大如甕盎沃以沸水猶覺酒氣騰溢泃与酌通謂酌此罌即合酒斗之二石也其記古代酒器之小史記謂執傳淳于髡所謂一石亦醉當即指此而言

丁亥冬月七日進宧臣題 是日關中大雪盈尺

泃一二石酒罌西安出土樑乡柯華農翁拓本中有四五器予在秦前後獲得三品劉軍山君得一品白菓森及白祚又各得一器

漢涼廿八專

丙戌四月進賢學子趙佑宸拓所

三輔黃圖云未央宮有清涼室此即為清涼之物漢代磚瓦宮殿名均簡稱一字此例甚多 室

朱楓漢瓦圖錄載有清涼有憙瓦又予昔代沈君藏翁購致涼州四圍碑與此同為一家眷屬

昔為沈敦戟丈購涼二十四圖文字佳佳人所書涼即希許亦甚罕見磚

此涼以後物大約在前趙時 癸丑七月素元翁記

漢榆莢五銖范

漢代鑄榆莢五銖不見於史武帝茂陵常常有出土者

新莽大泉五十大黃布千合范

漢巧工五銖陶范

予在秦所見陶范甚多，已書劉軍山所藏元鳳四年五銖范為最精

陶范堅强如石，土人俗稱為藍火頭。巧工者，水衡都尉屬官技巧者延所造之第二范也。

此為宣帝時
范，泉形較昭
帝時為大，予在
秦所見半兩石
范約四五枚，五
銖石范僅藏
一見

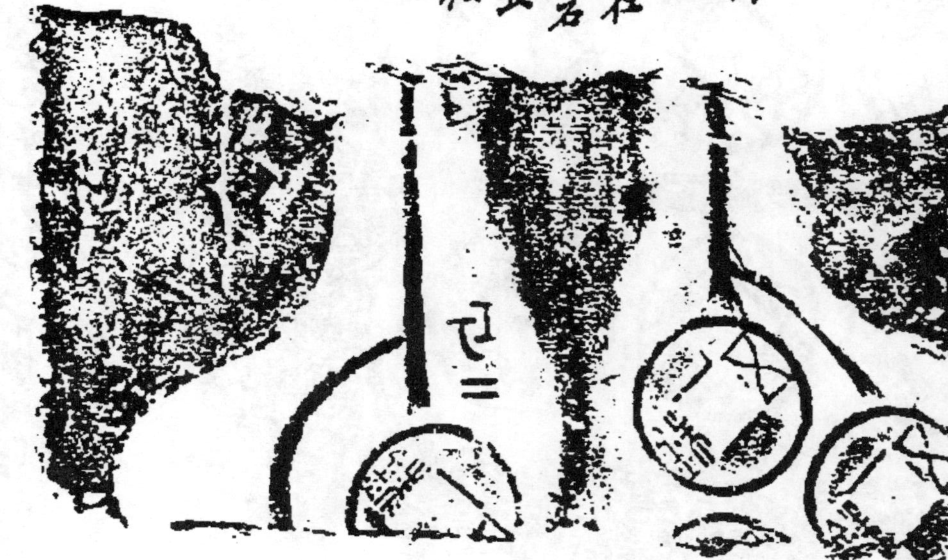

四安出陶范始於道光中業，其形有藍火頭、紅土
兩種，藍火頭江浙人稱為石范，質最堅緻

漢五銖陶范

陶范注銅范印出此類絶鮮 庽秦久者自知之

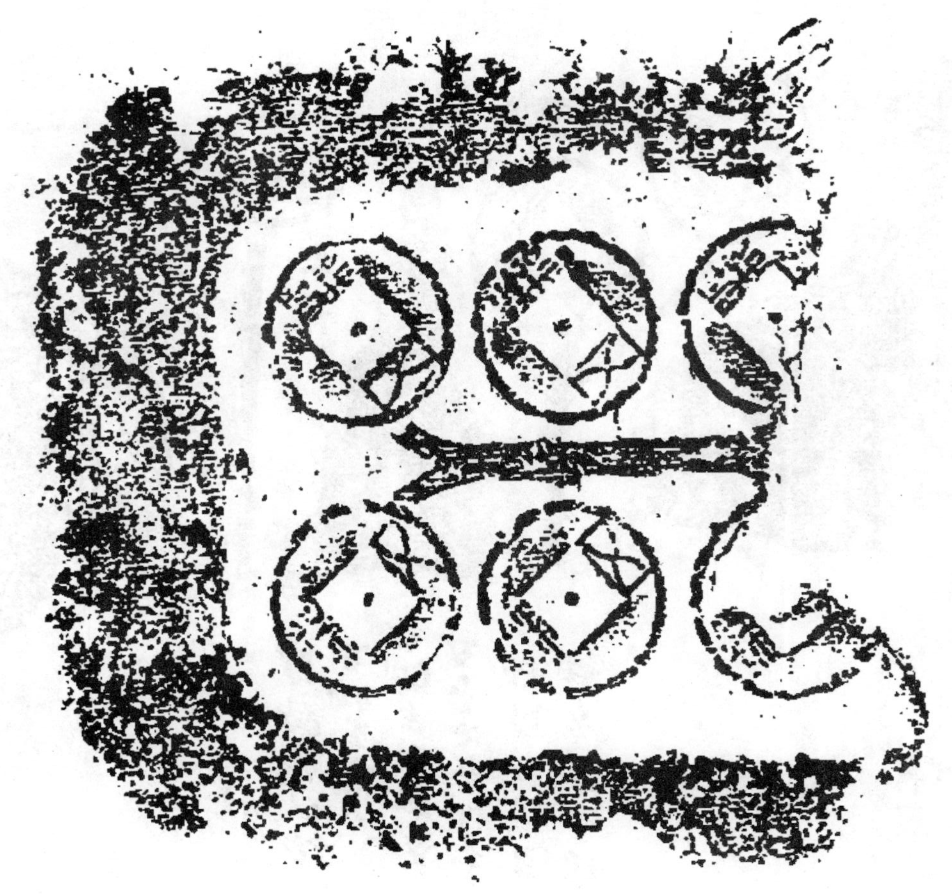

白邨有天鳳五年及泉布九百兩黑陶范

堅勁如鐵可爲瘞器[illegible]去

漢淮南邸印章門觀監兩泥封

丁亥冬月淮庭雪窗手拓

章門觀監官名無考觀蓋因都於章門而得名三輔黃圖云西門第一門名章門可證

柯莘農翁所藏珍品蓋一印所印與淮南半瓦同為鴻烈之秘

莘農名士衡安徽懷寧人收羅金石拓本最富下世已五六年矣所藏為之散失庚寅冬月記

漢淮南郎印泥封

至精之品

退庵拓記

前十二月既望徵雲盦黃時蘇估挂昉泥封三枚求售中有淮南郎印一枚最佳此甫之桂昉為蘇德年之曾孫德年精鑒別亦能作篆屢見於吳窓齋鮑子年諸家手札中

0 1 2 3 釐米

漢東海守泥封 當為文帝時物 壬戌白露之節

漢錢丞泥封 當為鍾官錢丞四字

漢蓼丞之印泥封 蓼縣在漢時為六安國

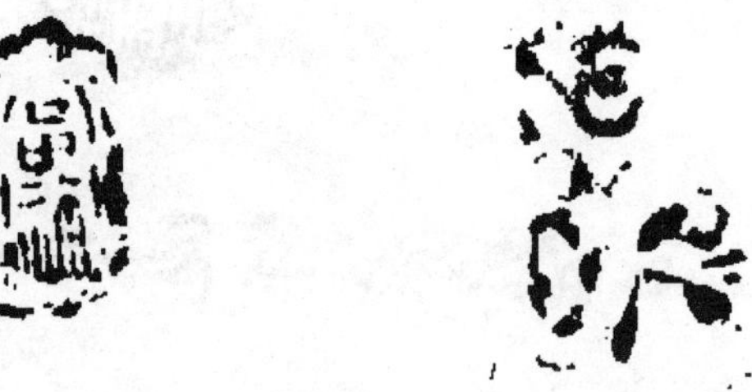

北魏幹字匋范
馬佶崇德拾自
咸陽原上共有
四字幹汪春其
三一字已忘之形如
馬蹄式字體与
石门頌相佀定
為北魏時物

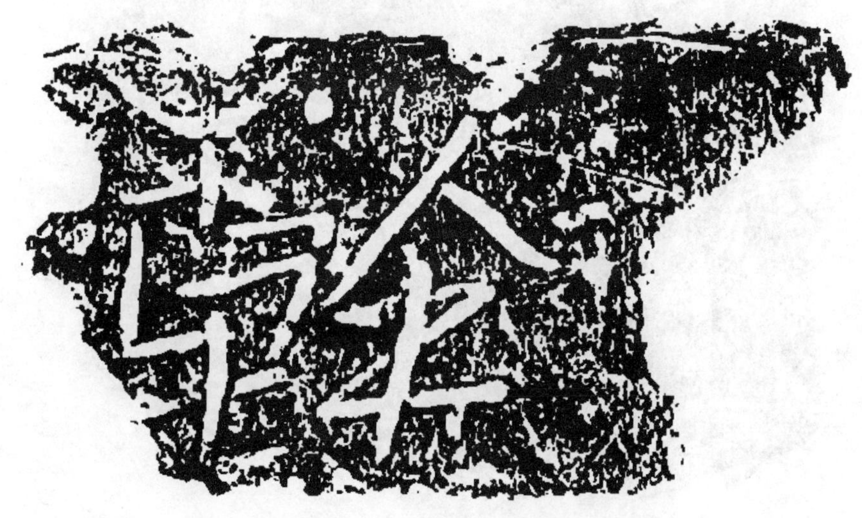

背宣政陶品
丙戌夏月得
于白旅所

唐瓷惟謙陶器
陶器形如馬鞍
式未審所施予
又得宣政及乾
字兩陶器形均
相類此器文字
絕似虞永興唐
初物也

丁亥冬月五日雪窗
題記鎮江陳直

唐花瓷張翊片

唐青盞范

唐代馬獸人物范多温願孫三姓所造　進寶記

予自戊子臘月由陝遊蘭小住多時於蘭垣今年九月復攜家返陝世亂年荒無人賞古而楊家城以無出土者豈天亦鑒於我輩空囊而故困其蘊藏歟己丑冬月進寶題記於長安

唐老子像

背有馮字黑如水銀裏同時出土者

尚有鍾葵像為介售於錢甚夥

唐印度蘇常侍造像

丁亥十月無錫薛寶夫翦見讓之品進寶記

印度佛像吳愙齋陳簠齋各有藏專知咸同間已有出土者其出土之地大率在西安南郊慈恩寺左近文字共二種其一為蘇常侍普同等共作面積較大出土亦較少蘇常侍之名無考當為唐永徽時人西安出唐代瓦造像極多雖無文字多為蘇常侍等所造

今年九月予自蘭州返陝馬估出示新出蘇常侍佛像正面至精背面文字較其他像為近唯大唐二字列於印度佛像之上與他品異

己丑十月進寶記

西安所出唐代瓦造像共五種一善業埿二蘇常侍三永徽法律永徽有四十九字尤精絕

唐和州陶印

當為和州刺史之爾文桂陽監則為唐至宋時鑄開元泉桂陽之監官

庚辰辛巳間長沙曾出合浦太守等石質印四方考者定為殉葬時用是也西安南郊近月來出桂陽監之印璽曾兩方弋陽郡之印一方和州之印一方皆為唐代人殉葬之用色澤以和州桂陽為最佳

又南院門某鋪存有萬年縣之印新豐縣之印始平縣之印三陶印出土稍久始平為北周物餘則唐物

附　陳直先生其他藏瓦

0 1 2 3釐米

0　1　2　3釐米

漢時序殘瓦

至精之品范縣劉軍山藏戊子二月進宧手拓

涌泉混流鮮神所食兩瓦爲長安謝文清氏所藏今存王佐子善手中索價黄金一兩無問津者

戊子五月進宧記

東京賦云五位時序瓦文蓋同此義予年來屬秦所見瓦文以崇蛹嵯峨鮮神所食混泉涌流三全瓦時序則初二殘瓦爲最精

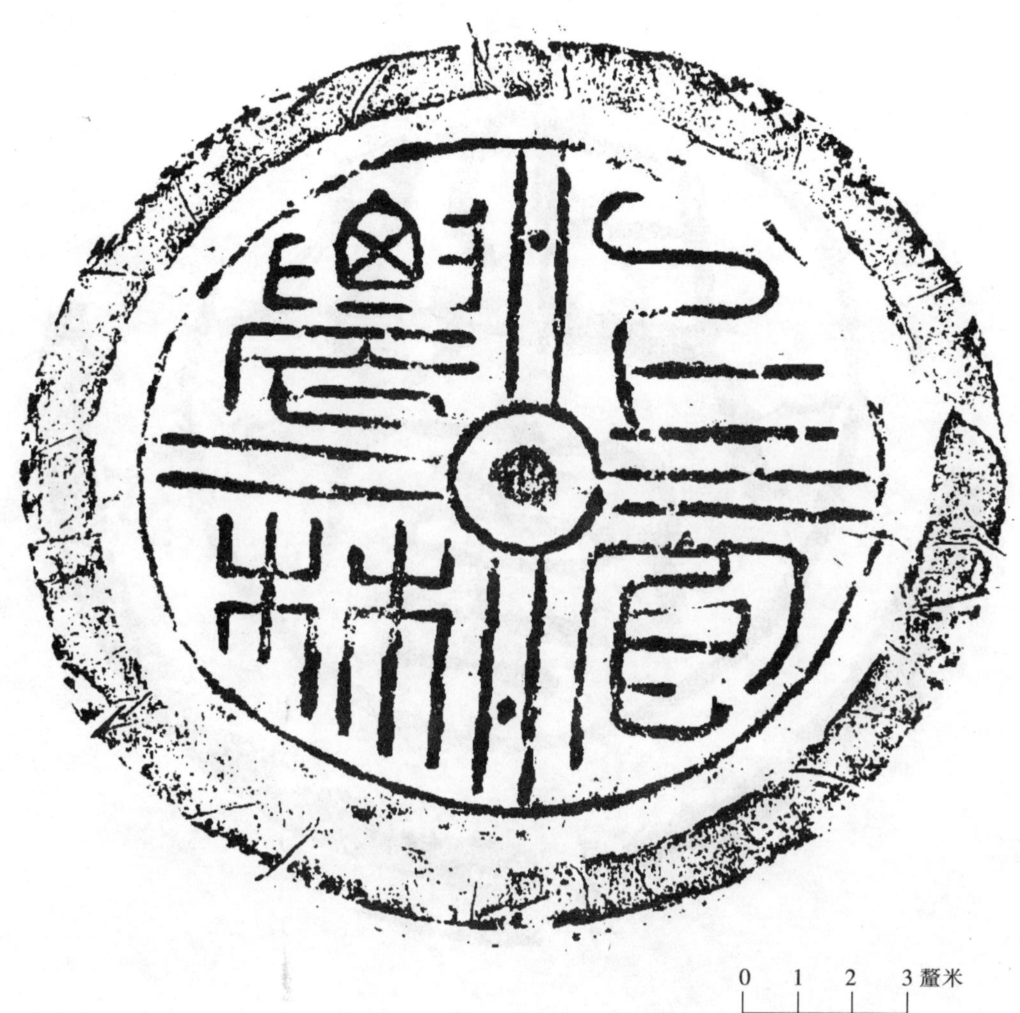
0 1 2 3釐米

0 1 2 3 釐米

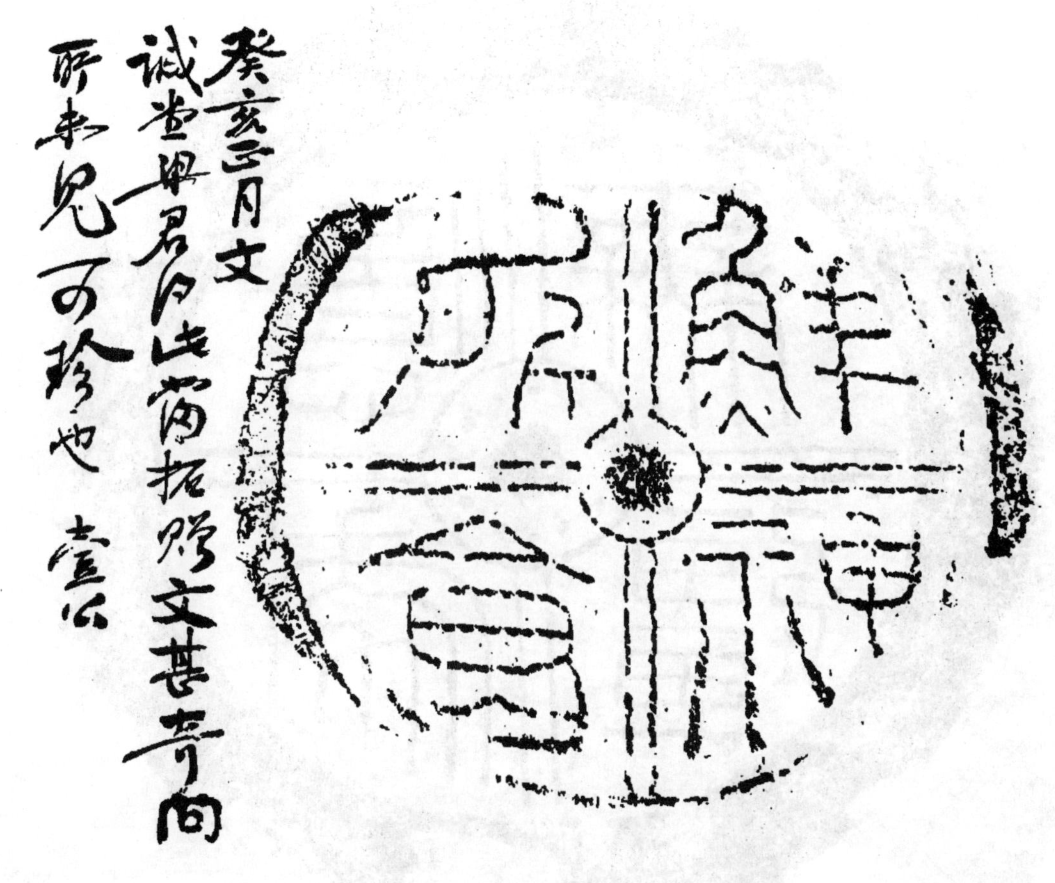
0 1 2 3 釐米

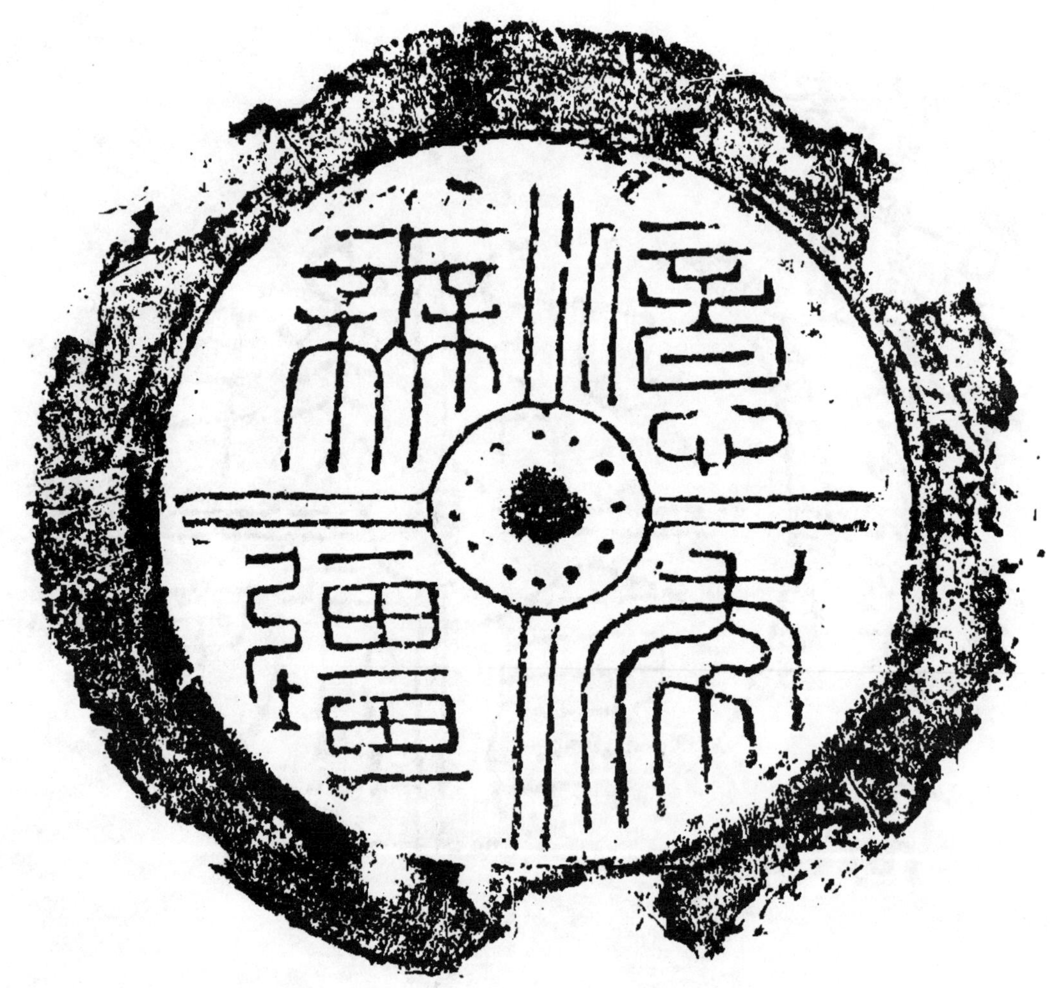
0 1 2 3釐米

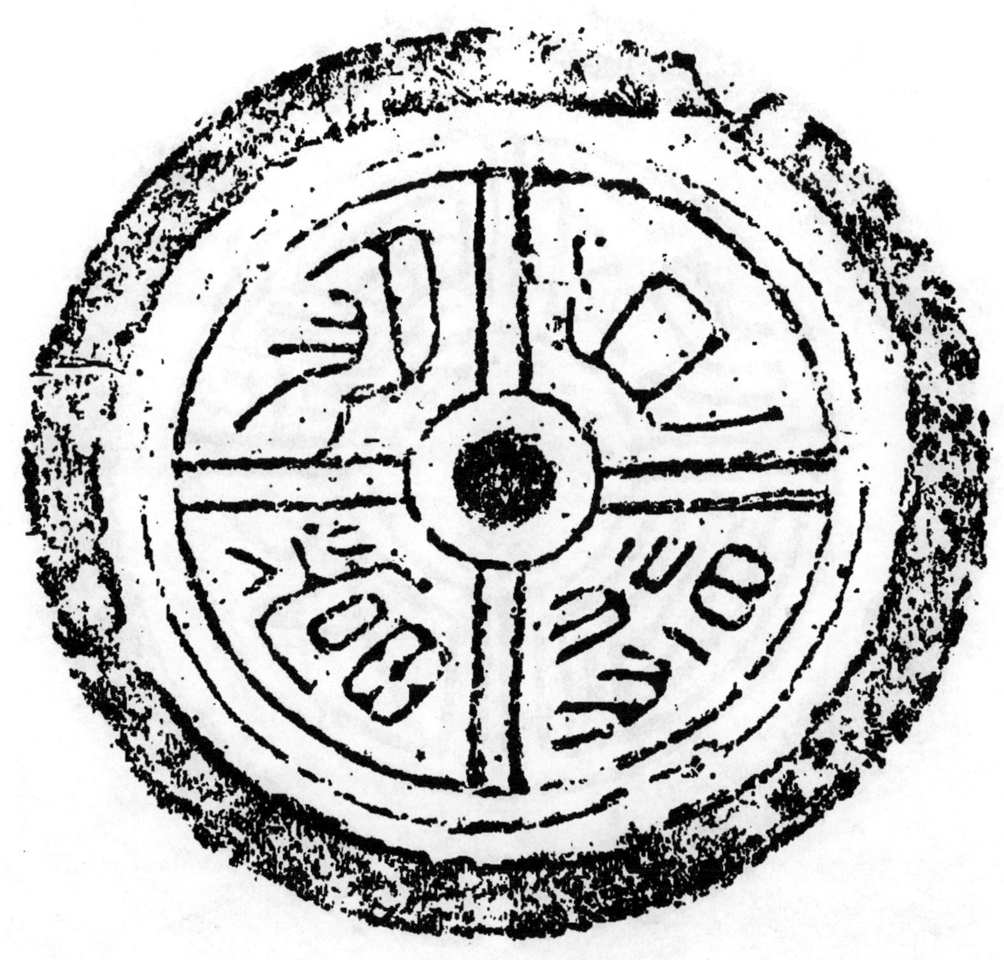

0 1 2 3 釐米

0　1　2　3釐米

0 1 2 3釐米

0 1 2 3釐米

長陵東神為高祖西神為呂后瓦當中當出有長陵東覺長陵西神兩種此瓦筒完整瓦當也全損但可決為花紋當

漢西神瓦筒題字

辛卯冬長陵出土現存劉漢基所

進窪手記

瓦筒題字始著錄於金石屑予在秦見有秦右空左宮漢太后等筒題字字皆甚小大如胡桃者僅此一見

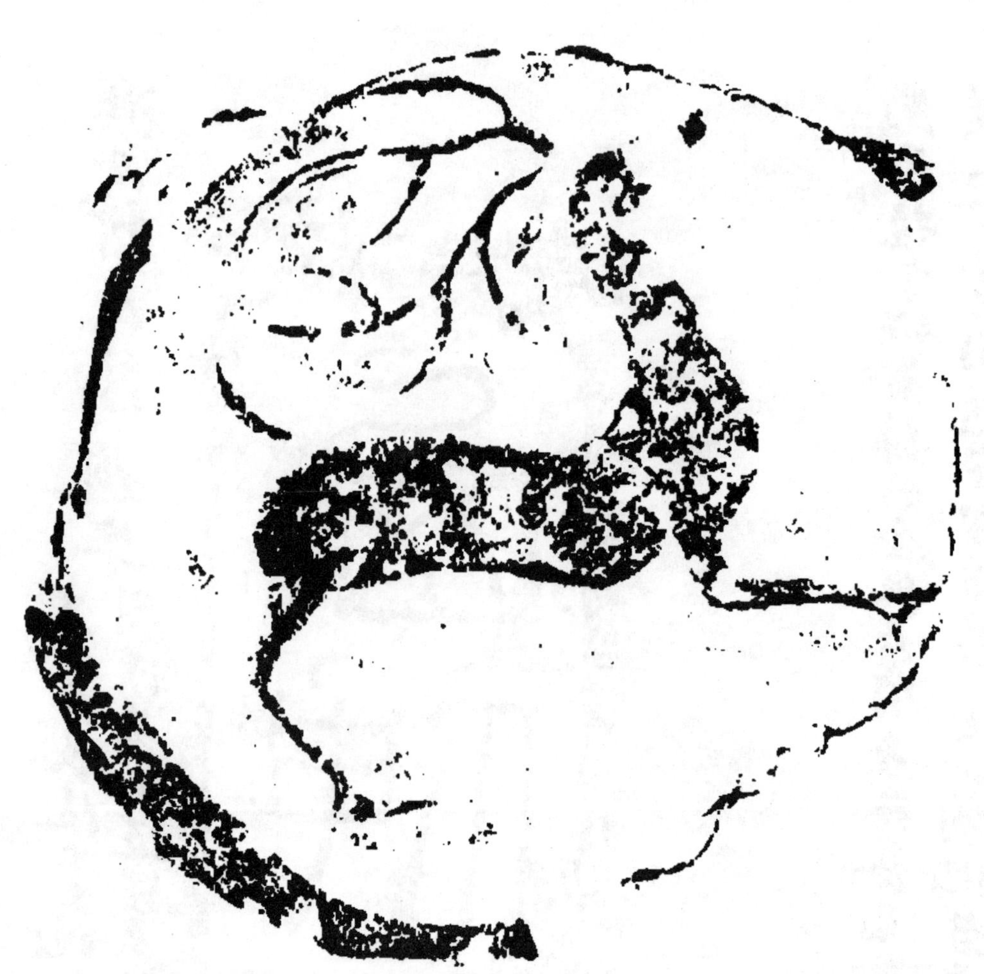